本丛书由同济大学上海市人工智能社会治理协同创新中心
组织策划和资助出版

平等机器

数字技术创造美好未来

［美］奥利·洛贝尔（Orly Lobel） 著

苏苗罕　王梦菲　译

The Equality Machine

Harnessing Digital Technology for
a Brighter, More Inclusive Future

上海人民出版社

献给丹妮尔（Danielle），埃莉诺（Elinor）和娜塔莉（Natalie），祝她们坚持挑战、改变和规划更好的世界。

也献给我的爱人和伴侣安·阿米尔（On Amir），愿他继续展翅高飞！

推荐语

这本书的出版恰逢其时，它讲述了我们如何创造技术来对抗偏见而非加剧偏见。奥利·洛贝尔提出了令人信服的愿景，即打造一个对所有人都更加公平的数字未来。

——亚当·格兰特（Adam Grant），《纽约时报》最佳畅销书《重新思考》（*Think Again*）作者、TED 播客 WorkLife 的主持人

如果技术可以提供帮助呢？二十年前，这个想法似乎显而易见。今天，这似乎是不可能的。但在这部文笔优美、内容丰富的著作中，洛贝尔展示了技术环境的智能架构如何让我们在更健康的环境中成为更好的人类。恰逢其时，这是我们最需要的批判性思维和洞察力。

——劳伦斯·莱斯格（Lawrence Lessig），哈佛大学法学院教授

算力越强，责任越大。《平等机器》展示了我们该如何引导人工智能向善，并创造一个生活不受性别、种族、性取向、年龄、地理位置或能力限制的社会。一如既往，洛贝尔为我们清晰展示了日新月异的数字现实。必读！

——乔纳·伯格（Jonah Berger），宾夕法尼亚大学沃顿商学院教授，《催化》（*The Catalyst*）和《传染》（*Contagious*）的作者

人工智能和一般技术几乎正在改变人类体验的各个方面。越来越智能的机器能否让生活变得越来越美好——不仅是为了少数人和特权阶层，而是为了所有人？洛贝尔提供了一个令人信服、鼓舞人心且可行的论点，证明了答案是肯定的。

——安吉拉·达克沃斯（Angela Duckworth），宾夕法尼亚大学首席科学家、《坚毅》（*Grit*）作者

我们应该相信谁，是那些主张人工智能将迎来人类发展新纪元的人，还是那些主张人类世界将面临生存性危机的人？洛贝尔在《平等机器》中表明，答案取决于我们自己以何种方式应用人工智能技术。

——丹·艾瑞里（Dan Ariely），《可预测的非理性》（*Predictably Irrational*）作者

《平等机器》对数字化和人工智能如何减少歧视和促进机会提供了冷静但充满希望的分析。通过拒绝乌托邦梦想和反乌托邦噩梦，洛贝尔表明我们有责任将这些新技术作为向善力量和进步价值观的引擎。她是最敏锐的法律学者之一，完成了一本非常引人注目的著作。

——丹尼尔·平克（Daniel H. Pink），纽约时报最佳畅销书《悔恨的力量》（*The Power of Regret*）、《何时》（*When*）和《驱动力》（*Drive*）的作者

洛贝尔通过一个个引人入胜的例子，汇集了关于人工智能的恐惧和希望的、常被孤立的辩论。凭借真实的人类智慧，她找到了针对性别和种族偏见的可行防范措施。她还强调了值得立即和长期关注的深刻道德、政治和技术挑战。

——玛莎·米诺（Martha Minow），哈佛大学法学院教授、前院长和伯克曼网络和社会研究中心主任

《平等机器》文笔优美，充满热情。洛贝尔认为人工智能可以帮助我们解决从歧视到人口贩运的最为重要的社会问题，这个观点令人信服。她深刻认识到人工智能技术的优点和局限性，为任何对该技术和安全感兴趣的人提供了独特的见解。

——弗兰克·帕斯奎尔（Frank Pasquale），康奈尔大学法学教授，《黑箱社会》（*The Black Box Society*）作者

如今，大多数关于人工智能和平等的讨论都集中在消极方面：人工智能系统带来算法偏见和歧视的风险。洛贝尔虽然不是一名技术辩护者，但她给我们带来了大家急需的积极信息：人工智能如何协助我们在工作、医疗保健、家庭、语言和图像以及人际关系中实现更大平等的愿望。

——吉莉安·哈德菲尔德（Gillian Hadfield），多伦多大学施瓦茨技术和社会研究所主任、OpenAI 资深政策顾问

洛贝尔提出了一种逆向且原创的观点：技术可以成为平等和包容的基础，而非偏见和不平等的根源。阅读本书可以了解原因和方法。

——奥伦·埃齐奥尼（Oren Etzioni），阿兰人工智能研究所首席执行官

通过这本深刻而引人入胜的书，洛贝尔邀请学者、非营利组织领导人、投资者、商界领袖和政策制定者使用数据来解决世界上最紧迫的问题，既不傲慢也不畏惧。

——乔纳森·齐特林（Jonathan Zittrain），哈佛大学法学院教授，《互联网的未来》（*The Future of the Internet*）作者

终于有人对于我们所面对的自动化技术带来的挑战，提出了大胆、积极和前瞻性的应对方法。

——凯特·达林（Kate Darling），麻省理工学院媒体实验室教授，《新品种：我们和动物的历史如何揭示我们与机器人的未来》（*The New Breed: What Our History with Animals Reveals About Our Future with Robots*）作者

丛书序

————————————

当前，在移动互联网、大数据、超级计算、传感网、脑科学等新理论新技术以及经济社会发展强烈需求的共同驱动下，新一代人工智能正在全球蓬勃发展，推动着经济社会各领域从数字化、网络化向智能化加速跃升。作为新一轮产业变革的核心驱动力，人工智能正深刻改变着人类的生产生活、消费方式以及思维模式，为经济发展和社会建设提供了新动能新机遇。

人工智能是影响面广的颠覆性技术，具有技术属性和社会属性高度融合的特征。它为经济社会发展带来了新机遇，也带来了新挑战，存在改变就业结构、冲击法律与社会伦理、侵犯个人隐私、挑战国际关系准则等问题，对政府管理、经济安全和社会稳定乃至全球治理产生深远影响。从国内外发展来看，人工智能的前期研发主要是由其技术属性推动，当其大规模嵌入社会与经济领域时，其社会属性有可能决定人工智能技术应用的成败。"技术"+"规则"成为各国人工智能发展的核心竞争力。各国在开展技术竞争的同时，也在人工智能治理方面抢占制度上的话语权和制高点。因此，在大力发展人工智能技术的同时，我们必须高度重视其社会属性，积极预防和有效应对其可能带来的各类风险挑战，确保人工智能健康发展。

人工智能是我国重大的国家战略科技力量之一，能否加快发展新一代人工智能是事关我国能否抓住新一轮科技革命和产业变革机遇的战略问题。我国在加大人工智能研发和应用力度的同时，高度重视对人工智能可能带来的挑战的预判，最大限度地防范风险。习近平总书记多次强调，"要加强人工智能发展的潜在风险研判和防范，维护人民利益和国家安全，确保人工智能安全、可靠、可控"。2017 年国务院发布的《新一代人工智能发展规划》也提出，要"加强人工智能相关法律、伦理和社会问题研究，建立保障人工智能健康发展的法律法规和伦理道德框架"，并力争到 2030 年"建成更加完善的人工智能法律法规、伦理规范和政策体系"。近年来，我国先后出台了《网络安全法》《数据安全法》《个人信息保护法》等一系列相关的法律法规，逐渐完善立法供给和适用；发布了《新一代人工智能治理原则——发展负责任的人工智能》《新一代人工智能伦理规范》，为从事人工智能相关活动的主体提供伦理指引。标准体系、行业规范以及各应用场景下细分领域的规制措施也在不断建立与完善。

人工智能产业正在成为各个地方经济转型的突破口。就上海而言，人工智能是上海重点布局的三大核心产业之一。为了推动人工智能"上海高地"建设，上海市先后出台了《关于本市推动新一代人工智能发展的实施意见》《关于加快推进上海人工智能高质量发展的实施办法》《关于建设人工智能上海高地　构建一流创新生态的行动方案（2019—2021 年）》《上海市人工智能产业发展"十四五"规划》等政策文件。这些文件明确提出要"逐步建立人工智能风险评估和法治监管体系。鼓励有关方面开展人工智能领域信息安全、隐私保护、道德伦理、法规制度等研究"；"打造更加安全的敏捷治理，秉承以人为本的理念，统筹发展和安全，健全法规体系、标准体系、监管体系，更好地以规范促发展，为全球人工智能治理贡献上海智慧，推动人工智能向更加有利于人类社会的方向发展。"此外，上海还制定和发布了《上海市数据条例》和《人工智能安全发展上海倡议》，并且正在推进人工智能产业发展和智能网联汽车等应用场景的立法工作，加强协同创新和可信人工智能研究，为上海构建人工智能治理体系和实现城市数字化转型提供了强大的制度和智力支撑。

重视人工智能伦理、法律与治理已成为世界各国的广泛共识。2021年联合国教科文组织通过了首份人工智能伦理问题全球性协议《人工智能伦理问题建议书》，倡导人工智能为人类、社会、环境以及生态系统服务，并预防其潜在风险。美国、欧盟、英国、日本也在积极制定人工智能的发展战略、治理原则、法律法规以及监管政策，同时相关的研究也取得了很多成果。但总体而言，对人工智能相关伦理、法律与治理问题的研究仍处于早期探索阶段，亟待政产学研协同创新，共同推进。

首先，人工智能技术本身正处于快速发展阶段。在新的信息环境下，新一代人工智能呈现出大数据智能、群体智能、跨媒体智能、混合增强智能和智能无人系统等技术方向和发展趋势。与此同时，与人工智能相关的元宇宙、Web3.0、区块链、量子信息等新兴科技迅速发展并开始与经济社会相融合。技术的不断发展将推动各领域的应用创新，进而将持续广泛甚至加速影响人类生产生活方式和思维模式，会不断产生新的伦理、法律、治理和社会问题，需要理论与实务的回应。

其次，作为一种新兴颠覆性技术，人工智能是继互联网之后新一代"通用目的技术"，具有高度的延展性，可以嵌入到经济社会的方方面面。新一代人工智能的基本方法是数据驱动的算法，随着互联网、传感器等应用的普及，海量数据不断涌现，数据和知识在信息空间、物理空间和人类社会三元空间中的相互融合与互动将形成各种新计算，这些信息和数据环境的变化形成了新一代人工智能发展的外部驱动力。与此同时，人工智能技术在制造、农业、物流、金融、交通、娱乐、教育、医疗、养老、城市运行、社会治理等经济社会领域具有广泛的应用性，将深刻地改变人们的生产生活方式和思维模式。我们可以看到，人工智能从研究、设计、开发到应用的全生命周期都与经济社会深深地融合在一起，而且彼此的互动和影响将日趋复杂，这也要求我们的研究不断扩大和深入。

最后，我们不能仅将人工智能看成是一项技术，而更应该看到以人工智能为核心的智能时代的大背景。人类社会经历了从农业社会、工业社会再到信息社会的发展，当前我们正在快步迈向智能社会。在社会转型的时代背景下，以传统社会形态为基础的社会科学各学科知识体系需要不断更新，以有效地研究、解释与解决由人工智能等新兴技术所引发的新的社会问题。在这一意义上，人工智能伦理、法律与治理的研究不仅可以服务于人工智能技术的发展，而且也给哲学、经济学、管理学、法学、社会学、政治学等社会科学带来了自我审视、自我更新、自我重构的机遇。在智能时代下如何发现新的研究对象和研究方法，从而更新学科知识，重构学科体系，这是社会科学研究的主体性和自主性的体现。这不仅关涉个别二级学科的研究，更是涉及一级学科层面上的整体更新，甚至有关多个学科交叉融合的研究。从更广阔和长远的视角来看，以人工智能为核心驱动力的智能社会转型，为社会科学学科知识的更新迭代提供了良好契机。

纵观世界各国，人工智能技术的发展已经产生了广泛的社会影响，遍及认知、决策、就业和劳动、社交、交通、卫生保健、教育、媒体、信息获取、数字鸿沟、个人数据和消费者保护、环境、民主、法治、安全和治安、社会公正、基本权利（如表达自由、隐私、非歧视与偏见）、军事等众多领域。但是，目前对于人工智能技术应用带来的真实社会影响的测量和评价仍然是"盲区"，缺乏深度的实证研究，对于人工智能的治理框架以及对其社会影响的有效应对也需要进一步细化落地。相较于人工智能技术和产业的发展，关于人工智能伦理、安全、法律和治理的研究较为滞后，这不仅会制约我国人工智能的进一步发展，而且会影响智能时代下经济社会的健康稳定发展。整合多学科力量，加快人工智能伦理、法律和治理的研究，提升"风险预防"和"趋势预测"能力，是保障人工智能高质量发展的重要路径。我们需要通过政产学研结合的协同创新研究，以社会实验的方法对人工智能的社会影响进行综合分析评价，建立起技术、政策、民众三者之间的平衡关系，并通过法律法规、制度体系、伦理道德等措施反馈于技术发展的优化，推动"人工智能向善"。

在此背景下，2021 年新一轮上海市协同创新中心建设中，依托同济大学建设的上海市人工智能社会治理协同创新中心正式获批成立。中心依托学校学科交叉融合的优势以及在人工智能及其治理领域的研究基础，汇聚法学、经管、人文、信息、自主智能无人系统科学中心等多学科和单位力量，联合相关协同单位共同开展人工智能相关法律、伦理和社会问题研究与人才培养，为人工智能治理贡献上海智慧，助力上海城市数字化转型和具有全球影响力的科技创新中心建设。

近年来，同济大学在人工智能研究和人才培养方面始终走在全国前列。目前学校聚集了一系列与人工智能相关的国家和省部级研究平台：依托同济大学建设的教育部自主智能无人系统前沿科学中心，作为技术和研究主体的国家智能社会治理实验综合基地（上海杨浦），依托同济大学建设的上海自主智能无人系统科学中心、中国（上海）数字城市研究院、上海市人工智能社会治理协同创新中心，等等；2022 年同济大学获批建设"自主智能无人系统"全国重点实验室。这些平台既涉及人工智能理论、技术与应用领域，也涉及人工智能伦理、法律与治理领域，兼顾人工智能的技术属性和社会属性，面向智能社会发展开展学科建设和人才培养。同时，学校以人工智能赋能传统学科，推动传统学科更新迭代，实现多学科交叉融合，取得了一系列创新成果。在人才培养方面，学校获得全国首批"人工智能"本科专业建设资格，2021 年获批"智能科学与技术"交叉学科博士点，建立了人工智能交叉人才培养新体系。

由上海市人工智能社会治理协同创新中心组织策划和资助出版的这套"人工智能伦理、法律与治理"系列丛书，聚焦人工智能相关法律、伦理、安全、治理和社会问题研究，内容涉及哲学、法学、经济学、管理学、社会学以及智能科学与技术等多个学科领域。我们将持续跟踪人工智能的发展及对人类社会产生的影响，充分利用学校的研究基础和学科优势，深入开展研究，与大家共同努力推动人工智能持续健康发展，推动"以人为本"的智能社会建设。

编委会

2022 年 8 月 8 日

目　录

CONTENTS

中文版序

_____

亲爱的中国读者：

当您翻开《平等机器——数字技术创造美好未来》时，您将踏上一段奇妙的旅程，探索技术如何作为一种强大的工具，推动着我们生活的方方面面。我们生活在一个瞬息万变的世界，技术革命——尤其是人工智能（AI）、机器人技术和自动化——正在改变我们工作、学习、娱乐、照顾自己和他人的方式，甚至改变我们坠入爱河和组织家庭的方式。

在过去的二十年里，我有幸多次访问中国。我参观了北京大学、上海和成都的一些顶尖研究机构，也领略了四川的壮美风光。每次访问都能让我获益良多，并被中国的历史、文化和快速创新所鼓舞。事实上，《列子·汤问》记载的"偃师献技"这个典故表明，中国人早在数千年前就已畅想有一天能够拥有机器人。今天，中国使用的工业机器人比美国、日本、韩国和德国的总和还要多！中国已经迅速成为自动化领域的世界领先者。中国站在人工智能和数字技术创新的前沿，在人工智能、量子计算和 5G 通信等领域取得了非凡的进步。中国科技巨头和初创公司都在突破人工智能研究的界限，为机器学习、面部识别技术和医疗保健人工智能的进步做出了重大贡献。深圳和上海等城市已成为全球科技中心，可与美国的加州硅谷（Silicon Valley）和生物科技海滩（Biotech Beach，即笔者居住的南加州地区）相媲美。这也意味着中国必须引领全球的人机协同伦理、人权以及人工智能向善。

值此《平等机器》中文版出版之际，我很高兴看到人工智能在过去一年中的取得的长足进步。就我个人而言，《平等机器》被《经济学人》评为 2022 年度最佳书籍，被世界知名的《科学杂志》（Science Magazine）评为"大师级"图书，并在世界各地获得了热烈的评论和赞誉，斯坦福等顶尖大学将这本书选为必读书目。2023 年夏天，我很荣幸在日内瓦联合国人工智能峰会上发表主题演讲，担任世界经济论坛 G7 代表，参与日本数字化转型，并在欧盟、美国和世界各地的行业和国际峰会上发表主题演讲。我很高兴为私营部门的科技公司和政府提供咨询，帮助他们利用数字技术创造更美好的未来。我仍然像以往一样乐观，相信我们可以通过设计和部署人工智能，改善并获取健康、教育和公平。

在这本书中，我们将深入探讨技术如何促进社会公正和福祉。我将分享一系列鼓舞人心的故事，展示了技术领域的创新如何打破传统界限，创造新机遇，并帮助我们超越性别、种族、文化和地理鸿沟。中国是个快速发展的大国，其在这一领域的经验和成就对全球产生了深远的影响。除了卓越的技术创新外，中国还在探索如何利用这些技术促进社会公平和进步。《平等机器》将为您提供一个独特的视角，让您了解如何利用人工智能在不同文化背景下提升社会价值和人类福祉。我期待看到中国如何继续引领技术创新，中国在人工智能领域的努力和政策标志着以积极主动的方式，在促进创新的同时解决道德、隐私和安全问题。通过建立涵盖数据保护、透明度和道德考虑的全面框架，中国可以实现可信赖、负责任的人工智能技术部署。

我希望通过这本书，中国各行各业的读者都能从中获得启发和共鸣，思考如何将这些全球视角和经验教训应用到他们自己的社会和技术实践中。我相信技术的力量可以改善我们的社区和环境。从人工智能到大数据，从人脸识别、生物识别到元宇宙和虚拟现实，从社交媒体到区块链，这些技术革命不仅改变了我们的生活方式，也重构了我们的价值观和社会结构。我邀请您加入这场关于技术、公平、福祉和未来的对话。无论您是技术专家、医生、患者、学者、父母，还是对知识怀有好奇的读者，《平等机器》都将为您提供新的视角和深刻的思考。愿您在阅读《平等机器》时获得知识、灵感和希望。我热忱期待听到读者的声音，并邀请您与我同行，共同传播利用技术造福社会的理念。

祝您阅读愉快！

奥利·洛贝尔

卷首语

————————

　　然而，尽管我们在科技上取得了这些惊人的进步，而且未来还会不断进步，但是我们缺乏一些基本的东西。与科技的富足形成鲜明对比的是精神的贫乏。我们在物质上更加富有，在道德和精神上却是日益贫穷。我们学会了像鸟类一样翱翔天空，像鱼类一样畅游大海，却依然没有学会情同手足般生活的简单艺术。

　　——小马丁·路德·金（Martin Luther King Jr.）

　　我所接受的教育是，进步之路道阻且长。

　　——玛丽·居里（Marie Curie）

前　言

_____

　　我有三个女儿，其中二女儿埃莉诺使用了仿生技术。埃莉诺在十三岁时确诊患有 1 型糖尿病。* 如今，她每天戴着新发明的智能胰岛素泵。这种智能机器可以自主决策，并根据从接入她体内的葡萄糖传感器接收到的信息进行学习和改进。这些可穿戴数字设备（泵和传感器）相互通信以保持埃莉诺的健康。埃莉诺和她的姐姐丹妮尔、她的学校护士、我的丈夫和我都在智能手机上安装了应用程序以实时观察埃莉诺的血糖水平。无论您（像我使用仿生技术的女儿一样）佩戴可以维持生命的智能设备，还是像我们大多数人一样，仅将智能手机（也许还包括智能手表）作为重要配件使用，我们都在迎接数字化程度更高的未来，与我们共存的是影响我们生活方方面面的各类机器。

　　科技可以救命，让我们更健康、更安全、更平等。但是，技术也带来了危险。人工智能（AI）、自动化和大数据可能会复制并加剧既有的不公正现象。技术失灵的例子俯拾即是。从筛选求职者到决定保释谁，自动化决策常常造成伤害，所作出的决策反映了长期存在的社会偏见。机器人设计经常反映特定文化的价值观和性别规

　　* 1 型糖尿病是一种慢性病，曾被称为青少年糖尿病或胰岛素依赖型糖尿病。这类糖尿病患者的胰腺不产生胰岛素或产生的胰岛素很少。

范。大型科技公司控制数据并以不透明的方式使用数据，对我们的行为产生影响。众所周知，硅谷作为创新的中心，由同质化的领导者主导，他们无法反映我们的全球共同体。这些问题是真实而广泛存在的。

现实是事情已经成为定局。人工智能将继续存在，它正在不断扩展。现在我们发现自己正处于一个关键时刻。我们要拒绝那些让我们失望的技术，还是为了社会利益而引导明天的技术？我们继续指出风险和缺陷，还是开辟一条更光明的前进道路？本书写作的目的是围绕数字时代平等和赋权之路引发的一场深入而富有建设性的对话。笔者希望推动辩论向前发展，超越近年来常常徒劳无益的纷争。我们需要提升技术作为积极力量的潜力——这对笔者而言是一项非常个人化的目标。相信对于读者诸君而言，这一目的也是私人的。

在成为律师和法学教授之前，我在以色列的军队中担任情报指挥官。那是内联网的早期阶段，在互联网成为平民生活的一部分之前。我的工作是战略性地评估与国家安全风险有关的数据，依靠日益密集的数字知识网络，对当前和未来的威胁进行更全面的了解。我学会了预测数据可能产生误导的方式。我亲眼目睹了技术的潜在危害。但我也看到了它创造公平竞争环境和迅速伸张正义的能力。在我的单位内部，我看到计算机网络如何成为我和其他女兵同胞的伟大民主化工具。在 20 世纪 90 年代，为了评估士兵性别平等的状况，我们开发了一个透明系统，利用内联网对不同分析师的贡献进行数字记录，这让女性指挥官开始因我们的洞察力和辛勤工作而获得更多赞誉。我的许多女性战友后来成为学术界、政府和工业界的技术和政策领导者。我先是在特拉维夫大学（Tel Aviv University）学习了法律和经济学，后来又赴哈佛大学深造，如今作为一名教授和政策专家，我在研究如何引导法律和技术来应对我们最困难的社会挑战。

当我在我大女儿这个年纪时，我计划着即将到来的兵役，当时女性被排除在战斗岗位之外。我最终嫁给了一名 F-16 飞行员，而不是自己成为一名战斗机飞行员。退役后，我在以色列最高法院担任书记员，起草了最终裁定此类性别限制违宪的判决书初稿。我的战斗机飞行员丈夫、加州大学圣地亚哥分校教授、行为经济学家安·阿米尔（On Amir），成为我密切的合作者。我们共同研究人类偏见以及设计和政策带来变革的潜力。我们分别向主要科技平台和公共监管机构建议如何使技术符合道德、更安全、更公平。我们还依靠技术来帮助我们抚养三个女儿并使我们的工作与生活保持平衡。回顾我们生活的轨迹，我们发现机器如何从根本上改变了我们是谁以及我们的生活方式。我们如何工作和学习，互动和娱乐，与他人和自己建立联系——所有这些都在被技术建构和重构。我们每天都在与越来越智能、越来越快、越来越熟悉的机器进行交互。

当科技带给我们劣质品时

平等是当今社会最重要的道德要求。不幸的是，在我们寻求快速创新的过程中，技术常常导致更大的不平等。但是，技术进步经常可以服务于包容性和赋权；这一切都是为了做出深思熟虑的选择。我们不断听到有关技术失灵、人工智能存在偏见以及反乌托邦的人机未来的恐怖故事。诸如《算法霸权》《压迫性算法》《自动化不平等》《技术失灵》《监视资本主义》和《被隐形的女性》*等畅销

---

* Cathy O'Neil, *Weapons of Math Destruction: How Big Data Increases Inequality and Threatens Democracy*（Crown, 2016）（中译本为［美］凯西·奥尼尔：《算法霸权：数学杀伤性武器的威胁与不公》，马青玲译，中信出版集团 2018 年版；［美］卡西·欧尼尔：《大数据的傲慢与偏见：一个"圈内数学家"对算法霸权的警告与揭发》，许瑞宋译，台湾大写出版 2017 年版）；

Safiya Umoja Noble, *Algorithms of Oppression: How Search Engines Reinforce Racism*（New York University Press, 2018）；

（转下页）

书都对新技术如何减少、排除和延续不平等敲响了警钟。他们说的并没有错。技术不平等的根源是多元的，包括从工程师输入系统的不良数据到机器对现有社会差异的自主学习和复制，再到违反伦理的企业决策和有偏见的设计选择。

当然，技术故障确实会带来紧迫危险，我们必须解决这些故障。然而，问题先于进步，然后进步取代了完美。我们如何才能以促进公平和平等机会的方式将人工智能融入社会系统？我们可以设计出挑战性别和种族刻板印象的机器人吗？人类决策过程存在缺陷和歧视，我们能否在其中引入机器？我们能否实现传统"女性工作"的自动化，包括家务和看护工作？我们能否引导自动化参与，使其促进劳动力市场和政治生活的包容性和多样化？随着自动化生产日益成为现实，我们如何才能使人类的能量和劳动力变得更有价值？

笔者相信，通过勇敢面对而非回避新技术的挑战，通过识别和促进人机共存之新时代的最佳选择，可以改善我们生活的方方面面——工作、家庭、学校、性、艺术和娱乐。笔者从二十年的研究生涯中学到了兼顾批判性和建设性的重要性。我们正在重建家庭结

（接上页）Virginia Eubanks, *Automating Inequality: How High-Tech Tools Profile, Police, and Punish the Poor*（St. Martin's Press, 2018）（中译本有［美］弗吉尼亚·尤班克斯：《自动不平等：高科技如何锁定、管制和惩罚穷人》，李明倩译，商务印书馆 2021 年版）；

Sara Wachter-Boettcher, *Technically Wrong: Sexist Apps, Biased Algorithms, and Other Threats of Toxic Tech*（W. W. Norton & Company, 2018）；

Shoshana Zuboff, *The Age of Surveillance Capitalism: The Fight for a Human Future at the New Frontier of Power*（Public Affairs, 2019）（中译本有［美］肖莎娜·祖博夫：《监控资本主义时代》，温泽元、林怡婷、陈思颖译，时代出版 2020 年版）；

Caroline Criado Perez, *Invisible Women: Data Bias in a World Designed for Men*（Abrams Press, 2019）（中译本有［英］卡罗琳·克里亚朵·佩雷兹：《被隐形的女性》，洪夏天译，商周出版 2020 年版；［英］卡罗琳·克利亚多·佩雷斯：《看不见的女性》，詹涓译，新星出版社 2022 年版）。

构和经济、学校教育、医疗保健和就业系统、浪漫和家庭关系以及市场和政治论坛。当我们在这本书以隐喻形式讨论机器的不同部位时——心灵、身体、感官、心脏和灵魂，我希望大家也能对我们的前进方向保持谨慎乐观和明智的建设性态度。当我们在这本书中以隐喻形式讨论穿越机器的不同部位时——心灵、身体、感官、心脏和灵魂，希望大家也能对我们的发展方向保持谨慎乐观和明智的建设性态度。

我们的出发点是：尽管存在各种风险和缺陷，数字化能够而且必须成为促进社会公益的强大力量——促进公平、包容、经济增长、扩大机会、创新，以及平等。人工智能可以成为消除偏见的力量，尽早发现歧视和虐待。人工智能、机器人和数字平台可以通过多种方式开辟出一条通往更加美好、多样化和赋能未来的道路：从缩小薪酬差距到揭露、纠正招聘和营销方面的偏见；从保存工作场所骚扰的数字记录到使我们在网上看到的文化形象多样化；从加强隐私和安全到颠覆传统性别角色和拒绝种族成见；从颠覆封闭的"婚姻市场"到拓宽性体验；从支持老年人护理到开放空间和机会，而无论个人的能力或地理位置如何。通过明智和前瞻性地实施未来的技术，我们可以设想一个生活不受性别、种族、性取向、年龄、地理位置或能力因素限制的社会。但是，除非经过深思熟虑的选择、监督和指导，平等不会自动到来。现在我们是时候参与其中，并为能够实现的目标制定一个强有力的愿景了。

打造平等机器的蓝图

我们与各种机器，尤其是机器人，一直有着矛盾的关系。我们认为它们既是从属的，又是至高无上的，既是有益的，又是令人畏惧的。事实上，任何技术进步都必须优先考虑、主张和确保平等。本书的写作目标是开发实用的工具、规则以及广泛的原则，以实现数字未来这一鼓舞人心的愿景，从而推动平等。技术本身是价值中立的。然而，根据其功能和目的不同，技术既可能消除不平等，也可能延续不平等。这里需要我们首先确定几项指导原则：

为了将数字化视为造福社会的力量，我们不需要认定它是完美的。我们只需要相信它的潜力和能力使其能比我们现有的系统做得更好。人类的决策本质上是有限、有缺陷和有偏见的。我们要努力把握人工智能的比较优势和比较局限性。渐进发展的系统能够充分发挥人类和机器各自决策能力的最佳品质，并将其呈现为比以前更好的混合模型。此外，我们需要衡量不完善系统的净收益和净损失。这种探究应该是比较和相对的，而非绝对的。我们的目标应该是进步，而不是完美。

我们应该把错误视为机会，从中学习并加倍努力予以纠正。我们不应该炒作有关技术失灵的故事，而应该关注技术如何做得更好。人工智能、机器人和数字化领域的领导者在研究和技术创新方面取得惊人的飞跃，但收获的同时并非没有失误，细微的故障和失误总是会引发警惕。其间，许多人被限制在家里或在街头抗议暴行和歧视。然而，即使在 Covid-19 大流行时期，我们能看到也确实看到了技术进步是如何发挥积极作用的。技术让我们在隔离期间相互联系，为老年人和病人提供护理和互动，协助我们过渡到远程工作，帮助动员民权活动，保存执法部门和私营公司系统性虐待的实时记录，并将这些记录公之于众。明尼苏达州警察杀害乔治·弗洛伊德（George Floyd）的视频被手机拍下，并在社交媒体上广泛传播，这只是事例之一。数据挖掘还帮助政策制定者和科学家评估风险，并监控就地隔离条例（shelter-in-place ordinances）的遵守情况，加快推进大规模新冠疫苗接种和群体免疫。技术应用如果出现失灵（例如，存在种族偏见的面部识别算法），相比过去被人掩盖而且未被记录的错误，反倒能够更好地暴露出来。与人类的错误相比，技术失灵往往可以更好地纠正。

我们可以衡量成功并从实验中学习。在整本书中，我们将发现很多值得庆祝的内容：在研究、商业和公共部门中，技术社区开发了检测日常工作场所和社会环境中的偏见和歧视的算法；旨在帮助雇主缩小薪酬差距的软件；检测骚扰倾向的早期迹象并允许受害者匿名报告骚扰的机器人；数字平台改变媒体、政治和营销中使用的图像，以促进社会多元，赋能女性和有色人种的利益代表；围绕性爱机器人是否以及如何减少人口贩卖和性犯罪、解放欲望和差异而展开的女权主义的激烈辩论；数字健康数据收集和分析可以纠正数千年来存在偏见的研究；凡此种种，不一而足。即使是广受诟病的社交媒体平台和大众数字媒体，也为促进沟通和包容性提供了机会。当今社会比以往任何时候都更需要有意义的系统性变革。前进的方向旨在鼓励实验，为实现社会目标部署技术进步，有选择地让人类参与其中，通过持续审计和经过深思熟虑的（通常是公开的）选择来扩大成功。

平等的目标应该融入数字化的每项进步中。机器学习天然具有学习和改进的能力，但是我们需要保持头脑清醒，清楚地阐明改进的含义。我们需要考虑技术与社会之间的反馈循环。算法将会重复过去的错误，除非我们明确指示它们不要这样做。这也意味着我们需要将技术能力与其功能分离，并积极设想重新调整创新的初衷。对于技术代表什么以及它服务于谁，我们也可以学习彻底改变，通过想象其用途和功能以促进更大利益、平等和包容目标。我们还可以明白如何通过技术和持续学习来增强相互竞争的目标（例如准确性和公平性、平等和隐私、效率和包容性），使其成为双赢目标、整体收益而不是零和选择。随着新的数字技术进入生活的方方面面，我们需要积极选择技术的用途，以赋能和建设更美好的社会，而不只是哀叹过去的错误并谴责重复这些错误的风险。

我们应该计算重要的事情。我们可以利用数字技术收集正确的数据、缺失的数据、替代的数据和完整的数据，并为解决老问题提供新线索。我们衡量我们关心的事情。我们收集对我们重要的数据。今天机器的计算能力远远超出了人类，可以挖掘前所未有的海量数据并提取有关我们世界的模式。大数据，亦即我们现在拥有计算能力来存储和分析的海量数据集——特别是关于我们人类的信息，可以识别和量化社会、心理、经济和健康趋势——可以提供与人类歧视和差异的根源、解决方案和进步途径相关的高度精细的信息。对大量数据进行排序和挖掘的能力让算法帮助我们了解不平等。但是，不平等问题的解决首先需要有更高质量的数据。赋权依赖于对重要信息的跟踪。

世界面包研究所（the Bread for the World Institute）近年发布的一份报告显示，非洲 92% 的性别相关经济数据缺失。我们没有衡量那些最需要帮助的人的挣扎。数百万人仍处于阴影之中。但是，今天我们可以通过技术来解决这个问题，并且该研究所正在与志愿者程序员、数据科学家、统计学家和图形设计师合作，开始系统地收集重要的信息，以补充丢失的数据并揭露此类问题。美国最高法院大法官路易士·布兰戴斯（Louis Brandeis）曾经有句名言："阳光是最好的消毒剂，电灯是最高效的警察。"为了防止歧视，我们需要公开阐明这一点。为了消除偏见，我们需要发现偏见。为了确保历史不再重演，我们需要研究它。如果布兰戴斯大法官还健在，他可能会说，数据运用得当将成为最好的消毒剂，而数字照明是促进社会平等的最强大工具。

我们必须将技术视为公共物品。我们现在收集的大量数据，以及这些数据带来的技术飞跃，应该被视为公共物品。人工智能通过汲取海量信息而不断进步，这些信息与我们的自主自我相关，涉及我们行为的各个方面，从健康、基因到图像、声音和认知。这也意味着我们应该挑战由少数公司主导和控制数据提取以及由该数据投喂算法的现实。通过对知识产权和人力资本的研究，笔者发现，知识和创新是共享资源，是经几代人共同努力而发展起来的，我们也应该共享而不是垄断这些资源的利益。用托马斯·杰斐逊（Thomas Jefferson）的话来说，思想的自由传播就像我们呼吸的空气一样，是道德和自然要求的人类进步方式。当涉及专利、著作权和商业秘密时，如何在属于个人所有和属于公共领域的部分之间正确划定界限，是个聚讼纷纭的问题。与控制知识的成本和收益、知识产权和反垄断制度的分配效应等相关的基本问题，现在必须在大数据和人工智能能力方面得到解决。正如信息、知识、创新和更广义上讲的人才库，人工智能和数据应该被理解为公共资源，它是一种能够解决世界上一些最棘手问题（例如全球健康和流行病、世界饥饿、环境可持续性和气候变化、贫困和不平等）的共享资源。我们应该扩大大数据开源，倡导为了公共目标而通过众包方式收集数据。我们需要鼓励竞争，降低新技术开发和使用的集中度。竞争可以降低成本、促进选择、可定制选项和用户驱动的偏好。

我们可以创造挑战刻板印象的人工智能。我们需要建造机器、设计机器人来颠覆长期存在的身份结构。机器人、数字助理、聊天机器人、GPS 系统、应用程序以及我们制造的其他众多机器都在接收人名、声音、个性和身材等信息，而且经常接收性别和种族信息。机器人一词源自捷克语，意为"奴隶"；捷克剧作家卡雷尔·恰佩克（Karel Čapek）根据"robota"一词创造了这个词，意思是奴隶或强迫劳动。他于 1921 年在布拉格首演的戏剧《罗森的通用机器人》(Rossumovi Univerzální Roboti)，描绘了一座大量生产机器人或人造奴隶用于出口全球的工厂。1924 年，该剧更名为《人造人间》(jinzō ningen) 在日本东京演出。从奴隶到人造人，外观和行为都像人类的机器人——机器人——仍处于起步阶段，流行文化被对人形机器人的幻想所诱惑。我们需要考虑为什么要设计形似人类又有感知力的机器人——看起来能够感知和模仿人类的行为和情感。开发人员可以而且应该创建更加中立的虚拟助理。但是，我们也可以尝试机器人的设计——护理机器人、性爱机器人、居家机器人和办公机器人——其具体目标是挑战刻板印象和传统假设。我们可以采取积极的设计方法来挑战现状并对传统脚本质疑。我们需要研究机器人何时以及为何应该传达人类特征，何时它们可以接受更加流动和模糊的形式，以及如何将它们仔细地融入家庭和社会的结构之中，以促进连接、空间和平等。

政策可以激励、利用和监督技术。特别是当不同群体之间存在不平等而且裂痕普遍存在时，将重点从传统的反歧视诉讼和立法转移到更先进的技术可以带来战略优势。例如，通过软件分析发现薪酬不平等现象，向公司发出提醒，其指控的程度要弱于揭露单个决策者的故意歧视。技术还可以确保问题的纠正是系统性的，而非各种一次性修复的拼凑。例如，要求采用动态、最新、电子化的薪资透明度，这种政策改革可以比只能审查和纠正过去错误的集体诉讼更能够带来系统、前瞻和可持续的变化。同样，使用机器人来保护在线性隐私和自主权，也比等待平台用户投诉更为迅速和主动。与粗略的规则、投诉和事后诉讼相比，人工智能可以用更加便宜、准确、可量化和精细的方式检测歧视。但是，总的来说，对于利用这些比较优势并维持持续公共监督的方式监管技术，法律和政策可以发挥关键作用。政策可以要求在新技术的开发、设计和部署阶段植入监控、报告和问责的制度。

我们必须以深思熟虑和包容的方式作出选择。除了全男孩的网络、黑客、极客、书呆子之王（nerd-kings）和兄弟们（迄今为止一直引领人工智能发展的独特的具有同质性的群体）的文化之外，还有正在改变技术社区面貌的多元的领导者的故事。在整本书中，我们将高度评价人工智能研究、商业和政策前沿的多元性，希望这种高度评价能够激励更多人加入这一行列。我们需要鼓励多元化人才尽早、有意识地进入该领域。我们需要更好的政策来创造包容性的科技环境。多元性与多学科研究相互交织：技术不应被视为仅仅属于计算机科学家和工程师的工作，而应被视为心理学家、伦理学家、政策制定者、经济学家、历史学家、艺术家、人类学家、社会学家、生命科学家和科学家等共同的工作。在接下来的章节中，我们将从加利福尼亚到东京，从纽约到伦敦，从首尔到阿姆斯特丹等地，会见机器人学家、伦理学家、活动家、政策制定者、家长、教育工作者和商界领袖。对于如何利用未来科技来解决和平衡困扰人类几个世纪的不平等问题，我们将传递清晰、充满希望和进步的信息。

我的目的不是为构建平等机器提供一份详尽的技术或原则清单。我们正在探索的是如此丰富和充满活力的领域，我们需要调整自己的节奏，同时也需要发挥集体的想象力。当我们试图让机器变得更像人类时，我们也在更加深刻地了解是什么造就了我们。这本书既涉及心理学，也涉及技术；既涉及道德，也涉及政策；这是关于历史和未来，关于人类教会我们关于机器的知识，以及机器教会我们关于我们自己的知识。当我们发现数字化生存的不公平维度时，我们也在了解我们——广义上作为社会，狭义上作为个体——具有的最基本的原则、信仰、价值观和愿望。

几个世纪以来，技术一直在重新配置身份和社会，但是这种重新配置从未像当下如此迅速。将智能机器引入我们生活的各个方面，这种想法既诱人又令人恐惧。算力越强，责任越大。处于风险之中的并不只是我们人类。本书的每一章正如一扇扇窗口，揭示生活的本来面目和可能的样子。让我们以公平与平等、性别与身份、

权力与进步的视角，展望未来几年的人机革命，重新审视自己。数
字化和自动化将继续存在，通过提出积极的用途、渐进的改进、创
造性的解决方案和系统性的保障措施来参与它们所需要的一切，才
是前进的方向。

第一编

向善的力量

第一章　我们为什么需要平等机器

一直都有光，只要我们足够勇敢，就能看到它。只要我们足够勇敢去发光。

——阿曼达·戈尔曼（Amanda Gorman），
美国 2021 年度国家青年桂冠诗人

追求平等是人类所有斗争的缩影。我们关心公平、福利、正义、民主、安全、福祉、幸福、自由和我们的星球。这些深刻的价值每一项本身都会产生内在的张力并包含多重含义，平等概念也是如此。然而，毫无疑问，要在所有这些方面取得进展，我们能做的最重要的事情就是解决普遍存在的不平等现象，并以此为弱势群体赋权。这是一种道德责任——同时拯救生命、拯救地球和拯救尊严。卡尔·马克思（Karl Marx）写道，男女之间的权力关系是了解"人类整体发展水平"的窗口。1846 年，马克思与弗里德里希·恩格斯（Friedrich Engels）共同提出，劳动分工最先出现在男女之间，阶级压迫也是首先表现为男性对女性的压迫。改善性别平等与解决种族、社会和经济不平等问题齐头并进，它使所有人能够真正选择和决定自己的身份。在当下面对的众多社会问题中，我们几乎不可能将性别问题与种族、性取向、民族和阶级等问题分开，正如我们几乎不可能将自由、正义和追求幸福的概念与向所有人提供这些基本价值分开一样。

在世界各地，性别和种族平等运动确实是在拯救生命。尼古拉斯·克里斯托弗（Nicholas Kristof）关于性别灭绝（gendercide）的研究详细描述了无数的失踪妇女、堕胎中的性别选择、针对女孩和妇女的暴力行为以及在获得医疗保健、教育和养育子女方面的机会不平等，揭露了一场死亡人数超过 20 世纪在战争中死亡的所有男性人数的悲剧。[1] 走向平等是良性循环的过程。例如，在印度和非洲农村地区，当农民开始像送男孩一样送女孩上学时，女孩的健康和福祉就会改善，社区的整体经济和物质福祉也会提高。多样性对于组织、社会和物种的生存而言都至关重要。当我们跨越国界和文化时，本书探讨的许多问题都有不同的表现形式，会有不同的回应。女性和少数群体面临的许多问题——市场中的歧视和排斥，身体和言语虐待，获得医疗保健和健康福利的不平等，媒体和政治生活中的物化、性别歧视和种族主义，儿童保育和家务劳动的负担过重，以及对自治和自由的侵犯；其他弱势群体也在面临相同的问题。对于那些数字访问机会最为有限，无力承担新技术并经历交叉排斥（intersectional exclusion）挑战的人（即具有多种弱势群体身份的人，例如有色人种移民女性）而言，大多数问题要严重得多。魔鬼常常存在于细节之中，但是也存在于更大的图景（即平等、尊严和人类繁荣的基本原则）之中。我们的命运紧密相连。

建造者和阻碍者

头条新闻经常向我们警示新技术——从人工智能到机器人再到

---

[1] Nicholas D. Kristof and Sheryl WuDunn, *Half the Sky: Turning Oppression into Opportunity for Women Worldwide* (New York: Alfred A. Knopf, 2009), xvii.

大数据——存在性别或种族问题。这些问题普遍存在：自动化广告机器人向男性和女性、年轻和年长的工人推送不同类型的职位空缺信息；信贷或贷款算法更喜欢男性而非女性，更喜欢白人申请人而非黑人申请人；面对有色人种的面孔，面部识别系统会失灵；社交媒体算法会牺牲少女的福祉而优先考虑利润；流行的数字个人助理（例如 Alexa、Siri 等）被设计为顺从的女性机器人。此类例子不胜枚举。技术确实经常嵌入不平等。但是，如果我们换个立场，转而在面临技术挑战时采取不平等的心态呢？如果我们将挑战视为改进工作的机会——不仅是解决技术失灵的机会，而且还是利用技术解决社会失灵的机会，结果将会怎样呢？

十多年前，我刚开始研究创新和技术，注意到大家争论中存在的分歧。有些内部人士称赞技术创新、自动化以及互联网和大数据的兴起是个乌托邦新时代，将促进效率、增长和机遇。颠覆（disruption）既是目标也是手段，无论其分布在哪里。男人将成为神。因为这些内部人士几乎都是白人，生活在世界的某个特定角落——事实上和我一样都住在加利福尼亚州。还有一些局外人，他们是女性、有色人种、来自硅谷以外的人以及来自世界其他地区的人（其中许多来自发展中国家和农村地区），对新技术造成的排斥和不平等发出警告，而且他们的声音越来越响亮。这幅图景最让我印象深刻的是它存在明显的二元性特征。我发现在职业和私人生活、会议和课堂、政治领域、媒体和文学中缺乏关于技术赋权潜力的对话。辩论双方各说各话，一个群体是内部的富人，另一个群体则代表了外部的穷人。几乎没有人试图参与并设想包容性和赋权的前进之路。

偏见修复者（bias-fixers）和偏见阻止者（bias-blockers）之间存在乌托邦／反乌托邦的尖锐分歧，前者认为我们可以解决系统中存在的问题，后者则希望在技术被证明有害时废除技术。进步需要克服否认风险和机遇、不加批判的拥抱和批判过度导致瘫痪的双重幽灵。偏见修复的范围太窄——我们的研究当然有必要询问某些技术应用是否可行或合法。例如，公民自由活动人士质疑我们是否应该禁止识别个人性别或种族的算法；我们将在本章讨论算法盲目性／意识的问题。但是，我们很少可以而且也不应该阻止技术进步。相反，我们需要负责任地构建和使用技术。

在乌托邦和反乌托邦交错存在的世界中，技术领域本身正在快速发展，每年我们都能更深刻地理解技术风险以及解决我们最关心问题的潜力。为了实现技术向善，我们必须改变讨论新进步和发展的方式。我们需要改变"技术＝权力＝邪恶"的叙事，更全面地描述现状和未来，拒绝非黑即白的叙事，即截然相反的两种未来——一端是机器人末日（robopocalypse），另一端是机器人乌托邦（robotopia），并就我们生活各个领域发生的转变开展更丰富的对话。

平等的魔球

在《魔球：如何赢得不公平竞争的艺术》（*Moneyball: The Art of Winning an Unfair Game*）*一书中，迈克尔·刘易斯（Michael Lewis）讲述了奥克兰运动队（Oakland Athletics）总经理比利·比恩（Billy Beane）以低廉成本帮助棒球队获胜的故事。比恩使用统计分析，而其他人仍在使用人类的判断、感知、预感和直觉。我们的指导原则是，我们无法纠正自己未曾衡量的事物。如果我们不学习，就无法进行改进。如今，统计分析已成为我们生活中使用的主要工具，被广泛应用于从工作匹配到约会、从政治到媒体、从消费营销到执法等方方面面。很多时候，即使是简单的数学模型也优于

---

* Michael Lewis, *Moneyball: The Art of Winning an Unfair Game*（W. W. Norton & Company, 2004）.［该书中文译本《魔球：如何赢得不公平竞争的艺术》为迈克尔·刘易斯著，小草译，江西人民出版社 2018 年版。——译者注］

人类专家。随着计算能力的增强，计算机可以访问越来越大的数据集，并将复杂的算法应用于预测建模，从而明显提高准确性。算法只是一组指令，是引导人类逐步完成决策过程的公式。如今的算法可以吞噬并发现大量信息中的模式，而且这种能力正在迅速增强。我们可以想象存在促进平等的魔球。

eBay 的案例充分证明，我们可以通过数字数据分析进行差异检测，并且从中学习。该公司是愿意开放其非公开数据（under-the-surface）供研究人员挖掘的先驱。通常此类数据是保密的，这种做法需要改变。当 eBay 最近发布了涵盖十多年的庞大数据集和数十亿个有关在线拍卖的数据点时，法学教授塔马尔·克里赫利-卡茨（Tamar Kricheli-Katz）和经济学家塔利·雷耶夫（Tali Regev）率先开展了研究。与许多在线市场一样，卖家可以在 eBay 上注册时指定个人信息，即使未指定性别，买家通常也可以通过姓名或销售历史来猜测卖家的性别。塔马尔·克里赫利-卡茨和塔利·雷耶夫研究了 eBay 上超过 100 万次拍卖，发现在销售同样的产品时，女性获得的收入始终低于男性。即使控制了卖家的声誉评分、初始最低价格和"立即购买"（buy it now）价格，这些差异仍然存在。研究发现，当男性和女性提供完全相同的新产品（例如采用原装密封包装的 iPod）时，女性卖家收到的出价更少，最终价格也更低——男性卖家每收到 1 美元，平均只收到 80 美分。[1]当女性销售通常由男性拥有的产品（例如电子产品）时，存在更大的差距。令人惊讶的是，礼品卡销售价格与新产品存在同样的差距：销售 100 美元亚马逊礼品卡的女性收到的价格低于销售同样 100 美元亚马逊礼品卡的男性。

---

[1] Tamar Kricheli-Katz and Tali Regev, "How Many Cents on the Dollar? Women and Men in Product Markets," *Science Advances* 2, no. 2（February 2016）: 1.

对于任何了解就业市场中不同性别之间工资差距的人来说，1美元兑换80美分再熟悉不过。在网上销售相同的商品时，也存在同样的差距。有趣的是，在二手产品的销售中，性别原因导致的"惩罚"较小：女性仅比男性少3%。克里赫利-卡茨和雷耶夫推测，这种较小的差距可能是因为买家下意识地更相信女性所上架销售的二手产品的质量。因此，我们在工作中看到了两种相互竞争的刻板印象：女性应该赚更少，但是她们更少撒谎——她们出价更低，但是描述商品时更加谦虚和诚实。另一项研究发现，男性和女性使用不同术语描述产品，男性使用的描述更强烈、更讨人喜欢。但即使排除了商品描述上的这些差异，相同新产品的出价金额差异也达到了19%。

隐藏的数字

无论是企业还是政府使用算法，我们都不必满足于它们的不透明性和专有地位。当我们清楚地看到歧视模式时，就更有可能采取一些措施。有了eBay等调查结果，平台就可以设计用户界面，提醒卖家可比较的销售额。eBay可以重新设计竞标流程，以便在定价和初始报价之后隐藏性别和种族（我们稍后会看到，其他研究表明在线交易中涉及种族和民族因素时也存在类似的不平等）。平台还可以建议更强有力的产品文字和描述，以平衡拍卖的卖方。数字空间也适合以其他方式进行修正。例如，eBay提供自动狙击代理，可以在最后一秒出价；它还可以通过引入软件来帮助双方进行报价和竞争性投标，从而解决不合理的不平等问题。如果eBay这样的公司不主动采取行动解决这些不平等问题，政策制定者就可以发挥作用，要求发现、报告和纠正不平等现象。

在寻求改革之前，第一步始终是识别和理解问题。在数字空间中，分析数据可以揭露不平等现象。相比之下，当涉及线下真实存在的价格歧视时，基本上不可能对差异进行如此准确、稳健、持续和细致的检测。在 20 世纪 90 年代初的一项著名现场实验中，参与者假扮成二手车经销店的买家。结果不难猜测：卖家给女性和有色人种的初始价格比给白人男性的要高。但是，多久可以进行一次这样的实验，又在多少家经销商处进行呢？作为消费者和监管者，我们如何轻松地解决这些已经存在了几个世纪的市场差异？eBay 研究的精彩内容可以帮助我们想象数字数据的力量，既可以揭示古老的歧视模式，也可以展望未来的解决方案。算法可以挖掘大量数字记录，以实现我们对平等的追求。如果研究人员不是在像 eBay 之类的事件发生多年后才进行数据挖掘挑战，而是通过算法不断寻找歧视模式，情况会更好。通过这种方式，机器人可以进行有效地全天候监督，实时发现市场中让女性和少数族裔遭受排除或者处于不利地位的模式。

我们正处于紧要关头。与 eBay 一样，Facebook、Amazon、Google、LinkedIn、Uber、Airbnb、Fiverr、Etsy 等在线平台拥有大量有关人们行为和关系的信息。Facebook 将公司更名为 Meta，以回应公众的广泛不满，包括针对该公司积累的大量数据的保密问题，以及该公司不愿解释如何在利润和用户利益之间作出选择的事情。内部人士通过举报披露一些企业的行为（例如 Facebook 的案例）。有些公司（例如 eBay）得到了提供数据访问权的公司的帮助。数字行为研究人员通过直接实验发现了其他差异。例如，哈佛商学院的研究人员进行了一项实证实地研究，为想要预订度假屋的客人创建虚假的 Airbnb 个人资料；有些是白人，有些是黑人。但是，研究人员发现，与具有典型白人名字的客人相比，具有独特黑人名字的客人的请求被接受的可能性要低 16%。无论房东是男性还是女性、白人还是少数民族，这些差异都持续存在。

另一项研究比较了 Airbnb 及其竞争对手 HomeAway 交叉列出的度假租赁的评级。Airbnb 明显地展示了房东的身份；HomeAway

却没有。果然，研究人员发现 Airbnb 的用户评分存在种族偏见：黑人房东得到的评分通常较低，同等住宿条件下黑人房东的收入也较低。虽然该平台的相互评级和评论系统对信任和可信度有积极的影响（我称之为"陌生人信任系统"），但它们也受到人们偏见的影响。诸如此类的最近研究说明了检测歧视的方法：在受控环境中积极开展试验，当性别或种族单独（或一起）改变时会发生什么。我们需要以更系统、更持续的方式进行这些研究，利用公共政策来激励此类研究。

数字公司可以对歧视事件做出迅速而有力的反应。当发现存在歧视时，下一步就是寻找解决方案。服务通常包含用户的照片和姓名，因此种族和性别通常是可见的。Airbnb 可以像传统连锁酒店一样，要求房东在不透露客人身份的情况下接待客人。与 HomeAway 一样，它可以隐藏主机的身份，稍后再进行交换。我与 Airbnb 讨论了它的解决方案，它自豪于能够快速响应房东或房客提出的任何问题，速度远远快于任何行政机构在收到歧视投诉时的反应速度。Airbnb 称该公司"对平台上的歧视采取零容忍政策"。例如，当一对同性恋夫妇抵达得克萨斯州的一家民宿却被拒绝住宿时，Airbnb 将房东从其系统列表中删除，退还预订时支付的费用，并支付了这对夫妇最终入住的酒店的住宿费用。该公司谴责了这一事件："Airbnb 有明确的指导方针，房东或房客不得宣扬仇恨或偏执。"上述所述的哈佛商学院实验公开后，#AirBnBWhileBlack 标签在 Twitter 上疯传。Airbnb 针对调查结果和强烈抗议作出了回应，制定了更强有力的反歧视政策，要求用户积极签署反歧视承诺，并改变个人资料照片的显示方式。现在，只有在确认预订后，才会向房东显示个人资料照片。该公司还推出了"即时预订"功能，允许客人即时预订房源，无需房东批准，确保交易更加客观、公正。Airbnb 已经关闭了 150 万名不遵守平台反歧视政策的用户的账户。2020 年，它启动了"灯塔计划"（Project Lighthouse），与民权组织合作，继续监测平台上的歧视情况，这些组织包括"变革颜色"（Color of Change）、"亚裔美国人促进正义"（Asian Americans Advancing Justice）、"民主与技术中心"（the Center for Democracy and Technology）、"民权与人权领袖会议"（the Leadership Conference on Civil and Human Rights）、拉丁美洲公民联合会（the League of United Latin American Citizens）、全国有色人种协进会、国家行动网络（the National Action Network）和 Upturn。基本上，该项目继续在更大范围内对平台上的歧视进行初步研究。Airbnb 将房东和房客的照片和姓名（不含其他身份信息）发送给这些民权合作伙伴，以了解他们对用户身份的看法；反过来，Airbnb 利用合作伙伴的看法，来研究那些被视为属于某个种族的人的预订是否比其他人更容易被拒绝，从而帮助该平台创建新的功能和政策来解决发现的偏见。

Airbnb 和 eBay 上发现的歧视是人为驱动的，但数字"纸质"线索促进了其发现，而数字设计则允许其纠正。与个案歧视诉讼相比，获取大规模数据可以帮助公司和政策制定者更有效地了解歧视模式，因为它不可避免地具有任意性。人工智能可以帮助解析不平等的根本原因，从纯粹的偏见到机会差异和行为差异。例如，如果投标、签约、谈判或选择方面的某些差异完全归因于不同群体描述其产品、服务或技能的方式，或者谈判或签约方式的差异，那么解决方案就会不同，即使行为相同，差距仍然存在。人工智能为我们提供了前所未有的、宝贵的见解，我们可以利用这些见解来更精确、更有意图地创造变革。

我们可以让机器人学会新技能

Emily Dickinson 写道："让我们沉浸在可能性之中。"就其本身而言，技术是中立的。数据既可以行善，也可以作恶。技术可以帮助人，也可以用于伤害人。创新可以赋能，也可以排除。eBay和 Airbnb 的例子展示了技术如何帮助我们挖掘大量数据并发现模式。但新技术的作用远不止于此：算法越来越多地根据它们挖掘的信息和检测到的模式作出决策。学习算法是一种程序，它采用信息（或我们所说的训练数据）作为输入，并创建决策路径或分类器，使用这些数据来执行未来的任务。例如，可以指示算法创建最佳的新意大利食谱。该算法将从烹饪网站爬取许多食谱，包括人们提供的评级和评论，并且它将了解是什么让顶级食谱变得美味且受欢迎。

会学习的机器是个全新的概念。纵观历史，机器是静态的发明。如果它们有缺陷，我们就会更换它们。它们的目的是既定的，生命周期也是有限的：机器总是会继续按照最初设计的方式运行，最终不可避免地会被淘汰。但是，人工智能革命改变了一切。机器学习是人工智能的一种应用，它允许计算机通过数据和经验自主改进，而无需明确编程是如何做到这一点的。

机器学习发生的一种方式是通过词嵌入（word embedding），这是一种常见的研究框架，它将文本数据表示为许多机器学习和自然语言处理任务中使用的向量。机器从接收到的所有文本输入中教会自己进行关联，并且算法学习配对。当出现"轮子：汽车，机翼：____"这样的关联时，词嵌入算法会学会预测"飞机"。再如，"花"和"乐器"比"昆虫"和"武器"更有可能与令人愉悦的词语相关联。[1]就像我们的大脑会产生联想一样，算法也会从处理输入给它的自然语言的过程中学习这些联系。通过这种方式，计算

[1] Aylin Caliskan, Joanna J. Bryson, and Arvind Narayanan, "Semantics Derived Automatically from Language Corpora Contain Human-Like Biases," *Science* 356, no. 6334（April 14, 2017）: 183, https://doi.org/10.1126/science.aal4230.

机可以学习解决难题，例如"男人之于 X，正如女人之于 Y"。

但是，词嵌入存在各种各样的问题，原因就在于它的本质：机器会从输入的数据中学习。这些数据是人类随着时间的推移产生的。如果输入机器的是部分、不准确或有偏差的数据，它就会反映出这些限制或偏差。例如，当算法被输入主流书籍和新闻文章时，表示数据的向量充满了刻板印象："女儿"一词嵌入了"缝纫"，而"儿子"则嵌入了"学校"。另一个偏见嵌入的例子是：[1]

词嵌入展示了人工智能如何学习语言、语音和思想。数以万计的文本输入告诉算法哪些单词与其他单词更接近或在句子中的位置相似。[2]以下是机器学习单词关联的示例：[3]

女性比例极高的职业：1.家庭主妇；2.护士；3.接待员；4.图书管理员；5.社交名流；6.美发师；7.保姆；8.簿记员；9.造型师；10.管家；11.室内设计师；12.辅导员。

男性比例极高的职业：1.大师；2.船长；3.门徒；4.哲学家；5.船长；6.建筑师；7.金融家；8.战士；9.广播员；10.魔术师；11.战斗机飞行员；12.老板。

［1］Tolga Bolukbasi et al., "Man Is to Computer Programmer as Woman Is to Homemaker? Debiasing Word Embeddings," in *NIPS'16: Proceedings of the 30th International Conference on Neural Information Processing Systems*, edited by Daniel D. Lee et al.（Red Hook, NY: Curran Associates Inc., 2016）, 4356.

［2］Adam Hadhazy, "Biased Bots: Artificial-Intelligence Systems Echo Human Prejudices," Princeton University Office of Engineering Communications, April 18, 2017, https://www.princeton.edu/news/2017/04/18/biased-bots-artificial-intelligence-systems-echo-human-prejudices.

［3］Michael A. Sosnick, "Exploring Fairness and Bias in Algorithms and Word Embedding," senior thesis, University of Pennsylvania, 2017, 15, https://fisher.wharton.upenn.edu/wp-content/uploads/2019/06/Thesisi_Sosnick.pdf.

语言蠕变

研究发现强调了人们在现实生活中与他人互动的重要性。换句话说，词语不仅很重要，而且还关系到它们如何成为人类数字历史的一部分，机器通过这些历史进行学习。虽然一些研究这些问题的学者此前认为，将有关潜在伤害或歧视性语言的说法视为过于敏感具有"政治正确性"，但是他们现在看到了我们所使用的词语的影响力。我们使用的词语不仅会影响我们当前的关系，还会渗透到机器对我们的了解中，有可能在很久甚至更远以后，为人类的互动带来色彩。我们将在接下来的章节中指出，有偏见的系统在反馈循环中运行：算法预测可以成为自我实现的预言。例如，有偏见的关联可能会指导算法向男性和女性显示不同类型的广告或职位空缺。由于向量的接近性，该算法可能会决定在使用搜索浏览器时向女性提供一组刻板的选择（例如有关购物和水疗的广告），同时向男性显示有关工作和科技产品的广告。反过来，女性对职业机会的了解将继续减少，从而继续甚至加深职业隔离和经济不平等的现实。

研究证实，这些有偏见的关联普遍存在于书面和口语中。在《科学》杂志上发表的一项研究中，一台经过训练可以阅读谷歌新闻文章的机器学会了在单词之间建立关联。在没有任何指导的情况下，该程序将男性和女性的名字与不同类型的职业和不同类型的情感联系起来。[1] 偏见以这种方式渗透到算法中，因为偏见已经融入我们文化的语言中——我们的社会并不平等。机器一旦接受了训练（例如读完数千篇新闻文章），它就会表现出刻板印象。它将以歧视性的方式将句子补充完整，刻板地预测职业、行为和待遇。

[1] Caliskan, Bryson, and Narayanan, "Semantics Derived Automatically from Language Corpora Contain Human-Like Biases."

用该研究合著者乔安娜·布莱森（Joanna Bryson）的话说，人工智能不是可以让人愿望成真的仙女教母（fairy godmother），它只是我们文化的延伸。[1]因此，在仙女教母缺席的情况下，研究人员正在带头解决这些问题，以构建更好的机器。越来越多的计算机科学家致力于使机器学习更加公平和平等，并正在开发可以减少偏见的算法。一种去偏算法区分了有性别特征的单词（例如"女儿""母亲""国王"或"兄弟"）与无性别特征的单词（例如"计算机程序员""护士""医生"或"持家者"）。因此，该算法可以从数据中提取偏差，减少对特征、能力和活动建立刻板联系的类比。因此，程序员可以限制算法的学习过程。在第二章中，我们将看到这些进步被部署在筛选环境中，例如就业面试和简历解析。

然而，监控算法模式的结果是消除偏差的又一关键步骤，这通常更有效。世界各地的研究团队正在开发新的、有前途的去偏软件。科学界在理解算法偏差和歧视以及教授算法如何检测、测量和减轻这些偏差方面取得了长足进步。例如，一些计算机科学家最近开发了一款专门测试不同结果的软件。该软件将算法配对，以实现平等：一种算法着眼于数据集是否可以区分男性和女性，第二种算法试图通过修改实际数据集来纠正偏差，以便任何作出选择的算法都能提供公平的结果。第二种算法会进入数据，并模糊可能与性别或种族相关的属性。[2]通过这种方式，算法可以用于直接推翻有偏见的决策——它们可以被设计为具有额外的判断层，以决定如何

［1］Matthew Hutson, "Even Artificial Intelligence Can Acquire Biases Against Race and Gender," *Science*, April 13, 2017, https://www.science.org/content/article/even-artificial-intelligence-can-acquire-biases-against-race-and-gender.

［2］Michael Feldman et al., "Certifying and Removing Disparate Impact," in *KDD '15: Proceedings of the 21st ACM SIGKDD International Conference on Knowledge Discovery and Data Mining*（New York: Association for Computing Machinery, 2015），259, https://doi.org/10.1145/2783258.2783311.

积极应对偏见，例如标记数据中的性别模式，或为代表性不足的群体创建积极的假设。

为此，斯坦福大学研究人员开发了一种名为 Multiaccuracy Boost 的算法，它可以最大限度地提高总体准确度和每个子群体的最高准确度。[1] 该算法将数据分解为不同的身份类别和子群体，并对其他算法的功能进行审核，以确定结果是否满足子组公平性的强烈概念。该算法核心的多精度原则不仅寻找每个受保护身份（例如种族和性别）的偏差，还寻找由种族、性别和其他身份标记交叉定义的群体。在最初的实验中，该审计算法通过识别初始模型系统性错误的子群体，成功地提高了整体准确性。Multiaccuracy Boost 算法展示了数据科学如何转向自动化决策，这些决策可以同时实现相互竞争的目标：准确性和平等性。这不是一项容易的任务——紧张局势持续存在，而且这些进展仍处于萌芽阶段——但方向是充满希望的。

我们的大脑也按照图式工作。与不同类型的名字相关的联想反映了我们在日常生活中的偏见。也许您听说过或参加过内隐联想测试（IAT）。每年，我都会要求我的法学院学生参加这项测试，他们总会震惊地发现自己具有的隐含的偏见。当受试者被要求配对某些单词时，IAT 表现出反应时间的差异。人类大脑是速度有限的机器。例如，测试发现，无论我们是美国黑人还是白人，小型人脑机器能够更快地将格雷格（Greg）和艾米莉（Emily）等名字与"快乐"和"好"等词相联系，将贾马尔（Jamal）和拉基莎（Lakisha）等名字与"仇恨"和"坏"等词相联系，反之亦然。与男性名字相

[1] Michael P. Kim, Amirata Ghorbani, and James Zou, "Multiaccuracy: Black-Box Post-Processing for Fairness in Classification," in *AIES '19: Proceedings of the 2019 AAAI/ACM Conference on AI, Ethics, and Society* (New York: Association for Computing Machinery, 2019), 247, https://doi.org/10.1145/3306618.3314287.

比，女性名字更常与家庭词汇相关，而不是与职业词汇相关。女性词汇也更常与艺术相关，而不是与科学相关。年轻人比老年人更容易联想到更多令人愉快的词语。

对于我们人类来说，决策不仅容易受到这些基于身份的刻板印象的影响，而且还因我们有限的计算能力、有限的信息和各种认知偏差而变得混乱，例如对未来或不太可能发生的风险进行折扣、过度自信和过度依赖一种信息。机器不容易出现这种不合理的情况。在许多情况下，计算机模型已经优于人类决策。即使在信息有限的情况下，机器的表现也日益优于人类。算法拥有如此多的关于我们的信息，以及一起处理所有这些信息的能力，以至于它们即将取代人类所做的大部分事情。

机器和人类之间的这些差异既充满希望又令人担忧。然而，我们常常太快低估技术的前景，并放大恐惧。这是可以理解的：我们大多数人都无法理解算法的内部工作原理。即使是算法的程序员也常常无法破译其内部过程。宾夕法尼亚大学沃顿商学院的研究人员记录了所谓的算法厌恶现象。他们发现，当人们看到算法胜过人类后，就会更加怀疑算法。在受控实验中，当人们目睹算法比人类更准确后，他们就不太可能喜欢使用算法。讽刺的是，这是面对人类局限性时，符合人类的反应。

反对盲目

我们不太可能因为掩盖肤色或性别等因素而消除对人类的偏见，同样简单地删除词嵌入中某些单词（例如"家庭主妇"和"女性"）之间的关联也只能触及算法偏见的表面。我们不想消除关联或身份标记，部分原因在于要消除长期存在的差异，我们通常需要更多而不是更少的信息。计算机科学家正在达成共识，如果目标是促进平等和公平，那么最好指导算法的输出而不是限制其输入。这种从限制输入到检查输出的转变，被计算机科学家称为"通过意识实现公平原则"：为了作出公平的预测，应该向（值得信赖的）算法提供受保护的数据，例如种族和性别标记。[1] 这种转变之所以重要，既是因为有效限制输入的困难，也是因为将完整信息（包括身份标记）输入到系统中可以带来准确性和平等性的好处。事实上，即使删除了对身份标记的明确引用（例如，指示对财务数据进行排序的算法不需要输入每个人的性别），该算法也可能能够识别这些标记。换句话说，清理数据集里的直接身份标记（性别、种族、宗教、性取向、国籍、年龄等）并不意味着算法将摆脱这些身份。身份以多种间接方式普遍存在于数据中。算法通过数据中的代理、连接和模式来了解我们的身份。例如，Facebook 的算法可以通过你的"喜欢"轻松确定你的性别；关联对于算法的影响，是人类不一定能够检测到的。

我们的写作和说话方式也存在性别差异。例如，当心理学家分析男性和女性作者的大量文本时，他们发现女性比男性更频繁地使用"我"词（"我"和"我的"）。男性使用更多名词，女性使用更多动词。邮政编码本身通常可以用于预测种族。如果某人拥有某种特定类型的汽车，订阅了特定的应用程序或一组特定的应用程序，拥有特定品种的狗，并且住在某个社区，那么该算法几乎可以肯定地识别出这个人是同性恋。因此，即使身份标记没有作为数据的一部分出现，如果它们被编码在其他属性中，与职业、地理位置、生

---

[1] Cynthia Dwork, Moritz Hardt, Toniann Pitassi, Omer Reingold, and Richard S. Zemel, "Fairness Through Awareness," in *Proceedings of the 3rd Innovations in Theoretical Computer Science* (New York: Association for Computing Machinery, 2012), 214—226; Sam Corbett-Davies and Sharad Goel, "The Measure and Mismeasure of Fairness: A Critical Review of Fair Machine Learning," preprint, last revised August 14, 2018, https://arxiv.org/abs/1808.00023; Talia B. Gillis, "The Input Fallacy," *Minnesota Law Review* 106, no. 1175 (2022).

活方式选择或社会阶层相一致，那么计算机也会检测到它们。正如哈佛大学计算机科学家辛西娅·德沃克（Cynthia Dwork）所述，你根本无法隐藏一个人的身份，因为我们的身份"全息嵌入"（holographically embedded）在数据中。我是女性的事实，可以波及所收集的有关我的所有信息中的数百万个数据点。人工智能可以看到海量数据中的模式。

就其本质而言，算法是不透明的，即使你知道如何阅读代码，如果不付诸实践，你仍然无法知道算法会做什么——这就是经常被引用的黑箱问题。现代计算机科学之父艾伦·图灵表示，学习机器的一个关键特征是，"老师"（人类）在很大程度上不知道"学生"（机器）内部正在发生什么。对于算法来说，这一特征变得越来越真实。即使是设计者也无法完全理解更复杂的算法中发生的过程。一旦算法开始学习，就很难从其"记忆"中完全删除信息。

但是，我们不想变得身份盲目（identity blind）*还有另一个原因，这个原因比实现盲目本身的挑战更为深刻。为了识别和消除不平等，算法和人类需要积极考虑身份。限制输入会使我们难以发现和纠正偏见。例如，如果不允许算法了解社会给予男性同等工作更高的回报，那么在实践中将很难纠正这些偏见。因此，该领域专家首选的新方法是根据结果而非输入来定义公平性。

当我们谈论平等时，我们的意思是什么？平等这个概念比表面上看起来复杂得多。我们的意思是身份盲目性吗——比如拒绝考虑一个人的性别、种族或其他社会身份标记？我们的意思是统计平等吗？不同的身份将按比例代表不同的结果，例如被选为工作、广告或信用？我们的意思是算法对任何身份组的预测都同样准确（或不准确）吗？我们的意思是我们要考虑差异并适应人们不同的偏

---

* 身份盲目，是指看不到有关身份的标记。——译者注

好、背景和能力吗？如果平等和准确性之间存在紧张关系，会发生什么情况？如果一种算法可以在预测学校或工作中的成功方面达到完美的准确性，并且这种预测表明某些群体更适合给定的任务，该怎么办？为了实现有意义的平等，平等对待每个人就足够了，还是应该采取更多措施，来促进更多弱势群体或历史上受到歧视的群体？这些都是棘手的问题，而且并不新鲜。我们长期以来一直在争论平等的含义，这些问题在不同的背景下会有不同的答案。技术挑战我们在寻找答案时阐明真正想要实现的目标。我们可以使用新的计算能力来发现和了解更多关于差异来源的信息，但我们也可以以更微调的方式，指导算法来确定我们想要的平等机器是什么样子。

学习环境

以刑事司法系统中使用风险评估软件为例，这是一个引起激烈争论的话题。算法经常用于保释、保释金额、量刑和提前出狱等决策。围绕 COMPAS（Correctional Offender Management Profiling for Alternative Sanctions，即替代制裁的罪犯管理分析）这款领先的软件工具—的争议，主要集中在算法做出这些改变生活的决定的能力上。人们特别担心算法对有色人种的偏见。早期对该软件的研究发现，某些负责标记可能再次犯罪的算法本质上是有缺陷的，将黑人被告标记为未来罪犯的频率是白人被告的两倍，并且经常将白人被告错误地标记为"低风险"。2018 年一项备受瞩目、被广泛引用的研究发现，COMPAS 的预测并不比没有刑事司法专业知识的人更准确。该研究调查了亚马逊 Mechanical Turk 上的 400 名在线参与者，他们从公开的 COMPAS 数据集中众包了对真实被告的简短描述。参与者被要求预测被告未来是否有可能犯罪。该研究发现，外行人的总体准确率为 62%，而 COMPAS 算法预测的准确率为

65%。[1] 然而，最近的研究确实对这些发现质疑：2020年的一项研究认为，第一项研究并不是一个好的结果。反映人类判断在现实世界中的情况，第一项研究的实验设置将参与者的注意力集中在最具预测性的因素上，并一路向他们提供反馈，人为地提高了他们的结果。[2] 在五十轮中的每一轮中，参与者都作出了预测，并立即收到预测是否正确的反馈，然后收到下一个场景。

研究人员解释了为什么在实验室环境中，人类的表现似乎和计算机一样好："实验室创造了一种'友善'的环境，可以便利人类直观地了解特定结果的概率，即使规则确实不透明。友善的环境可以提高准确性，这与大多数司法环境所特有的'邪恶'的学习环境不同。在这种环境中，人们无法立即观察到结果，或者根本观察不到"。换句话说，当信息有限且精简时，人类的表现相对较好，但是信息越丰富或越情境化，人类能够以算法的方式处理它的能力就越弱。如今，在许多情况下，类似的结论都得到了体现，从招聘信息到薪资设定，到信贷和贷款，再到量刑和保释。

在2020年的研究中，研究人员创造了更能反映法官在决策过程中提供信息的条件：量刑前的调查报告、律师和受害者的影响陈述以及个人的举止，所有这些都增加了复杂、不一致的风险——不相关且可能有偏见的信息（例如，某人"有严重的饮酒问题，影响工作"）。研究表明，当人类和算法都获得更复杂或"嘈杂"的风险信息时，算法的表现要好得多。或者，相反，参与者的表现始终比算法模型差。

[1] Julia Dressel and Hany Farid, "The Accuracy, Fairness, and Limits of Predicting Recidivism," *Science Advances* 4, no. 1（January 17, 2018）: 3, https://doi.org/10.1126/sciadv.aao5580.

[2] Zhiyuan "Jerry" Lin, Jongbin Jung, Sharad Goel, and Jennifer Skeem, "The Limits of Human Predictions of Recidivism," *Science Advances* 6, no. 7（February 14, 2020）: 1, https://doi.org/10.1126/sciadv.aaz0652.

当然，在这种情况下，潜在的（不）准确性会对平等产生重大影响。另一项研究表明，如果我们通过编写算法来释放除最高风险人群之外的所有人，那么黑人和西班牙裔将受益最多，因为刑事司法系统中存在巨大的不平等。同样，当我们思考如何在历史上不平等的体系中促进平等时，我们不一定希望身份盲目。例如，女性的累犯率通常较低。因此，当我们预测再犯罪的风险时，如果无视性别的因素，而只是将所有其他风险因素输入算法，那么女性最终会受到惩罚：女性被告将以与男性被告相同的比例被释放，即使她们未来的风险实际上较小。这就是为什么刑法学者现在认为刑事司法系统中使用的风险评估算法应该明确考虑性别，因为如果不这样，女性将因算法高估其累犯率而受到惩罚。[1]威斯康星州最高法院最近裁定，COMPAS 风险评估工具中性别的使用并不违反正当程序，因为使用性别可以提高准确性。法院推断，"如果纳入性别可以提高准确性，那么它符合机构和被告的利益，而不是歧视性目的"。[2]

如果可以通过技术提高当前技术的准确性并减少种族偏见，则可以减少不必要和不平衡的警察力量和监禁的悲剧性使用。随着刑事司法系统中的种族偏见变得更加明显，我们应该关注比较优势和更一致、可靠、准确的方法来解决系统性不公正问题。在自动化保释、量刑和提前释放方面，法律学者科林·陈（Colleen Chien）展示了自动化"清白"举措的巨大潜力——根据二次机会法（second-

［1］Jennifer Skeem, John Monahan, and Christopher Lowenkamp, "Gender, Risk Assessment, and Sanctioning: The Cost of Treating Women Like Men," *Law and Human Behavior* 40, no. 5（October 2016）: 580, https://pubmed.ncbi.nlm.nih.gov/27598563; Christopher Slobogin, *Just Algorithms: Using Science to Reduce Incarceration and Inform a Jurisprudence of Risk*（Cambridge: Cambridge University Press, 2021）.

［2］*State v. Loomis*, 881 N.W. 2d 749, 766（Wis. 2016）, cert. denied, 137 S. Ct. 2290（2017）.

chance laws），使用数字化和算法自动清除符合条件的犯罪记录，旨在帮助被逮捕或定罪的美国人消除犯罪记录，重新在劳动力市场和社会中站稳脚跟。陈分析了约 60 000 份求职者的犯罪记录，得出的结论是，至少有 20 万至 3 000 万美国成年人，即 30% 至 40% 有犯罪记录的人遭受着她所说的"二次机会消除差距"——部分原因是负担过重。部分原因是"脏数据"（缺少刑事司法信息）和昂贵的流程。自动化可以大幅改善当前低效且不公平的系统，该系统影响着数百万（尤其是贫困和弱势）美国人。

尽管有关自动化及其潜在偏见的负面报道耸人听闻，但加州在将人工智能引入其刑事司法系统方面一直处于领先地位。2019 年，旧金山地区检察官与斯坦福计算政策实验室合作推出了软件，可以将警方报告中任何具有种族含义的措辞改为中性。然后，检察官以一种盲目的方式看待案件：算法不仅删除了种族的提及，还删除了身体描述、证人姓名、警察姓名以及可以提供有关种族线索的地理信号。

在某些方面，使用统计相关性并根据这些模式进行预测并不是什么新鲜事。科学探究、医学、营销和政策都建立在基于过去预测未来的基础上。关于将自动化引入流程，我们了解到，当我们提高预测系统的能力时，无论预测准确与否，一些人可能会受到伤害。算法不应该延续历史歧视，但我们也不能指望用魔杖一挥就能解决过去所有的错误。技术不是灵丹妙药，但它确实起到了推动作用。它可以提高公平结果，改变动态，解决长期存在的棘手问题，降低成本，做大蛋糕，加快前进的步伐。

恶意还是能力：我们害怕什么

尽管大家都在谈论人工智能和机器人技术的可能性，但我们实际上还处于机器与人类融合的萌芽阶段。人工智能在不同的对话中意味着不同的东西。最常见的用途是机器学习——使用统计模型来分析大量数据。基础机器学习的下一步称为深度学习，它使用多层网络架构，跨数据集建立连接和建模模式。人工智能可以被理解为任何模仿人类行为（即人类反应）的机器——根据目的将其定义为运行数字软件的硬件。它根据从数据输入中获得的学习来作出决策和判断，并且可以模仿人类的感官，例如视觉。创造越来越先进的人工智能的尝试就是模仿人类的大脑和认知能力，以及人类的情感和本能。从机械意义上讲，机器人学就是试图模拟人类的身体；总而言之，未来技术的软件和硬件渴望提供完整的一揽子服务：思想、身体、感官，甚至可能是心灵和灵魂。

如今，有的计算机程序可以模拟人类决策，还有的算法可以动态地从数据中学习，以执行曾经由人类专门执行的特定任务。算法挖掘过去的数据来预测未来的结果。但目前还没有通用的人工智能，即可以完成人类所能完成的任何智力任务的假设（或未来）机器。也许有一天，人工智能将会爆发，这是一个转折点，强大的超级智能将超越人类智能，以至于人类失去对技术进步的控制。这种可能性被称为"奇点假说"。无论这是否可以成真，也无论它是什么样子，人机纠缠很可能只会日益加深，机器人的集成只会日益强大。自动化正在重构我们的工作和生活方式。与此同时，我们才刚刚开始创造真正的智能机器。算法擅长模式识别，但它们还不能独立思考；我们还远未达到这一点。正如斯坦福大学教授李飞飞在美国国会关于人工智能现状的证词中所说："人工智能没有任何人造之处。它受到人们的启发，最重要的是它影响人们。"[1]

1950 年，艾伦·图灵提出，将来是否有可能创造出一台具有

[1] *Artificial Intelligence: With Great Power Comes Great Responsibility: Hearing Before the H. Subcomm. on Rsch. & Tech. and H. Subcomm. on Energy*, H. Comm. on Sci., Space & Tech., 115th Cong. 50（2018）.

意识的计算机？为了描述意识，图灵列出了他认为能够抓住人类本质的东西："善良、足智多谋、美丽、友善、主动、有幽默感、明辨是非、犯错误、坠入爱河、享受草莓和奶油，让某人爱上它，从经验中学习。"[1]图灵没有对自己的问题给出完整答案。相反，他说重要的是人类认为机器能够做什么。因此，他提出了著名的图灵测试：机器是否能够以一种我们无法将其与人类区分开的方式展现智能？到目前为止，我们所说的"人工智能"还没有感知能力，从基本意义上讲，它还不是人造的，也不是智能的。人工智能工具是人造工具，可以帮助我们人类理解和指导世界的复杂性。

围绕人工智能的恐惧在其新生的现实和其无所不能的未来之间摇摆不定。从史蒂芬·霍金到埃隆·马斯克（Elon Musk），思想领袖和行业大亨都警告说，在人工智能独立的关键时刻，人类应该非常关心自己的生存。霍金写道："人工智能的真正风险不是恶意，而是能力。超级智能的人工智能将非常擅长实现其目标，如果这些目标与我们的目标不一致，我们就会遇到麻烦。"他担心，一旦人类开发出完整的人工智能，它就会在没有人类控制的情况下自行起飞并重新设计自己。埃隆·马斯克警告称，人工智能可能会成为"人类文明存在的根本风险"[2]。这个思想实验是这样的：如果我们告诉机器人最大限度地增加其生产的回形针数量或其种植的草莓地的数量会怎样？你可以想象人类如何很快成为机器人在寻找更多回形针或草莓的过程中克服的障碍：聪明且专注于手头的任务，机器人将利用任何和所有资源，来最大化其回形针或草莓的产量，消除

［1］A. M. Turing, "Computing Machinery and Intelligence," Mind 59, no. 236（October 1950）: 433, https://doi.org/10.1093/mind/LIX.236.433.

［2］David Z. Morris, "Elon Musk Says Artificial Intelligence Is the Greatest Risk We Face as a Civilization," *Fortune*, July 15, 2017, https://fortune.com/2017/07/15/elon-musk-artificial-intelligence-2/.

了其前进道路上的任何障碍（人类）。[1]

对机器人失控的恐惧根深蒂固地存在于我们对自动化和机器的集体想象中：超级智能生物将阻碍人类，就像人类之前阻碍了许多物种一样。事实上，我们才刚刚开始将技术引向真正的自治。目前，我们更担心的是无能而不是能力。为此，我们需要集中精力改进制度。这也意味着，现在是呼吁采取行动考虑技术发展方向的时候了。这意味着我们必须积极主动地寻找机会和目标。机器学习专家佩德罗·多明戈斯（Pedro Domingos）在他的《终极算法》一书中直言不讳地说："人们担心计算机会变得太聪明并接管世界，但真正的问题是他们太愚蠢了，它们已经接管了世界。"[2]处于技术的初级阶段，同时知道我们正在走向一个由日益复杂的数字流程构建的未来，这意味着我们今天可以谨慎行事，构建明天的平等机器。

从伯爵夫人到算法

曾几何时，女性是编程的先驱。19世纪中期，英国数学家洛夫莱斯（Lovelace）伯爵的夫人艾达（Ada）创建了公认的首个计算机算法。艾达·洛夫莱斯（Ada Lovelace）是著名诗人拜伦勋爵和数学家拜伦夫人（婚前姓名为 Anne Isabella Milbank，昵称 Annabella）的女儿，也被称为"平行四边形公主"。数学家妈妈离开了诗人爸爸，开始严格教育女儿。安娜贝拉（Annabella）向她的女儿灌输了对数学的热爱，艾达在学习中偶然发现了著名工程师查尔斯·巴贝奇（Charles Babbage）的作品，他发明了一个巨大的、

[1] Joshua Gans, "AI and the Paperclip Problem," VoxEU, June 10, 2018, https://voxeu.org/article/ai-and-paperclip-problem.

[2] Pedro Domingos, *The Master Algorithm: How the Quest for the Ultimate Learning Machine Will Remake Our World* (New York: Basic Books, 2015), 286.

充满齿轮的计算器。1833 年，年仅 17 岁的艾达遇到了巴贝奇，并试图说服他合作。巴贝奇很长一段时间都忽视艾达，但她坚持了下来。艾达主动将一份关于他作品的学术出版物从法文翻译成英文，并加上注释，将篇幅扩充了一倍，最终感动了巴贝奇。两人合作发明打孔卡，这后来成为机器自动计算问题集的基础。

艾达作为第一位程序员的名声最近引起了一些人的敬意。美国国防部将一种计算机语言命名为艾达。希拉里·克林顿（Hillary Clinton）的选举模拟算法也被命名为艾达（事实证明，民意调查算法对克林顿的竞选活动不利，它预测了威斯康星州和密歇根州的胜利，并导致克林顿将精力投入其他地方，最终失去了这两个州）。但除了艾达一生的成功和象征性的死后同名之外，女性和少数族裔程序员在很大程度上被边缘化了，她们对该领域的贡献常常被忽视。在第二次世界大战期间的一个秘密军事项目中，六名女性编写了第一台电子计算机的程序。当该项目于 1946 年向公众公布时，这些妇女的名字仍然没有被提及，她们的工作也没有得到任何荣誉。同样，正如玛戈特·李·谢特利（Margot Lee Shetterly）的书《隐藏人物》(Hidden Figures) 和根据该书改编的好莱坞电影中所描述的那样，三位美国宇航局黑人数学家和程序员凯瑟琳·约翰逊（Katherine Johnson），多萝西·沃恩（Dorothy Vaughan）和玛丽·杰克逊（Mary Jackson）是太空竞赛的先驱，后来才因其贡献而受到赞誉。事实上，软件最初就是一个女性职业，但一旦该行业蓬勃发展，女性就被边缘化了。

如今，机器学习领域的女性员工比例仅为 13.5%。[1] 事实上，这种不平衡在过去几十年中一直在恶化。男性在整个科技行业占据

[1] "Learn More," Equal AI, last accessed December 21, 2021, www.equalai.org/learn-more.

主导地位，在人工智能领域的影响力更为深远，失衡程度也更大。例如，谷歌人工智能研究部门中男性占 90%，有色人种女性占该部门的不到 2%。Twitter、Facebook 和雅虎也存在类似的不平衡现象。学术界获得计算机科学学位并从事人工智能职业的女性人数少得惊人，而且还在不断下降。2016 年，国家科学技术委员会将女性和少数族裔的短缺描述为 "计算机科学和人工智能面临的最关键和最优先的挑战之一。" [1] 如果没有来自各种背景和身份的人参与人工智能领域，该领域的发展轨迹以及由此产生的一切不能也不会反映整个社会，当然也不会体现更弱势群体的利益。

数字鸿沟源于权力。妇女和少数族裔的代表性不足，但是正在开发的技术却具有普适的愿望。技术由少数人设计，数据由少数人收集，但数据来源于世界各地的人们，技术也被世界各地的人们所消费。技术可以以客观中立的方式构建知识和构建现实，同时隐藏潜在的排斥。但代表性不足和关注排斥可能会形成恶性循环。

灵感来时我们在工作

正如我们所看到的，公众对话中充满了算法失控的故事，大量统计数据表明有关推动这些技术的领域中存在严重不平衡。但在幕后，在研究实验室、非营利组织和政府办公室，一个强大的致力于道德技术的研究共同体已经出现。他们是下一代算法公平和机器人伦理的英雄——人工智能科学家和活动家、研究人员和商界领袖，其中许多是女性和有色人种。这种情况正在全球范围内发生，我们应该为这些前沿领域的人们喝彩。我们需要扩大他们的努力并认可

[1] NSTC Committee on Technology, *Preparing for the Future of Artificial Intelligence*, October 2016, 27, https://obamawhitehouse.archives.gov/sites/default/files/whitehouse_files/microsites/ostp/NSTC/preparing_for_the_future_of_ai.pdf.

他们的胜利。我们需要展示算法公平性、道德机器人技术和计算社会科学等新兴领域。为了解决问题，仅标记问题而不提供解决方案是不够的；要纠正和消除差异，仅仅指出它们也是不够的。如果不挖掘该领域本身行善和带来变革的潜力，仅仅倡导更多女性和有色人种进入该领域是不够的。这些缺乏参与和缺乏庆祝机会的问题是内生的。我们可以创造良性循环，或者恶性循环。正如毕加索所说："灵感是存在的，但它来临时你必须恰好在工作。（Inspiration exists, but it must find you working.）"

我们发现自己正处于十字路口，正处于深刻的范式转变的边缘。让我们受到拥抱人工智能的所有积极潜力的启发，创造更光明的未来。讲故事很重要：如果我们听到的所有关于技术的故事都集中在技术对弱势群体造成的伤害上，那么为什么有人想进入这个领域来让它变得更好呢？讲故事使我们能够挑战过去的问题并想象更美好的未来。毕竟，艾萨克·阿西莫夫（Isaac Asimov）* 和厄休拉·勒古恩（Ursula K. Le Guin）** 等科幻作家都预言了过去的许多技术进步。阿西莫夫和勒古恩都梦想着一个现在看起来越来越有可能的未来。但两人都担心人类倾向于将想象力限制在既定场景上。阿西莫夫写道："将机器人描绘成危险的设备，总是会毁掉它们的创造者，这已经变得很普遍了。"他解释了自己的信念，即我们需要建设性地面对风险："我无法让自己相信，如果知识带来危险，

---

* Isaac Asimov（艾萨克·阿西莫夫，1920—1992），出生于苏俄的美籍犹太人作家与生物化学教授，他创作了大量科幻小说，代表作有"基地系列"（the *Foundation* series）、"银河帝国三部曲"（the *Galactic Empire* series）和"机器人系列"（the *Robot* series）。

** Ursula K. Le Guin（厄休拉·勒古恩，1929—2018），美国作家，曾获得6次雨果奖、6次星云奖，代表作有奇幻小说《地海》系列（A Wizard of Earthsea）与科幻小说《黑暗的左手》（The Left Hand of Darkness）与《一无所有》（The Dispossessed）等，曾与人合译老子《道德经》。

解决办法就是无知。对我来说，解决办法似乎总是需要智慧。你没有拒绝面对危险，而是学会了如何安全地处理它。"[1] 将叙述转向变革的机会可以激励我们重新思考技术在促进平等中的作用以及平等在技术发展中的作用。

因此，我们需要剖析和梦想——揭露社会现实的不平等，并设想由平等机器推动的平等存在。批判性话语应该围绕为建设性变革建立途径而不是设置路障的目标。作为建设者，而不是阻碍者，我们应该努力开发能够改善我们的生活并开启可能性的技术。我们需要看看是什么给我们带来了满足和联系、快乐和幸福、团结与和谐。我们还需要寻求进步来治愈危害：疾病、剥削、不平等、恐惧和排斥。想象力是一种超能力。为了改变错误，我们需要想象一个人类创造的、永远拥抱技术的世界会是什么样子。将人工智能用于此类公益事业的例子在我们身边随处可见。机器学习有望解决从贫困、气候变化、海洋污染到全球流行病等棘手挑战。那些参与其中的人的故事——他们在行善并增加多样性，同时在该领域表现出色——可以激励下一代加入其中。

在关于技术未来的争论中，我发现学者们比在就业等其他领域更愿意接受人工智能在医学、气候研究和环境可持续性等领域的作用（他们认为这些领域更纯粹是科学的）、社会正义、家庭暴力和同工同酬。这种区分两类领域的二分法谬误（field-bifurcation fallacy）可能是有害的。正如机器学习是检测和诊断健康和气候问题的游戏规则改变者一样，它也可以成为检测和诊断社会挑战的游戏规则改变者。正如我们将在接下来的章节中看到，数学模型可以用来对抗贫困、环境破坏、气候风险和病毒，以及骚扰、工作场所

[1] Isaac Asimov, *The Naked Sun* (*The Robot Series*) (New York: Bantam Books, 1991), viii.

和工资歧视、媒体排斥、公共空间代表性、设计刻板印象，等等。我们所要做的就是愿意想象并实现它。

机遇和风险都巨大。如果计算机能够越来越准确地测量和预测我们关心的事情，那么我们就可以减少几个世纪以来一直构建我们的市场、社会和家庭的人类偏见。与此同时，对技术路径的担忧也是有根据的。抛开终结者的比喻不谈，当技术赋予本已强大的力量更多力量，并编码和放大数十年的不平等时，我们将面临更大的邪恶风险。随着数字化和自动化被引入我们生活的各个方面，这一过程令人难以置信地（也是可以预见的）坎坷。但如果我们不认识进步，我们就无法努力实现变革。使用机器学习算法进行预测任务通常会取代传统上通过简单统计分析执行的过程。机器学习动态地考虑许多变量，使我们能够预测连续输出。

随着我们丰富检测模型和解决方案的工具包，我们变得更容易观察组织和社区如何模仿最佳实践并积极利用算法和数字设计的力量。平等机器就是一个工具包和框架，使我们能够利用创新技术处理复杂的问题并取得积极和平等的结果。这也是一种让我们重新思考技术进步的用途和设计的心态。为了改善和利用机会，我们需要更多数据、检测、包容性设计以及多样化的参与，来构建和监督未来的技术。

引用小马丁·路德·金的话："我们陷入了一个不可避免的相互关系的网络中，被命运的一件衣服绑在一起。任何直接影响一个人的事物，都会间接影响所有人。"平等心态具有巨大潜力，可以全面构建技术领域，为我们共同创造更加光明的未来。我们有责任指导研究、收集数据、为设计提供信息，并以考虑新技术对所有人利益的方式制定新技术的目标。我们宣言的核心是需要一个脚踏实地的愿景和一个关键而建设性的议程，来改变未来的技术，以实现平等和赋权。我们的规范道路将充满争议且充满活力，但无论我们是否用技术支持目标，这都是事实。当我们继续审视不同的选择时，无论是在市场、国内还是在政府中，我们都必须考虑平等机器何时以及如何在解决技术风险的同时，解决社会本身的根本问题。

第二编

心 灵

第二章　招聘幕后

基于新科学和新技术的未来也展示了指导它们的旧人类行为的结果。

——格洛丽亚·斯泰纳姆（Gloria Steinem），
记者和政治活动家

我们自己的陌生人

二十年来，职场（workplace）一直是我研究的中心焦点。我担任加州大学圣地亚哥分校就业和劳工政策中心（CELP）的主任，研究就业市场和每个行业中歧视是如何发生的，每年讲授就业法（employment law）和政策，并定期担任有关企业文化和就业歧视案件的专家证人。这是个有挑战的研究领域，可能会让人沮丧。多年来我们制定了要求平等待遇的法律，但是歧视、不平等薪酬、骚扰和敌意的工作环境为何仍在每个行业中挥之不去？我们如何克服多年的排斥、有毒的工作文化和职场天花板？

人类的处理本质上是有区别的——区分不同的类别，并根据我们在头脑中形成的分类和模式作出决策。这些过程大多数是有益且高效的，这是数千年认知进化的结果，使人类能够快速决策。如果我更喜欢苹果而不是橙子，那么当我去杂货店购物时，我很容易记得选择其中一个。但是，几个世纪以来，人类也形成了有问题的歧视类别。我们经常作出非理性的决定，无意识的歧视，并对他人持有扭曲和偏见的信念。我们很容易出现认知错误，并且处理大量数据的能力也有限。人类不太善于理解自己的动机和内部运作方式。我们很容易让情绪占据主导地位，常常导致浪费和悲伤。

这些棘手的认知模式很难摆脱，而且当我们进入数字时代时，我们并没有神奇地摆脱它们。如果我们可以在求职、招聘、录用、付款、评估、晋升和解雇中使用消除偏见的软件会怎么样？想象一下，一台平等机器可以发现差异并确定减少就业市场偏见的方法，从最初的招聘和职位发布到简历筛选、面试、工作场所文化和工作与生活平衡。

算法会雇用 Lakisha Washington 吗？

我们担心算法是黑箱——易言之，不透明而且难以理解（算法经常如此）。但是，人类思维的黑箱呢？招聘领域的人类决策涉及数十名招聘人员、面试官、同事、客户和主管，每个人都有自己的小黑箱。相比之下，利用技术，我们可以通过使用机器帮助我们量化和分析信息，以检查人类的直觉和先天的偏见。我们需要努力整合人类决策和机器决策这两个领域的优点。

二十年前，一群心理学家开始进行简历实验。他们根据波士顿和芝加哥报纸上登载的招聘广告，向 1 300 家雇主发送了 5 000 多份相同的虚构简历，仅申请人姓名有所不同。这些假申请人的名字分别是格雷格·贝克（Greg Baker）、贾马尔·琼斯（Jamal Jones）、艾米丽·沃尔什（Emily Walsh）和拉基莎·华盛顿（Lakisha Washington）。结果很能说明问题：相比之下，"听起来像白人"的名字收到的面试回电次数多 50%。[1] 这项研究非常具有启发性，以至于世界各地的研究人员开始模仿，在虚构的简历中操纵其他受保护的身份。这些对简历操纵的研究继续发现，招聘中存在性别、种族、年龄和性取向歧视。

这些简历研究二十年来一直令人沮丧地一致：尽管社会作出了努力并制定了法律规则，人类偏见依然猖獗。在所有行业，尤其是科技行业本身，尽管几十年来有书面的反歧视法以及多元化和包容性培训，但工作场所在招聘和聘用方面仍然表现出偏见。可以肯定的是，使用技术来补充或取代人类决策是有风险的，并不是万能的，但它有可能减轻我们与生俱来的人类偏见。芝加哥大学教授森迪尔·穆拉伊纳坦（Sendhil Mullainathan）是二十年前原始简历研究的合著者，他认为算法偏见比人类偏见更容易被发现和修复。[2] 穆拉伊纳坦表示，研究算法的作用是"技术性、死记硬背的，既不需要秘密行动，也不需要机智"，这使得发现算法歧视变得更加简单。另一方面，穆拉伊纳坦警告说，人类是难以捉摸的，而算法则不然。即使算法的工作原理是不透明的，或者是黑箱，我们也可以更系统地检查它们产生的结果，以监控偏差。当穆拉伊纳坦和他的合作者第一次进行简历实验时——在互联网成为求职的主要工具之前——这是一项复杂的秘密行动。他们制作了大量虚假简历，收集职位空缺数据，向潜在雇主传真虚假申请，并等待收到工作面试或录用通知，以识别研究揭示的人类偏见。如今，我们能够以更容易、更直接的方式检测搜索和筛选中的偏见和不

---

[1] David R. Francis, "Employers' Replies to Racial Names," NBER Digest 9（September 2003）: 1—2, https://www.nber.org/sites/default/files/2019-08/sep03.pdf.

[2] Sendhil Mullainathan, "Biased Algorithms Are Easier to Fix than Biased People," *New York Times*, December 6, 2019, https://www.nytimes.com/2019/12/06/business/algorithm-bias-fix.html.

平等。

技术还改变了我们在发现差异时证明歧视的方式。在我作为歧视案件的专家证人的工作中，我发现让法官和陪审团相信发生在员工身上的事情是偏见的结果是多么困难。随着歧视变得更加微妙和隐蔽，这些案件变得更加难以证明。在国会1964年制定《民权法》第七编之前，明确指出女性和少数族裔"无需申请"的广告在就业市场上很常见。现在，歧视的确凿证据——例如爱达荷州法律规定，在某些职位的任命中"男性必须优先于女性"，该法律导致美国最高法院在Reed v. Reed案中作出具有里程碑意义的裁决——主要属于过去存在的事实。[1]今天的歧视更加微妙、更加隐蔽。在招聘决策中，雇主通常没有正式的、可辨别的规则来规定在考虑的众多因素中哪些因素更重要——经验、技能、教育、人格魅力、推荐信、申请人接受录用的可能性等等。公司通常只会说他们正在寻找"最合适"的员工。因此，就业歧视诉讼是出了名的困难，特别是当申请人以前没有为雇主工作过时。即使员工已经在该组织工作了一段时间，大多数证据也是间接的。雇主常常改变他们的解释，提供的决策理由外部审查难以理解。

更重要的是，当我们发现人们存在偏见时，我们能做什么呢？诉讼是一个漫长、艰巨的事后过程。它可以在经济上补偿受到歧视的员工，但它在多大程度上改变了人心和思想——最重要的是，改变了制度？我们可以引入敏感性培训并建立致力于多样性和包容性的部门，但很难消除人类的偏见。系统性、持久的改变一直难以实现。

输入算法决策。如果做得好，它可以克服人类决策的缺陷。正如穆拉伊纳坦所说，"计算机软件可以更新；迄今为止，我们大脑

---

[1] *Reed v. Reed*, 404 U.S. 71（1971）.

中的'湿件（wetware）'*已被证明不太灵活"。[1]有了这些新的灵活机器，我们可以扩展工作机会的沟通方式；通过确定更具包容性的格式和语言来扩大申请人库；并采用筛选措施来拒绝过去的、已证实的人类偏见。然后我们可以监控和检测排除情况，并继续改进筛查措施。当我们接下来探讨就业过程的每个阶段时将会看到，虽然算法提供的数据点可能会受到人类偏见和不平等现实的污染，但人工智能可以不断改进；算法过程可以以人类大脑无法做到的方式迅速审核和纠正。这种可塑性和适应性远远超出了我们当前的招聘实践，这些实践依赖于持续影响招聘、指导、聘用、评估和晋升流程的偏见。

池子和管道

招聘从传播有关职位空缺的信息开始。美国劳工部近年对数据挖掘公司 Palantir 提起的诉讼表明，当就业渠道狭窄时，偏见从一开始就会渗透到就业过程中。该诉讼称该公司歧视亚裔求职者。[2]结果显示，在合格的实习职位申请者中，亚裔占 73%，但在被聘用的人中，亚裔仅占 19%。从统计数据来看，如果没有歧视，这种结果几乎是不可能的。该诉讼表明，Palantir 严重依赖员工推荐工作，导致歧视性结果的出现：超过一半的新员工来自员工推荐计划。这种模式很常见。公司通常认为，推荐、口碑和内部招聘比广泛的搜索更有效。但是，这种内部轨道是排斥的根源：已经"融入"的人倾向于寻找反映自己特征的其他人。如果一家公司的职位主要由白人男性担任，那么通过非正式的招聘实践实现多元化几乎是不可能

---

*　湿件是相对于软件、硬件而言的，是指人脑或人类，特别是在人类逻辑和计算能力方面。——译者注

[1] Mullainathan, "Biased Algorithms."

[2] *OFCCP v. Palantir Technologies, Inc.*, 2016-OFC-00009（2016）.

的。口碑招聘也是出了名的具有排他性：朋友介绍朋友，同事在市场上建立联系和指导其他人，以及非正式地交流机会——这些都是排除那些尚未进入众所周知的老男孩网络的人的秘诀。

　　在线广告和招聘平台可以成为更广泛地招聘并向公司直接网络之外的人员传播职位信息的一种方式，但复制和放大过去的偏见和排斥的风险仍然存在；有针对性的在线招聘广告最终可能会将女性、少数族裔和老年工人排除在外。例如，直到2018年，Facebook允许公司将某些年龄组和性别排除在目标受众之外，且不对由此产生的歧视负责。[1]为了更好地了解这个问题，美联储2017年的一项研究创建了40 000份虚构简历。[2]这些简历没有明确列出申请人的年龄，但可以从高中毕业年份等日期轻松获得每个申请人的大致年龄。年轻的申请者比年长的申请者被召回的频率要高得多，而老年女性申请者在简历中加入年龄线索所受到的影响甚至比年长的男性更大。同样，ProPublica和《纽约时报》的一项调查得出的结论是，包括Verizon、Amazon、State Farm、Goldman Sachs、UPS、Target和T-Mobile在内的数十家雇主将40岁以上的个人排除在外。Facebook特别允许公司发布专门针对年轻申请人的广告，使用歧视性年龄过滤条件将老年工人排除在招聘广告之外。[3]

　　在因缺乏问责制而遭到强烈反对后，Facebook实施了自我认证

［1］Alexia Fernández Campbell, "Job Ads on Facebook Discriminated Against Women and Older Workers, EEOC Says," Vox, September 25, 2019, https://www.vox.com/identities/2019/9/25/20883446/facebook-job-ads-discrimination.

［2］David Neumark, Ian Burn, and Patrick Button, "Age Discrimination and Hiring of Older Workers," Federal Reserve Bank of San Francisco, February 27, 2017, https://www.frbsf.org/economic-research/publications/economic-letter/2017/february/age-discrimination-and-hiring-older-workers.

［3］Campbell, "Job Ads on Facebook Discriminated Against Women and Older Workers."

流程，要求任何投放招聘广告的人都勾选一个复选框，确认他们遵守其反歧视政策。Facebook 还取消了广告商基于政治、宗教、种族或社会问题排除人员的选项，但是据报道，年龄和性别排除仍然存在。[1] 在收到针对 Facebook 和继续使用其平台仅针对年轻男性求职者发布招聘广告的公司提出的投诉之后，美国平等就业机会委员会（EEOC）调查认定"企业一直在 Facebook 上发布招聘广告，非法歧视女性和老年工人"。[2] Facebook 在 2019 年和 2021 年解决了年龄歧视案件，并同意修改其广告定位工具限制算法在策划广告受众时考虑年龄和性别等特征。[3]

　　Facebook 并不是唯一的偏见性广告的发布者。卡内基梅隆大学的一组研究人员发现，谷歌倾向于更频繁地向男性而非女性宣传高薪工作和机会。其中一则针对高薪高管的广告，男性接收到的次数是 1 816，而女性接收的次数则是 311。在上文提到的简历研究中，卡内基梅隆大学的研究就使用了虚假的求职资料，以确保性别（而不是浏览行为、购物模式或社交关系）是唯一的差异。[4]

［1］Ariana Tobin and Jeremy B. Merrill, "Facebook Is Letting Job Advertisers Target Only Men," ProPublica, September 18, 2018, https://www.propublica.org/article/facebook-is-letting-job-advertisers-target-only-men.

［2］Campbell, "Job Ads on Facebook Discriminated Against Women and Older Workers."

［3］Ava Kofman and Ariana Tobin, "Facebook Ads Can Still Discriminate Against Women and Older Workers, Despite a Civil Rights Settlement," ProPublica, December 13, 2019, https://www.propublica.org/article/facebook-ads-can-still-discriminate-against-women-and-older-workers-despite-a-civil-rights-settlement.

［4］Samuel Gibbs, "Women Less Likely to Be Shown Ads for High-Paid Jobs on Google, Study Shows," *Guardian*, July 8, 2015, https://www.theguardian.com/technology/2015/jul/08/women-less-likely-ads-high-paid-jobs-google-study; Nathan Newman, "Racial and Economic Profiling in Google Ads: A Preliminary Investigation（Updated）," *Huffpost*, last updated December 6, 2017, https://www.huffpost.com/entry/racial-and-economic-profi_b_970451.

Facebook 首席财务官谢丽尔·桑德伯格（Sheryl Sandberg）是女权主义行动呼吁《向前一步》(*Lean In*) 的作者。她表示："正确对待这件事对我和 Facebook 的所有人来说都至关重要，因为包容性是我们公司的核心价值。"然而，正如我们已经看到的，取消以身份标记作为输入选项并不总能保证算法"正确"。Facebook 还禁止使用邮政编码和其他"可能与种族、肤色、国籍、民族、性别……以及其他受保护的特征或类别有关"的因素。[1]另一项重要举措是取消提供"相似受众"的能力——也就是说，允许广告商提供他们正在寻找的受众类型的样本列表。

这些解决方案虽然都有帮助，但是还不足以消除定向广告中的偏见。2020 年，Facebook 进行的内部审计承认广告投放中存在的偏见问题依然存在。[2]这份自审计报告引用了美国东北大学计算机科学家的一项新研究，发现 Facebook 修改后的算法在广告呈现上仍然是有偏见的。[3]研究人员解释说，该算法继续依赖与性别或年龄相关的代理数据（proxy data）。例如，研究发现涉及嘻哈音乐（hip-hop）的广告可以投放给 85% 以上的黑人受众。该算法还了解广告中哪些类型的图片对女性更有吸引力，并将这些广告投放给以女性为主的群体，以及哪些工作通常是男性或女性（例如，向 90% 男性和 72% 白人的受众投放伐木工职位广告）。同样，超市收银员

[1] Sheryl Sandberg, "Doing More to Protect Against Discrimination in Housing, Employment and Credit Advertising," *Meta*, March 19, 2019, https://about.fb.com/news/2019/03/protecting-against-discrimination-in-ads/.

[2] *Facebook, Facebook's Civil Rights Audit—Final Report*（2020）, 73, https://about.fb.com/wp-content/uploads/2020/07/Civil-Rights-Audit-Final-Report.pdf（describing the housing ad library）.

[3] Piotr Sapiezynski et al., "Algorithms That 'Don't See Color': Comparing Biases in Lookalike and Special Ad Audiences," preprint, submitted December 16, 2019, https://arxiv.org/pdf/1912.07579.pdf.

广告的受众群体中有 85% 是女性，而看门人和出租车司机的职位则主要针对有色人种。广告商提供了样本受众，其中包括过去的求职者或当前从事该行业的人（例如司机、收银员或程序员），并且算法仍然了解到男性求职者更有可能是目标受众。所有这些都表明我们需要关注结果平等——除了防止故意歧视之外，还要有效监督平等。

自动化广告显然延续了长期存在的偏见。尽管存在上述失灵问题，我们可以坚持做得更好，并考虑改进这些技术的方法。对于某些做法，确保多样化的广告定位可能需要监管干预并更新我们现行的法律，以更好地解决技术排除问题。个性化广告有其优势，但是基于保护社会利益的需要，我们可以决定全面禁止以排除女性、少数族裔、老年候选人和其他受保护阶层的方式展示广告。这可能意味着我们需要修改《民权法》。我们可以改革就业法，明确将定向广告定为非法，即使它们是算法数字投放优化的结果，而无需人为有意排除。但是，我们也可以指导算法增加输出的多样性，易言之，有意地向代表性不足的人群展示广告，并学习如何增加这些潜在求职者实际申请该工作的可能性。

如果没有有意设计，算法就不会向我们"免费"提供平等。如果仅对算法进行编程以将内容传递给最"相关"的受众，则它总是会重复过去的错误。但是，现在许多公司实际上希望让其职场更加多样化。事实上，大多数公司基于理性考虑，希望找到最好的员工，无论其性别或种族如何，而且如今优秀的员工很难找到。因此，我们需要更刻意地考虑广告向更广泛的求职者网络展示的积极主动方式。如果我们将重点转向广告的输出，我们可以采取专门编程的算法等方式向男性和女性平等地展示广告。

现在已经有一些利用在线自动广告有针对性地增加多样性和传播机会的例子。例如，LinkedIn Recruiter 允许公司按性别跟踪申请人，从而更容易确保申请人池的平衡。LinkedIn 发展迅猛，每年都有数百万求职者使用该平台申请工作。扩大看到工作机会并能够采取行动的申请人池是一项挑战。公司招聘流程的第一步应该是向更广泛的申请人群体发布招聘信息，并鼓励不同群体的个人申请。负责任、公平的招聘广告首先要确保更多的人能看到广告。在各种出版物和论坛上宣传职位空缺可以帮助吸引不同的申请人，否则他们可能永远不会看到广告。重要的是，请记住比较优势：即使在线广告在覆盖所有潜在申请人方面远非完美，但与古老的口耳相传做法相比，它们仍然有可能覆盖更多样化的人群。进步胜过完美。

编码忍者

除了扩大招聘广告的范围之外，公司还可以利用技术来优化广告描述。当我们寻找新工作时，头脑中的黑箱会帮助我们决定自己想要从事的工作类型。招聘广告的格式和措辞重要吗？事实证明，这些细节非常重要，一些公司提供技术解决方案来帮助雇主定制流程，以消除无意识的偏见并改善工作场所的多样性。

Textio 是一家实时分析职位描述的公司，通过避免性别化的措辞和格式来帮助公司提高女性员工的比例。Textio 发现了超过25 000 个产生性别偏见的短语。该公司的算法发现，职位空缺广告中使用的某些短语，例如体育术语、"关键任务"和"英雄"等军事术语，以及"编码忍者"等短语，会减少女性求职者。诸如"顶级""快节奏的工作环境""进取""有竞争力"和"我们只想要最好的"等词语，则会减少少数族裔和女性申请者。与此同时，"伙伴关系"和"学习热情"等词语吸引了更多女性求职。Textio 发现，即使是常见的排版方式（例如冗长的要点列表）也会减少女性申请人的数量。芝加哥大学多样性与包容性科学倡议组织（the Science of Diversity and Inclusion Initiative）进行的研究还发现，职位描述中引述平等就业机会委员会（EEOC）的通用声明可能会减少少数族裔申请人的数量。该研究还发现，通过对职位发布和描述做些具体修改，可以将黑人和拉丁裔候选人的申请率提高近300%。[1]

如果一家公司真的对多元化招聘感兴趣，就必须认真对待这些研究发现。诸如此类的研究发现可以帮助公司通过改变招聘广告的措辞和格式来减少偏见。像 Textio 这样的工具非常容易使用：雇主只需在网站上输入招聘信息，文本就会以不同的颜色高亮显示，以提示措辞是否可靠或有待改进。例如，当发现某个短语对男性的吸引力大于对女性的吸引力时，该算法会提供一键替换中性同义词的功能。

这就是机器学习的美妙之处。现在的企业越来越多地使用机器学习算法来预测和标记在招聘过程中造成性别偏见的语言。回想一下我们在第一章中提到的 eBay 研究，其中研究人员挖掘了多年拍卖的数据，经过回溯发现，与男性卖家的相同产品相比，女性卖家销售的产品得到的出价较低。在这里，算法也可以是前瞻性的，可以通过检查看似细微的调整如何成为实现申请人群体多元化的一步，不断搜索非理性或歧视性模式。

筛选快与慢

20世纪70年代，美国排名前五的交响乐团中女性音乐家的比例不到5%。十年后，这一数字仅有小幅改善，女性音乐家在一些顶级管弦乐团中所占据席位达到10%。非白人音乐家的数量同样惨淡。自20世纪70年代以来，管弦乐队越来越多地开始效仿波士顿交响乐团（1952年首次实施）使用幕布进行盲试（blind

---

[1] HireVue, "HireVue Partners with the Science of Diversity and Inclusion Initiative to Drive Equity in Hiring," February 24, 2021, https://www.hirevue.com/press-release/hirevue-partners-with-the-science-of-diversity-inclusion-initiative-to-drive-equity-in-hiring.

auditions）。[1] 音乐家演奏时，评审团只能听到，但是看不到他或她。一个更微妙的步骤是铺上地毯或指示候选人赤脚走到座位上，这样陪审团就不会注意到高跟鞋走路发出的声音等线索，从而不能判断这些脚步声是否来自女性。其结果是革命性的：女性晋级下一轮的几率至少是过去的两倍。但在大多数情况下，在管弦乐队试镜筛选时几乎不可能做到掩盖身份。那么，我们如何才能模拟盲试过程，并阻止人类决策者接收到可能导致我们快速而且往往是非理性地将某些人视为不值得雇用的信号呢？"快速"的初始筛选阶段——本质上是本能的，很大程度上是潜意识的，因此不太适合训练——是算法决策可以取得成效的地方。

诺贝尔奖获得者丹尼尔·卡尼曼（Daniel Kahneman）在其2011年出版的畅销书《思考，快与慢》（*Thinking, Fast and Slow*）中详细描述了驱动我们思维方式的两种系统。*一种是快速、自动、直觉、感性，另一种则更慢、更审慎、更合乎逻辑。卡尼曼说，当我们"快速思考"时，当我们固有的偏见和假设可能潜入并影响我们的决策时，无论我们是否意识到这一点，我们不一定相信自己的直觉。正如我们之前所讨论的，在我们通过传播有关工作的信息并扩大申请者群体来扩大渠道后，挑战就变成了筛选简历，有时是数百或数千份简历。平均而言，快速人工筛选每份简历需要七秒。例如，高盛（Goldman Sachs）仅针对其夏季职位就收到了25万份求职申请。如果一个人每周工作60个小时，整整八周才能筛选所有这些简历；如果两个人每周工作40小时，需要六周时间才能完成

[1] Jonathan Marshall, "'Blind' Auditions Putting Discrimination on Center Stage," SFGate, last updated January 30, 2012, https://www.sfgate.com/business/article/Blind-Auditions-Putting-Discrimination-on-2855410.php.

* 该书中译本为［美］丹尼尔·卡尼曼：《思考，快与慢》，胡晓姣、李爱民、何梦莹译，中信出版社2012年版。——译者注

这项工作。考虑到大量的人力时间成本加上固有的（有意识或无意识的）偏见，我们很容易看出智能机器可以在哪些方面改进这个过程。

自动化筛选求职者已经在发生。2020年的一份报告发现，近一半的美国公司在招聘过程中使用算法和聊天机器人来评估候选人，90%的财富500强公司使用某种版本的简历跟踪系统。[1]人才招聘行业的价值估计超过1000亿美元，并且仍在增长。更广泛地说，据《福布斯》预计，到2025年，全球数据市场和数据分析市场将达到1350亿美元，到2027年将超过1万亿美元。在这海量的数字中，出现了解决持续的职场不平等问题的新机会，但也出现了新的排斥形式。在速度、规模、成本和准确性等各个方面，数字化可以提供一定的竞争优势。但是，正如我们所知，计算机科学家亚伦·罗斯（Aaron Roth）和迈克尔·卡恩斯（Michael Kearns）也曾提醒我们，"如果你没有明确提出要求，机器学习不会'免费'为你提供性别中立之类的东西"。[2]

你打曲棍球吗？

自动简历筛选通过解析器（parser）*运行简历，删除格式并将

[1] Mercer, "Win with Empathy: Global Talent Trends 2020," accessed March 9, 2021, https://www.mmc.com/content/dam/mmc-web/insights/publications/2020/april/us-2020-global-talent-trends-2020-report.pdf; "Will Human Resources Ever Be Automated?," Human Resources MBA, accessed March 9, 2021, https://www.humanresourcesmba.net/faq/will-human-resources-ever-be-automated.
[2] Aaron Roth and Michael Kearns, *The Ethical Algorithm: The Science of Socially Aware Algorithm Design* (New York: Oxford University Press, 2020), 62.
* 所谓parser，一般是指把某种格式的文本（字符串）转换成某种数据结构的过程。最常见的parser是把程序文本转换成编译器内部的一种叫做"抽象语法树"（AST）的数据结构。也有简单一些的parser，用于处理CSV、JSON、XML之类的格式。——译者注

文本分解为可识别的单词和短语，将内容分类为教育、技能和工作经验等类别。然后，该算法会搜索编码为所需的关键字或技能，并对简历进行评分。第一代筛选算法很原始，只是在简历中搜索特定的关键词；这些关键词可以包括 Microsoft Excel 熟练程度等技能组合、常春藤联盟学校名称等著名标志或诸如"最优异学业成绩"等荣誉。

不平等现象在我们的社会中根深蒂固，有关求职者的每个数据点都有被污染的风险。我们可以利用技术掩盖可能最直接导致招聘偏见的数据，推动社会更加平等。例如，Google Chrome 扩展程序 Unbias 会从 LinkedIn 个人资料中删除面孔和姓名，而 Interviewing. io、Ideal 和 Entelo 等公司的软件会对申请人的姓名和身份信息进行匿名化处理。[1]但是，哪些内容可以被删除，存在着内在的限制。Ideal 宣称，它可以帮助公司在几秒钟内筛选数千名候选人，同时消除"初始筛选过程中的每一丝潜意识偏见"，从而确保公司从尽可能多样化的候选人库开始，为他们提供雇用合适人选的最佳机会。[2]一旦其算法剔除了求职者的性别、年龄，甚至姓名，Ideal 就会使其在求职者的经验、知识和技能与所申请工作的要求之间的匹配工作标准化。然后，候选人将获得总体评分和百分位排名，以及不同类别的个人评分，包括工作适合度、技能匹配、简历质量和具体筛选问题。

Ideal 公司表示，其流程增加了多样性，降低了筛选成本，并提高了员工生产力和保留率。这一切听起来都不错，但是不难看出

[1] Kimberly A. Houser, "Can AI Solve the Diversity Problem in the Tech Industry: Mitigation Noise and Bias in Employment Decision-Making," *Stanford Technology Law Review* 22, no. 2（Spring 2019）: 290.

[2] Ideal, "AI for Recruiting: A Definitive Guide for HR Professionals," accessed March 9, 2021, https://ideal.com/ai-recruiting.

人工智能公司所声称的成功可能效果太好，以至于不会成真。我们需要对这些说法进行核查。例如，公司必须持续审核算法是否确实推荐了均衡数量的男性和女性员工。一位作家对从数据集中清除种族指标的概念作了这样的敏锐评论，"如果你想删除与种族相关的所有内容，你就没有什么可用的内容剩下了。这就是美国生活的现实"。[1]

正如我们所看到的，让事情变得更加复杂的是简历筛选很容易重复过去的错误。算法在识别相关性方面非常精确。例如，算法可以找到将性别认同和机会与数据集中的性别职业路径联系起来的模式。例如，LinkedIn 的算法为每个用户分配超过 100 000 个变量。[2] 即使有这么多信息，即使清除了标记性别或种族的姓名和特定框，人工智能仍然可以发现此类身份标记。虽然可以对算法进行编程，使其不对性别或种族等特定类别进行分类，但是姓名、邮政编码、购物模式、点击、连接和消费模式等代理数据可以为算法提供足够的线索，而无需直接分类。

Amazon 开发的一款现已废弃的人工智能工具，可以作为一个明显的例子来说明招聘算法存在的偏见。2014 年，Amazon 开始开发一种计算机模型来审查"顶尖人才"的工作简历。工程师们将十年间提交给公司的算法简历输入其中，并指出谁是从人才库中被录用的，并训练它在这些简历中寻找模式。不出所料，该算法出现了偏见：科技行业由男性主导，而且由于亚马逊雇佣的大部分是白人男性，该算法自然会从主要来自白人男性申请人的简历中学习成功

[1] Nadya Labi, "Misfortune Teller: A Statistics Professor Says He Can Predict Crime Before It Occurs," *Atlantic*, January/February 2012, https://www.theatlantic.com/magazine/archive/2012/01/misfortune-teller/308846.

[2] Lilian Edwards and Michael Veale, "Slave to the Algorithm? Why a Right to an Explanation Is Probably Not the Remedy You Are Looking For," *Duke Law and Technology Review* 16, no. 1（2017）: 18.

模式。很快，Amazon 发现其招聘算法存在性别歧视，并降低了包含"女性"一词（例如女子国际象棋俱乐部队长、女子数学奥林匹克竞赛或妇女法律核心小组主席）以及与女性更相关的课外活动的简历。该项目还降低了女子大学毕业生的级别，因为该项目"了解到"女子大学毕业生历来并不适合 Amazon 的工作场所。它很少重视执行工作所需的技能，而是重视男性工程师简历中更常见的某些常用短语，例如"执行"和"捕获"。在对另一次无人监督的简历筛选尝试的审计中，算法认为最能反映工作表现的两个因素是申请人的名字是否为 Jared 以及他们是否在高中打长曲棍球。[1]

随着时间的推移，如何最好地实现申请人库和工作场所的多样化是需要不断学习的。我们以 Netflix 选择内容的模式为例进行说明。2006 年，Netflix 向世界各地的研究团队开放了包含 100 万用户电影推荐的数据集，其中去除了所有个人身份信息，邀请他们竞相开发最准确的观看偏好预测模型。该公司向该团队提供了 100万美元的奖金，该团队可以将其现有的电影推荐服务提高 10%。Netflix 保留了有关观众后续电影选择和评分的数据集，以便它可以根据人们观看的内容和评分的真实结果来运行参赛者的竞争模型。换句话说，有两组数据：一组是过去的，一组是"未来"。这种方法称为验证（validation）。验证需要数据、持续改进和目标设定。但与看电影不同的是，对平等的关注意味着我们不能仅仅验证过去的选择；我们必须积极努力做得更好。真正的验证需要在已经消除偏见的劳动力市场中提供更完整的潜在候选人数据集和绩效数据。

2018 年，Amazon 宣布放弃该项目，称该招聘工具从未真正用

[1] Dave Gershgorn, "Companies Are on the Hook if Their Hiring Algorithms Are Biased," *Quartz*, last updated October 23, 2018, https://qz.com/1427621/companies-are-on-the-hook-if-their-hiring-algorithms-are-biased.

于筛选申请人。[1]Amazon 并未编写该程序来寻找任何具体内容，而是让无监督算法自行作出决定来自提供给它的简历集合的树。这里的教训是，算法的好坏取决于它所输入的数据。如果数据有偏差或不完整，就会产生偏见。Amazon 失败的实验反映了这样一项事实：算法建立在过去被选中获得特定机会的数据集上——无论是大学录取、工作、贷款还是其他机会。其他任何事情都会复制已经发生的任何系统性排除。

更重要的是，公司和大学不会追踪那些未被雇用、批准或录取的人的成功情况——没有关于他们表现如何的数据。我们知道，从行为上看，女性通常倾向于"降低"自己的简历，而男性则倾向于"夸大"自己的简历。就连晋升的推荐信也被发现对女性和男性的描述也有所不同：女性通常被描述为富有同情心；男性被描述为强有力的领导者。其底线是，根据过去雇用（或批准或录取）的人作出筛选决定是根深蒂固的算法歧视的秘诀。如果过去的几乎所有事情——从参考到评估——都受到了偏见的污染，那么从中得出的所有数据都将受到污染。输入偏见，输出偏见（Bias in, bias out.）。

当然，这是恶性循环：当某些群体没有出现在样本群体中时，算法就无法对他们的成功进行建模。如果我们只是在行业现有的人才库上训练算法，我们就会复制过去的边缘化现象。人工智能使用数据来观察雇主的行为，从而从人类行为中学习。即使只向算法提供有关过去雇用的女性的数据并要求其为未来的雇用复制她们的个人资料，我们也可能会遇到意想不到的风险。即使在被雇用的女性和少数族裔中，也可能存在扭曲的模式。例如，我们从经验中知道，一些男性会受到工作较出色的女性的威胁；如果招聘主管只雇

[1] James Vincent, "Amazon Reportedly Scraps Internal AI Recruiting Tool That Was Biased Against Women," *Verge*, October 10, 2018, https://www.theverge.com/2018/10/10/17958784/ai-recruiting-tool-bias-amazon-report.

用不表现出这种威胁的女性怎么办？相反，依靠过去的数据可能会扭曲招聘流程，从而无法准确地筛选出那些工作优异的人。[1]

同时，我们也知道，我们既无法量化，也无法改变我们未曾衡量的东西。参与数据分析可以阐明解决平等障碍的方法。Gild 是一家使用算法处理大量数据来识别个人特征的公司，例如申请人在哪里进行社交活动以及与谁进行社交活动、他们使用的语言、他们访问的网站、他们的社交媒体使用情况以及技能他们列出了（以及他们似乎从 LinkedIn 上列出的经验中积累的经验）。但在这里，我们再次遇到了偏见蔓延的不可预见的可能性。例如，Gild 的软件会从 GitHub 等平台搜索有关候选人的信息，以了解潜在程序员在共享和开发代码上花费了多少时间。不过，平均而言，女性在工作日之外上网的时间短于男性。因为平台用户的性别歧视态度，女性有时也会选择以男性身份发帖。因此，如果不加控制，Gild 的算法会惩罚女性，使她们的排名低于男性候选人——就像我们在 Amazon 无人监督的简历筛选工具失灵中看到的那样。

当我们看到这些差异并审核结果时，我们可以通过重视其他技能或核算来纠正这种不平衡，例如女性在朝九晚五工作之外的时间较少。这些问题强调了为什么身份盲目性实际上往往是不可取的：在考虑身份时可以对数据进行不同的评估，其具体目标是增加平等代表性和公平结果。例如，当 Gild 使用有关人们工作时间的数据并发现那些通勤时间较短的人更有可能工作更长时间时，该公司恰当地意识到，使用这样的指标会惩罚那些可能无力负担的少数族裔。住在主要都市区的一家公司附近。纠正这种偏见的第一反应可能是排除申请人住所和雇主所在地之间的距离，但公司可以做的远

[1] Jon Kleinberg et al., "Discrimination in the Age of Algorithms," *Journal of Legal Analysis* 10（2018）: 113, https://doi.org/10.1093/jla/laz001.

不止于此。他们实际上可以通过评估工人必须出行的距离，并通过为通勤者提供补偿或更灵活和远程的工作时间表来帮助缩短通勤时间，从而扩大申请人的社会经济群体。当人才库扩大并制定新的筛选和监督流程时，致力于多元化的公司可以特别要求搜索特定类别中的顶尖候选人，例如将所有排名靠前的女性显示在列表的顶部。最终，我们对候选人了解得越多，当我们真正致力于工作场所多元化时，我们能做的就越多。

坚毅和游戏

为了增加简历和参考资料中筛选的数据点和信息类型，招聘行业正在引入新型招聘算法。这些新的筛选方法放弃了简历和血统筛选（这通常带有扭曲的特权），而是在申请人提交在线视频面试、在线性格测试，甚至从申请人玩网络游戏时提取的数据时分析声音和面部表情。这个行业的蓬勃发展，让我们有理由期待，这些替代方案可以减少偏见，提高多样性和生产力，并最终在职场取得成功。

HireVue 和 Cappfinity 等公司为雇主提供面部扫描算法，用于观察候选人的视频面试。这些程序分析声音、语气和行为，以及词语选择和面部动作，根据就业能力对候选人进行相对排名。这些公司表示，他们的算法会筛选勇气、好奇心和优雅等品质。HireVue 的算法考虑了数百个元素，包括候选人是否用被动语态或主动语态说话、他们说话的速度以及句子的长度。据 HireVue 称，该公司已经分析了超过 1 200 万申请人，帮助雇主削减成本并增加多样性。其客户包括希尔顿（Hilton）、宜家（IKEA）、甲骨文（Oracle）、史泰博（Staples）、HBO 等。甚至亚特兰大公立学校系统也使用了该公司的服务。HireVue 首席技术官罗兰·拉森（Loren Larsen）解释了在对候选人的判断这个工作上，其算法的表现优于人类："人们总是因为他们的外表、鞋子、衬衫塞进裤子的方式以及他们的'性感'程度而被拒绝。算法消除了大部分这类问题，而这在以前是不可能的。"[1] 人工智能视频分析因其准确或者错误而受到广泛关注，这项技术当然并不完美。但是，拉森提出了一项精彩的观点：人类采访者在面对面的互动中长期以来一直在作出非常有问题的判断。如果机器可以学习做得更好，我们当然应该探索它们的潜力。

Pymetrics 也是一家在开发传统职位筛选方法替代方案方面处于领先地位的公司。其创始人、首席执行官弗里达·波利（Frida Polli）着手将行为洞见（behavioral insights）和游戏化环境应用于招聘流程，以帮助公司实现员工队伍多元化。波利说，她在进入就业市场时，就意识到了招聘过程中的问题。作为一名毕业于哈佛大学和麻省理工学院的 38 岁单亲妈妈，她不符合二十多岁男性企业家的模式（mold）。当我采访她时，她正在客厅里通过 Zoom 参加线上会议，两个小孩在旁边玩耍和线上学习。她解释了 Pymetrics 如何放弃它所认为的过时的差异化因素（即简历和传统的声望标志），而是要求申请人通过在线游戏帮助其衡量认知和情感属性（如决策、专注、慷慨、公平和风险承受能力）。[2] 该公司为波士顿咨询集团和摩根大通等客户定制这些游戏。她描述了一家大型投资公司（之前主要通过推荐从当地几所顶尖大学招聘员工）如何将招聘转移到 60 多所不同的学校，结果显著增加了女性和少数族裔的录用比例。

波利承认算法本质上并不客观，但她坚信算法可以用来减少偏

[1] Drew Harwell, "A Face-Scanning Algorithm Increasingly Decides Whether You Deserve the Job," *Washington Post*, November 6, 2019, https://www.washingtonpost.com/technology/2019/10/22/ai-hiring-face-scanning-algorithm-increasingly-decides-whether-you-deserve-job.
[2] Pymetrics, "Gamified Soft Skills Assessments: A New Standard for Understanding Talent," accessed March 10, 2021, https://www.pymetrics.ai/assessments#core-games.

见。她描述了市场上的两个阵营：那些渴望使用任何类型的自动化筛查会不加区别地采用任何技术的人，以及那些想要完全避免使用技术的人。波利敦促我们考虑这两个阵营之间的广阔空间。波利表示，Pymetrics 的分析基于与客户公司现有员工进行的游戏，以创建成功员工的档案，以比较新加入的候选人。该算法被编程为专注于它认为在身份组之间均匀分布的特征。Pymetrics 还努力提高透明度，并增加了向平等就业机会委员会（EEOC）的报告。当我请教波利如何才能兼顾透明度和保护公司商业秘密时，她的回答是这类似于监控汽车排放：我们要求报告排放水平，而不是如何制造发动机。

Pymetrics 并不是唯一一家率先使用视频游戏作为招聘工具的公司。Knack 是我读研期间结识的一位旧友创办的公司。它开发的一款名为 Wasabi Waiter 的游戏，帮助雇主筛选求职者。该游戏让求职者扮演寿司店服务员的角色。玩家必须决定向顾客推荐哪些菜肴，然后在日益繁忙的欢乐时光中提供正确的菜肴，这需要玩家确定优先顺序、坚持、制定策略和执行多项任务。然后，该软件会分析从游戏中收集的所有数据点，并深入了解申请人的智力和个人构成。Knack 的创始人兼首席执行官盖伊·哈夫泰克（Guy Halfteck）几年前与荷兰皇家壳牌公司（Royal Dutch Shell）合作研究了 Wasabi Waiter 在识别创意员工方面的预测价值。壳牌的初创加速器计划邀请 1 400 名过去的创意贡献者来扮演 Wasabi Waiter。该公司与 Halfteck 分享了 3/4 的创意产生者在识别商业创意方面的表现，哈夫泰克再将这些数据与这些贡献者的 Wasabi Waiter 表现进行了配对。在没有额外信息的情况下，纳克的程序为壳牌提供了一种高度准确的机制，可以对创意产生者进行准确排名。该排名是基于区分该公司知名顶尖创意人员的已确定因素，例如他们的思绪游离的倾向、"目标导向的流畅性"、隐性的学习和任务切换能力，以及责任心和社交智慧。壳牌高管 Hans Haringa 认为这种招聘系统是一种范式转变。[1]

在 Arctic Shores 设计的另一款此类游戏《萤火虫自由》(Firefly Freedom) 中，求职者进入一个神奇的森林世界，在那里他们必须捕捉萤火虫，为家人在冬天提供光明。玩家用网捕捉萤火虫并将其放入罐子中，然后发射水果片以释放它们。十分之一的水果会打碎罐子，让所有的萤火虫逃脱。该游戏着眼于申请人的冒险和规避风险倾向以及他们的毅力——他们是否会冒着失去所有萤火虫的风险继续寻找更多萤火虫，或者在领先时放弃。德勤（ Deloitte ）会计师事务所使用《萤火虫自由》来评估实习生，其明确目的是消除人为偏见并招募来自不同背景的高潜力申请人。德勤的全球包容性问题特别顾问艾玛·科德（ Emma Codd ）解释了该公司在招聘流程中使用下一代测试的理由："我们需要来自不同背景的人加入德勤，带来不同的观点和经验。有令人信服的证据表明，替代招聘方法为实现这一目标提供了支持，通过为千禧一代提供发光的机会来帮助识别杰出人才。"[2]

当然，我们的考察范围还不能仅限于这些新途径的前景，从中获利的服务的声明，还应该通过我们可以信任的公共外部流程仔细监控和审计结果。无论是来自游戏玩法，还是社交媒体数据等更

[1] "Spotlight on Recruiting Tech: What Works—and What Doesn't—with Game-Based Evaluation," Resource Corner, Cornerstone, accessed December 22, 2021, https://www.cornerstoneondemand.com/resources/article/spotlight-recruiting-tech-what-works-and-what-doesnt-game-based-evaluation; Don Peck, "They're Watching You at Work," *Atlantic*, December 2013, https://www.theatlantic.com/magazine/archive/2013/12/theyre-watching-you-at-work/354681.

[2] Rob Davies, "Everything to Play for as Employers Turn to Video Games in Recruitment Drive," *Guardian*, Nov. 28, 2015, https://www.theguardian.com/money/2015/nov/28/psychometric-tests-games-recruitment-interview.

传统的方法，我们的相关信息都可能会被扭曲。始终存在的风险是：通过回顾过去来识别成功的员工，然后根据这些模式建立筛选流程，这会重复过去的错误。我们需要进行比较思考，看看积极变化的轨迹。我们需要对这些做法采取与在其他情况下采用的同样严格的做法。制药公司进行随机对照实验，再向 FDA 报告哪些类型的药物可以有效保持公众健康和安全；我们可以采取大致相同的方式，检查筛选申请人的新方法的结果，这种做法既能产生多样性，又能保证结果的优良。

扩展成功

这就是系统审计和指导方针可以发挥作用的地方。作为身高 4 英尺 11 英寸的黑人同性恋女性和技术专家，Blendoor 创始人兼首席执行官斯蒂芬妮·兰普金（Stephanie Lampkin）认为自己非常适合解决工作场所的歧视问题。她认识到我们过去的机会——即使是最早的机会——对我们在就业市场上的成功有多大贡献。兰普金告诉我，尽管她小时候在马里兰州偶尔会无家可归，但她很幸运。她有个大家庭，尤其是受过教育的阿姨们，也激励着她。兰普金相信，她通过母亲担任 Mary Kay 销售代表的工作获得了生存技能，并发现了对数据分析的热情。Mary Kay 是一家 20 世纪 60 年代创办的企业，从事的化妆品多层次营销被称为"粉红传销"（pink pyramid scheme）。即便如此，兰普金的母亲在残酷的创业环境中仍然表现出色。兰普金清楚地记得她母亲开回家的那辆标志性的粉色凯迪拉克。

她还回忆起她的母亲让她帮忙记账并记录所有收据和销售情况，这给了她与编码相关的早期技能。她的母亲甚至没有听说过斯坦福大学，但是兰普金考入了斯坦福大学并获得了工程学位。她后来又在麻省理工学院获得 MBA 学位。尽管如此，她在洛克希德·马丁公司、微软和 TripAdvisor 工作后，于 2013 年去谷歌面试时却没有得到这份工作。她查看了谷歌的多元化数据，发现了一个规律：该公司雇用的工程师很少是有色人种女性。兰普金说："你与三十多岁的顺性别（Cisgender）*白人男性的距离越远，就越难摆脱偏见。"她创立了 Blendoor 作为招聘平台，利用数据分析帮助公司雇用和管理多元化的员工队伍。

Blendoor 使用绩效指标而不是之前受聘人员的历史简历数据来训练其算法。兰普金描述了她的"指导思想"："才华和天才是均匀分布的，但机会不是均匀分布的。"[1]她认为，数据可以帮助我们识别那些尚未进入就业市场特权端的人的成功信号："如果你正在使用历史上成功的东西建立一个模型，它会自动扭曲评级系统以偏向历史上具有代表性的特征，我们知道这些特征就是男性而且主要是白人。"[2]

兰普金告诉我，虽然 Blendoor 成功帮助其客户明显增加了对女性和少数族裔的雇用，但她认为还有更多工作要做，以确定可以帮助候选人取得成功的所有技能。像 Blendoor 这样的筛选服务通常会改善人类决策并带来进步，但她相信——我也同意——对公司真正所做的事情进行系统分析是关键。因此，兰普金决定调整 Blendoor 的重点并推出 BlendScore，这是一个根据多样性和包容性努力对公司进行评分和排名的系统，"以帮助求职者找到他们真正

---

* 顺性别（Cisgender）是指性别认同与出生时指定性别相同的人的一个术语。

[1] Meredith Somers, "This CEO Wields Transparency and Openness to Crowdsource Ideas," *Ideas Made to Matter*（blog）, MIT Sloan School of Management, September 9, 2020, https://mitsloan.mit.edu/ideas-made-to-matter/ceo-wields-transparency-and-openness-to-crowdsource-ideas.

[2] Zoe Rohrich, "Why These Companies Are Rethinking the Use of AI in Hiring," *PBS NewsHour*, November 26, 2019, https://www.pbs.org/newshour/world/agents-for-change/why-these-companies-are-rethinking-the-use-of-ai-in-hiring.

属于的地方"。BlendScore 衡量公司在招聘、保留和对待女性和代表性不足的少数族裔员工方面的表现。Blendoor 偏差指数使用调查和公开数据来为公司创建分数。该软件在互联网上搜索有关公司包容性政策、育儿假、灵活工作安排和多样性数字的信息。它考虑的数十个因素中包括筛选候选人时使用盲数据等指标。

根据兰普金的说法，这些分数的市场不仅仅限于公司本身及其未来的员工；她认为投资者也有兴趣了解公司在多元化方面的表现，因为他们知道对多元化有利的事情也对企业有利。例如，2020年，高盛宣布，除非董事会多元化且以女性为重点，否则不会支持公司上市。兰普金设想这种多样性评分相当于《美国新闻与世界报道》(U.S. News and World Report)的每年的大学排名。她说，自从乔治·弗洛伊德（George Floyd）遇害以来，在二十一世纪更广泛的全球种族正义运动中，雇主们承诺提供更多的多样性雇佣机会。但令人惊讶的是，BlendScore 发现，那些曾声明要雇用更多多元化员工的公司，其多元化程度低于那些未曾声明的公司。兰普金最近从硅谷搬到了华盛顿特区，以便更接近各类要求增加数据收集和提高透明度的公共倡议。

回到我们的指导原则，我们无法解决我们无法衡量的问题。在美国国家经济研究局（NBER）发表的一项研究中，程序员在 12年的时间里训练了一种算法来预测公司董事的选择。[1] 该算法发现，公司在决定董事人选时更有可能选择具备下列特征的人：男性、具有广泛人脉、拥有丰富的董事会任职经验，并且具有财务背景。检测偏见是将人工智能用作道德工具的第一步。但是，美国国家经济研究局的研究结果也揭示了一些至关重要的事实：非董事会

---

[1] Isil Erel et al., "Research: Could Machine Learning Help Companies Select Better Board Directors?," *Harvard Business Review*, April 9, 2018, https://hbr.org/2018/04/research-could-machine-learning-help-companies-select-better-board-directors.

亲信且来自不同背景的董事在监督管理层方面做得更好。因此，该算法实际上有助于表明，公司董事会选择中的人为偏见不仅不利于多元化，而且也不利于企业。就像公司董事会的外部人士更愿意揭露公司监控角色中的腐败行为一样，算法缺乏天生的利益冲突。当数据证明历史选择过程有错误时，人工智能不会视而不见。歧视对商业不利，对公司的生产力、利润和声誉产生负面影响，也阻碍了最优秀人才的招募和留用。

只有掌握了足够的公共数据来了解企业界实际发生的情况时，我们才能对工作场所多样性开展系统性调查。借助算法数据挖掘，我们只需浏览网页即可收集大量信息。最近，来自欧洲和美国的一组研究人员合作开发了组织多样性的自动评估以及种族、性别、年龄和其他参数歧视的检测。研究人员将深度学习的性别和种族预测器（使用面部和姓名识别来预测身份的算法）应用于 2016 年福布斯全球 2 000 强榜单上 500 家最大公司的执行管理层和董事会成员资料。他们再根据性别和种族多样性指数对公司进行排名。[1] 总体而言，在网上找到的照片中，女性仅占所有公司高管的 21.2%。在这些高管中，79.7% 是白人，3.6% 是黑人，16.7% 是亚裔。除了瑞典服装巨头 H&M 之外，每家公司的女性高管比例相对于总人口中女性比例都低于预期。

研究人员还发现不同公司和国家之间存在巨大差异。欧洲和北美公司的表现远好于亚洲公司。大量的日本和沙特阿拉伯公司很少有女性企业高管的可搜索、公开的照片。研究人员在研究中承认，该方法远非完美：公开数据存在误差范围，将研究结果与一个国家的一般人群进行比较并不总是有意义。该研究预测，改进的人工智

［1］Konstantin Chekanov et al., "Evaluating Race and Sex Diversity in the World's Largest Companies Using Deep Neural Networks," preprint, submitted July 9, 2017, https://arxiv.org/ftp/arxiv/papers/1707/1707.02353.pdf.

能和日益可用的数据将成为快速分析私营部门以及政府、教育机构和媒体多样性的强大工具。它以一段生动的段落结尾，描述了如何使用人工智能来评估组织多样性是非常有争议的：研究团队中的一位年轻女性合作者"在受到一家多样性指数低的媒体记者的恐吓后要求从研究中删除其姓名"。事实上，数据就是力量，总会有有权势的人想要掩盖自己的行踪、保守秘密，并试图阻止暴露不平等的数据挖掘。我们需要确保人们有权使用数据并有能力挖掘数据来揭露不平等。

不透明的算法、验证和政策

营利性公司之间在提供自动化且增强多样性的招聘服务方面的竞争导致市场沸腾，但竞争也意味着数据保密。众所周知，公司对其内部统计数据和流程守口如瓶，他们经常试图将这些信息隐藏在"专有""机密"和"商业秘密"等标签后面。这种保密性使得检查有关新筛查流程有效性的说法变得更加困难。但我们越来越多地看到旨在提高透明度和改进自动筛查流程审核的举措。2019 年，加州议会通过了一项决议，敦促联邦和州政策制定者使用技术来减少招聘中的偏见和歧视。[1] 同年，位于华盛顿特区的电子隐私信息中心（EPIC）向联邦调查局提出投诉。联邦贸易委员会（FTC）认为 HireVue 在使用面部扫描技术评估求职者时存在不公平和欺骗性的贸易行为。[2] 该投诉特别针对该公司涉嫌使用"不透明算法和面

---

［1］Assemb. Con. Res. 125, 2019—2020 Reg. Sess.（Cal. 2019）（passed in Assembly September 14, 2019, and from Senate committee November 30, 2020, without further action）.

［2］Drew Harwell, "Rights Group Files Federal Complaint Against AI-Hiring Firm HireVue, Citing 'Unfair and Deceptive' Practices," *Washington Post*, November 6, 2019, https://www.washingtonpost.com/technology/2019/11/06/prominent-rights-group-files-federal-complaint-against-ai-hiring-firm-hirevue-citing-unfair-deceptive-practices.

部识别"的行为。[1] 这份投诉书里描述了由于这种隐形人工智能筛选工具可能存在的偏见，还引用了商学院对准备人工智能面试的学生的建议："机器人将你与现有的成功故事进行比较；他们不会寻找开箱即用的候选人。"[2] HireVue 后来放弃了面部分析算法的使用，但继续使用算法来分析语音、语调和行为。

2020 年，EPIC 请求联邦贸易委员会制定人工智能商业使用规则，称雇佣是不受监管的使用可能造成伤害的一种情况。信息很明确：我们需要更加透明地了解各种自动化测试在平等方面的表现。言语、面部表情和词汇的差异可能与种族或民族相关，因此需要监测不同的影响。门德尔松（Littler Mendelson）律师事务所人工智能部门负责人马特·谢勒（Matt Scherer）告诉我，有很多"这个领域正在兜售万金油"，而购买石油的客户数量让他感到沮丧。他表示，一些公司正在努力降低招聘人员的使用成本，并且愿意相信任何说法。我们迫切需要实施更好的监督程序，并重新考虑商业秘密的范围，因为商业秘密会削弱对重要信息的获取。算法处理的速度非常快，因此很难返回并检查筛选过程中发生的情况。公共政策应该要求公司在流程的不同点存储数据集的快照。

我们需要调整法律以支持市场上正在发生的事情。根据现行的反歧视法，告诉算法调整女性分数或制定招聘配额可能是非法的。现行的平权行动法尚存变数。多年来，对平等的追求一直是个难题，并在不同法律之间滋生了紧张关系。许多增加多样性的政策本身就被认为是歧视性的，被贴上违宪的平权行动的标签。技术可以帮助我们摆脱既想要身份意识又想要身份盲目的难题。法律学者宝

[1] "HireVue, Facing FTC Complaint from EPIC, Halts Use of Facial Recognition," Electronic Privacy Information Center, January 12, 2021, https://epic.org/hirevue-facing-ftc-complaint-from-epic-halts-use-of-facial-recognition/.
[2] Harwell, "Rights Group Files Federal Complaint Against AI-Hiring Firm HireVue."

琳·金（Pauline Kim）认为，应该扩大联邦反歧视法的适用范围，以禁止分类偏见，即使用自动分类加剧性别、种族或其他受保护类别方面的不平等。[1]

但是，我们也看到分类可以成为支持而不是阻碍包容性的一种方式。过去，我们通常可以知道雇主是否使用了对某些身份有不同影响的筛选因素。例如，使用身高、体重或体力要求将不可避免地导致性别排斥。其他案例涉及使用能力倾向测试或大学学位作为筛选手段，这对少数族裔产生了不同的影响。但在大数据挖掘中，有时没有人（包括雇主）知道如何处理属性以产生不同的影响。这一现实表明，我们的政策以及我们如何更广泛地思考歧视和平等问题必须不断发展。我们需要以结果为导向，而不是仅仅关注传统的以输入为导向的法律调查，或者如哥伦比亚大学法学教授塔莉亚·吉利斯（Talia Gillis）所说的法律政策的输入谬误。比较不同身份的产出是个分配问题、社会正义问题，它为我们如何看待平等的变革性转变打开了大门。

政策方面也有不少举措。2020年《加州消费者隐私法》（the California Consumer Privacy Act）是美国迄今为止最全面的数据隐私法。它调整的内容之一是提高使用人工智能进行招聘决策的透明度。该法律要求雇主披露有关人工智能模型如何使用其数据的信息。它还赋予申请人访问已收集的有关他们的所有数据的权利，以及要求删除这些数据的权利。其他几个州正在通过法律对自动化在就业决策领域的快速引入自动化进行检查，很快我们将有更多途径来检验这些举措是否成功。2019年，伊利诺伊州议会通过了《人工智能视频面试法》（the Artificial Intelligence Video Interview Act），要

[1] Pauline T. Kim, "Data-Driven Discrimination at Work," *William and Mary Law Review* 58, no. 3（2017）: 857—936.

求雇主在使用人工智能评估时告知申请人，包括考虑哪些类型的因素。纽约市议会在2021年通过了类似的法律，要求AI技术接受反偏见测试；雇主还必须向求职者披露人工智能的使用情况，以及公司使用人工智能来衡量的具体工作资格或特征。马里兰州2020年生效的一项法律禁止雇主在未经申请人同意的情况下使用面部识别人工智能在申请人面试期间创建面部模板。正如我们将在本书后文所看到的那样，美国联邦政府的一些计划——甚至欧盟的努力——要求公司对自动化决策进行影响评估，并采取措施纠正发现的任何准确性、偏见或歧视。所有这些努力都刚刚起步，政策（包括公共研究和了解监管和确保监督的最佳方法）的作用至关重要。

纵观全局应该会给我们带来希望。我们人类常常会自动、直觉和潜意识地作出决定。但今天，我们可以对算法进行测试，以确定如果一个人的性别或种族不同，它是否会得出相同的结果。我们可以向算法提供过去工人的数据集，也可以选择更广泛的数据集。我们可以研究某些广告如何阻止不同的申请人或接触到更大的群体。如果通过算法作出决定，原告律师可以要求访问算法和数据集。与人类决策者的黑箱不同，人工智能可以检查一些有形的东西。这些发展意味着雇主可以筛选应聘者所表述的品质，超越他们生活中枯燥的事实，并评估应聘者的认知能力、社交技能、职业道德、干劲、激情、道德和适应能力。这还意味着雇主可以观察数千名求职者，即使他们只是在寻找少量新员工，并且他们可以使用算法模型不仅可以预测工作表现，从长远看，还可以预测员工感到满意并留在工作岗位的可能性。

第三章　知道你的价值

纠正错误的方法就是将真理之光照在他们身上。

——伊达·威尔斯（Ida B. Wells），

全国有色人种协进会（NAACP）联合创始人

机器人卷尺

1994 年，麻省理工学院的终身生物学教授南希·霍普金斯（Nancy Hopkins）拿起卷尺，一寸寸地丈量对比她和男同事的实验室面积大小。她发现自己的实验室面积不及男同事的一半（甚至是有的实验室的四分之一）。即使与普通的年轻男性教授相比，她的实验室面积也少了 500 平方英尺。霍普金斯和生物学教授玛丽-卢·帕拉（Mary-Lou Pardue）会面后，起草了一封致麻省理工学院校长查尔斯·埃斯滕（Charles Vest）的信，该校当时理科所有的终身女教授（其中 15 名女性与 202 名男性）联合起来记录了这种不平等。1996 年，Hopkins 领导的委员会撰写了一份内部报告；到 1999 年，她将工作范围扩大到了一份关于科学界女性的国家报告。这些努力引发了美国各地研究机构的变化，不仅涉及为女科学家提供的资源和空间，还涉及招聘女教员时的性别不平衡、提供日托服务的必要性、对休育儿假的女教员延长"终身教职倒计时"（tenure clock），以及任命更多女性担任领导职务的重要性。[1]

霍普金斯教授的卷尺催化了可测量的系统性变化，但一根卷尺的作用毕竟有限。例如，它不会继续衡量分配给新员工的空间和资源，以及无数其他不断变化的数据点。大多数时候，不平等现象是隐形的。男性和女性可能在形式上担任相同的职位，但是他们的待遇在奖励、机会和获得的经验方面可能有很大差异。2012 年，在简历实验方法的基础上，耶鲁大学的一组研究人员为实验室经理职位创建了虚构的简历，一份简历采用了男性姓名约翰（John），另一份采用了女性姓名詹妮弗（Jennifer）。[2] 研究人员让全国一百多名教职员工来评估他们收到的简历。大多数人认为约翰比詹妮弗更有能力、更值得雇用，而且约翰获得这份工作的频率也更高。当詹妮弗获得这份工作时，她的薪资（salary）更低——平均每年少 4 000 美元。引人注目的是，男性和女性招聘经理都倾向于向 Jennifer 提供比给 John 更低的工资。这种薪酬（pay）和资源的不平等现象无处不在，并非只存在于学术界。2020 年，研究人员进行了一项实验，要求职业人士在一家虚构的科技公司中扮演经理的角色。参与者阅读了两名虚构员工史蒂文（Steven）和苏珊（Susan）的员工绩效评估，然后被要求向他们的团队分配股票期权。[3] 实验表明，如果要求参与者根据保留的目标（即让员工留在公司）分配股权，有

[1] Courtney Humphries, "Measuring Up," *MIT Technology Review*, August 16, 2017, https://www.technologyreview.com/2017/08/16/149744/measuring-up.

[2] Corinne A. Moss-Racusin et al., "Science Faculty's Subtle Gender Biases Favor Male Students," *Proceedings of the National Academy of Sciences* 109, no. 41 (October 2012): 16474, https://doi.org/10.1073/pnas.1211286109.

[3] Felice B. Klein, Aaron D. Hill, Ryan Hammond, and Ryan Stice-Lusvardi, "The Gender Equity Gap: A Multistudy Investigation of Within-Job Inequality in Equity-Based Awards," *Journal of Applied Psychology* 106, no. 5 (May 2021): 734.

利于男性的性别差距仍然很大。但是，有趣的是，如果要求参与者根据潜力进行补偿——引导他们思考员工带来的贡献和价值，这时性别差距消失了。

无论是在研究机构、金融领域，还是你能想到的任何其他领域，实现职场的薪酬公平，都要经历漫长而曲折的过程。1869 年，一名女性致信《纽约时报》编辑，询问政府女性雇员工资低于男性雇员（实际为男性雇员的一半）的原因。次年，国会以微弱优势通过了决议，规定政府雇员无论何种性别都将获得同工同酬待遇。在两次世界大战期间，随着美国男性大批离开这个国家，女性开始填补曾经被认为只属于男性领域的工作空缺。战争不仅为女性创造了就业空间，还推动工会支持同工同酬；工会意识到，如果女性从事同样的工作，工资较低，那么管理层就会在男性工人从战争中返回后降低他们的工资。接下来是关键的立法：在首次解决性别工资差距近一百年后，国会通过了 1963 年《同工同酬法》(the Equal Pay Act of 1963)，规定同工同酬。次年，国会通过了 1964 年《民权法》(the Civil Rights Act of 1964)，该法第七章（Title VII）再次涉及薪酬歧视问题。此后大多数州纷纷跟进，颁布了各自的《同工同酬法》。

尽管有了这部具有里程碑意义的法律，但是几十年来性别工资差距问题依然存在。1974 年，美国最高法院在一起涉及工资差距的案件判决书中写道，"美国许多产业部门的工资结构一直基于一种古老但过时的信念，即一个人由于其在社会中的角色，应该得到比他的工资更高的工资"[1] 这种过时的信念至今仍然影响着薪酬、资源和晋升。平均而言，男性每挣 1 美元，女性的收入仍为 82 美分，而且有色人种女性的工资差距更大。因为我从事薪酬公平领域

---

[1] *Corning Glass Works v. Brennan*, 417 U.S. 188, 195（1974）（quoting S. Rep. No. 176, 88th Cong., 1st Sess., 1（1963））.

的工作，所以每年三月我都会关注同酬日（Equal Pay Day，具体日期每年都不同）。这个日期代表女性必须在次年还要工作多久才能获得与上一年男性同行相同的收入。但是，值得注意的是，三月份的日期代表的只是女性整体的工资差距；对于有色人种女性来说，统计数据要严酷得多。2021 年，黑人女性需要工作到次年 8 月 3 日才能实现与白人男性收入齐平（白人男性每获得 1 美元，黑人女性只能得到 63 美分）；美国原住民女性需要工作到次年 9 月 8 日（支付给白人男性的每 1 美元，获得 60 美分）；拉丁裔女性则需要工作到次年 10 月 21 日（支付给白人男性每 1 美元，支付 55 美分）。

这些职场性别不平等的宏观统计数据只见树木，不见森林。持续存在的性别薪酬差距（本质上不平等）有很多根源。经济学家一致认为，部分差距可以用看似私人的选择来解释。总体而言，女性倾向于选择灵活的职业道路，更频繁地休假，并选择要求较低的职业。稍后我们将解决家庭关系中的不平等问题。但是，即使在控制性别选择的情况下，也有无可争议的证据表明直接歧视正在发挥作用。男性和女性在同一岗位上从事同等工作，具有同样的业绩水平和经验，仍然没有得到同等的报酬。

不平等污染了所有行业，从低薪工人到精英大学毕业生。在女性职业生涯中，薪酬差距随着时间的推移而扩大，当她成为母亲后，薪酬差距就会进一步扩大。令人惊讶的是，收入相似的配偶之间的性别差距在生完孩子后立即翻倍，母亲的收入从未恢复，而父亲的收入却在增长。这种现象被称为"母职惩罚"和"父职奖励"。一位记者作了恰如其分（而且直率）的推测："女性在职业生涯中最糟糕的举动之一就是生孩子。"[1] 自 1963 年《同工同酬法》制定

[1] Claire Cain Miller, "For Working Mothers, a Price to Pay," *New York Times*, September 7, 2014.

以来，薪酬差距确实有所缩小，但是改善势头有所减弱。近几十年来停滞不前。事实上，如果我们试图根据过去 50 年的进步速度来预测何时实现平等，女性有望在 2059 年实现与男性的薪酬平等。最近，由于差距保持不变，预测估计延迟一个世纪：如果没有重大变化，预计差距要到 2152 年才会缩小。[1]

我们可以做一些戏剧性的事情：利用技术来加速缩小差距。想象一下数字"卷尺"，它可以 24/7 全天候测量和记录给予员工的工资、奖励和资源。多年来，女性和有色人种（就此而言，任何工人）甚至不知道自己的工资过低，无法将自己的收入与其他工资进行比较。现在，我们可以采取一些措施来弥补这种不透明性。由于广为人知的索尼影业电子邮件黑客攻击事件，2015 年和 2016 年收入最高的好莱坞女演员 Jennifer Lawrence 发现，她在 2013 年电影《美国骗局》（American Hustle）中的片酬比她的男搭档低 2%。此次黑客攻击泄露的信息还包括，索尼的女性联席总裁的收入比男性联席总裁少 100 万美元。[2] 在那次泄密之前，这些数字就像许多其他工作场所的薪资标准一样，一直是严格保守的秘密。如果我们想要薪酬公平，我们就必须纠正信息不对称并提高透明度。当女性和少数族裔了解自己相对于同事的状况时，她们可以协商获得更好的薪水。但是，雇主禁止员工讨论薪资的问题臭名昭著，而且近几十年来这种情况日益严重。雇主不仅通过保密协议、政策和企业文化

[1] *The Simple Truth About the Gender Pay Gap* (Washington, DC: American Association of University Women, 2017), 4.

[2] Alex Needham, "Sony Emails Reveal Jennifer Lawrence Paid Less than Male Co-stars," *Guardian*, December 13, 2014, https://www.theguardian.com/film/2014/dec/12/sony-email-hack-jennifer-lawrence-paid-less-american-hustle; Libby Copeland, "Sony Pictures Hack Reveals Stark Gender Pay Gap," *Slate*, December 5, 2014, https://slate.com/human-interest/2014/12/sony-pictures-hack-reveals-gender-pay-gap-at-the-entertainment-company-and-deloitte.html.

来阻止共享薪资信息；长期以来，这一直是美国社会的禁忌。技术正在打开薪资簿（the salary books）。

当算法分析不同职位和公司的薪资模式（考虑技能、经验、职业、行业、职位描述以及评估和绩效等因素）时，它们可以识别这些大量数据缓存中存在的性别薪资差距，而这是人眼在分析较小的数据集时根本无法做到的。数据可以帮助员工更好地协商薪酬；帮助雇主纠正对待、补偿和留住员工的方式；并帮助政策制定者推动市场的系统性变革。

数据还可以帮助所有这些利益相关者——雇主、雇员、投资者和政府——认识到同工同酬的强有力的商业理由。麦肯锡公司最近计算出，更大的平等可能相当于数万亿美元——例如，发现董事会构成的性别多元化程度最高的公司，其收入比行业平均水平高出91%，股价高出36%。[1] 在我研究人才池、创造力和社会责任时，我也发现团队的多样性是创新的巨大动力之一。大量研究表明，在董事会中具有多元化和平等代表性的公司也往往会进行更多创新，并在企业道德衡量标准上得分更高。根据《麻省理工学院斯隆管理评论》2020年的一篇文章，多元化程度越高的公司，其研发强度越高，专利活动越多，整体创新水平也越高。[2]

促进薪酬公平的机器人

技术正在改变工资市场上信息交换、理解和使用的方式。求职者可以使用的数字平台正在汇总有关员工市场价值的数据，这些数

[1] Lauren Collins, "What Women Want," *New Yorker*, July 23, 2018, 34—43.

[2] J. Yo-Jud Cheng and Boris Groysberg, "Gender Diversity at the Board Level Can Mean Innovation Success," *MIT Sloan Management Review*, January 22, 2020, https://sloanreview.mit.edu/article/gender-diversity-at-the-board-level-can-mean-innovation-success.

据的量达到多个拍字节（PB），可以用于支持同工同酬的要求。新软件还使雇主能够在内部、动态、重复和主动地检测薪酬歧视。近年来，包括Adobe、AT&T、Citigroup、Colgate-Palmolive、eBay、Mastercard、Microsoft、Nike、Starbucks、Symantec和Target等在内的数千家公司在其公司简介中加入了同工同酬承诺。

人为驱动的努力经常受到偏见的影响，无论这种偏见的产生是否是有意识的。影响员工薪酬的一个最直接数字是过去的薪资。过去的薪资决定了未来的差距，进而影响谈判。在设定薪酬时，锚定偏差（anchoring bias）可能会导致我们过度依赖初始数据点，而牺牲对个人价值的更合理的评估。当我在课堂上教授有关薪酬歧视的问题时，我经常重复一项众所周知的行为实验：我让我的学生写下他们的社会保障号码的最后两位数字，然后猜测我带到课堂上的一瓶酒的价格。猜测最接近实际价格的幸运者将赢得这瓶酒。行为经济学家所说的锚定偏差会一再发生。简单地记下一个不相关的数字（例如个人的社会保障号码）会扭曲对不相关物品价值的猜测。如果我的社会保障的最后两位数字较低，我可能会猜测酒更便宜。您可以看到这对薪资决定的影响：如果不相关的数字会影响决策，我们想象一下在决定员工薪酬等问题时听到和看到的所有噪声会产生的影响。确认偏差（confirmation bias）也是一种常见的行为倾向，我们偏爱那些证实自己已有的信念或假设的信息。当招聘人员询问女性申请人的薪资历史并收到有关女性申请人过去较低薪资的信息时，他们可能会以确认偏见和刻板印象并证明较低基准薪资合理的方式查看其他信息，例如她的经验、才能和资格。这种偏见可以被机器人复制：如果算法使用以前的工资作为衡量候选人能力和素质的指标来进行预测，那么过去和持续的工资差距将损害女性和有色人种。然而，在算法决策的情况下，我们可以解决这种对过去工资性别模式的依赖，并对机器人进行编程以纠正这些差异。

以 BBC 性别薪酬差距争议为例。2017 年，BBC 作为英国最优秀的广播公司，迫于政府作为公共资助机构的压力，公布了一份薪酬最高的播音人才名单。62 名男性和 34 名女性上榜，收入最高的女性比收入最高的男性少了 170 万英镑。这些信息的发布引发了一场持续一年的争议，并将此案提交给一家议会委员会。在这动荡的一年里，数百名男性和女性员工在 WhatsApp 上组建了私人群组，揭露 BBC 普遍存在的性别薪酬差距。同事们使用安全的数字电子表格共享工资和养老金信息。该组织成员在与高层管理人员会面时甚至佩戴标明各自工资的徽章。[1]

该运动的结果是，英国现在要求拥有超过 250 名雇员的雇主每年报告其性别工资差距。强制报告允许政府机构挖掘数据，以更好地调查投诉并强制合规。当首份报告发布时，时任英国首相特雷莎·梅（Theresa May）表示："我们预料结果会让人阅读时不适，事实确实如此。"这些数据给人的一项重要启示是奖金差距"高得惊人"，即基于绩效的薪酬超过基本工资，梅写道，"此前从未见过。"[2] 正如 May 强调的那样，仅仅是提高透明度，并不能解决不平等问题，但它确实是解决不平等问题的第一个必要步骤。巴拉克·奥巴马（Barack Obama）在担任美国总统期间颁布了一套类似的规则，涵盖超过 6 300 万名雇员，要求员工超过 100 人的公司报告按性别、种族和民族细分的员工薪酬。特朗普政府暂停了该举措，声称信息收集给公司带来了不必要的负担。拜登政府重新采用了该规则，报告制度正在成为现实。

[1] Collins, "What Women Want."

[2] Theresa May, "Gender Pay Gap: Fathers Can Help by Sharing Care Role, Says Theresa May," *Sunday Times*（London），April 8, 2018, https://www.thetimes.co.uk/article/gender-pay-gap-fathers-can-help-by-sharing-care-role-says-theresa-may-dl9hgn0rs.

如果你不知道自己的价值，那么你就不知道自己被低估了。薪酬差距一直是我研究中最令人沮丧的政策领域之一，因为这种差距几十年来一直停滞不前。2007 年，最高法院受理的 Lilly Ledbetter 案表明，不了解自己的价值会带来多么严重的问题。Ledbetter 在固特异（Goodyear）轮胎和橡胶公司工作了十九年，却没有意识到自己的工资低于同等资质的男同事。当她最终通过匿名信得知这一情况时，最高法院告诉她，因为已经超过诉讼时效她失去了起诉的机会。大法官露丝·巴德·金斯伯格（Ruth Bader Ginsburg）在她热情洋溢的不同意见中（成功地）呼吁国会推翻多数派的裁决，这触及了问题的核心：

> 在出现差异的地方，隐形的薪酬歧视问题尤其严重……因为男性同事的加薪幅度更大。获得加薪后，女性雇员不太可能立即意识到她遭受了不利的就业决定。[1]

在金斯伯格大法官的呼吁之下，国会于 2009 年通过了 Lilly Ledbetter 公平薪酬法，明确起诉雇主薪酬歧视的时限在每次发放薪水时重新计算，而不是仅仅从薪资决定的最初歧视行为开始计算。这一变化不仅适用于性别，还适用于种族、国籍、民族、宗教、年龄和残疾等因素的歧视。

但是，受害者一发现歧视就可以提起诉讼，从而中断诉讼时效的计算，目前为止的进展也仅限于此。秘密往往是永远持续的。20 世纪 70 年代，诺贝尔经济学奖得主加里·贝克尔（Gary Becker）提供的理论基础，可以帮助解释在保密条件下性别工资差距持续存在

---

[1] *Ledbetter v. Goodyear*, 550 U.S. 618, 650（2007）（Ginsburg, J., dissenting），abrogated by Lilly Ledbetter Fair Pay Act of 2009, Pub. L. 111-2, 123 Stat. 5.

的原因。[1] 在市场条件完美、信息完全且竞争充分的情况下，如果一群工人受到一小部分雇主的不同程度的区别对待，那么竞争的力量应该消除这种歧视。但是，保密性阻碍了员工有效地到其他地方寻找工作。这种逻辑的连贯性令人不安：只要实行薪酬保密的公司数量足够多，歧视就会持续存在。

Becker 无法想象存在一个人人都知道自己价值的市场，但是时代在变化。数字连接正在与不断变化的规范和政策融合，颠覆工资信息市场。颠覆透明度的目标应该是帮助雇主理性地决定员工的真正价值而非关注他们过去的薪酬，同时让员工也知道自己的价值。我们可以再想象一下有一副智能卷尺，它可以连续记录和揭示特定行业的不平等现象。2020 年，我很荣幸与十几位来自工业界和学术界的同事一起成为"公平薪酬工作场所联盟"（the Fair Pay Workplace Alliance）的创始董事会成员。联盟的启动时间是当年 3月 31 日同工同酬日。我们在新冠病毒大流行初期线上举行了首次会议。这项倡议的目标是借助技术创造持久且有意义的薪酬公平。

指导原则是每个人都从薪酬公平中获益。Syndio Solutions 和 OpenComp 等公司提供的软件可供任何规模的组织用来查找薪酬公平问题并解决它们。该软件使雇主可以轻松上传数据、立即查看结果并实时解决问题。分析访问的民主化使合规性变得触手可及，并消除了数据分析和审查面临的挑战。我与 Syndio 创始人泽夫·艾根（Zev Eigen）进行了交谈，他将公司的软件技术描述为"薪酬公平的未来"。Syndio 的平台旨在确保人们在受聘前后获得公平的报酬，并根据客观、公正的标准获得晋升。当 Salesforce 在 2015 年进行外部审计以了解他们的薪酬差距时，他们发现了数百万美元的

---

[1] See Gary S. Becker, *The Economics of Discrimination* (Chicago: University of Chicago Press, 1971).

差距需要调整。尽管进行了这些调整，第二年他们还是发现了另外 300 万美元的薪酬差距。Salesforce 聘请 Syndio 帮助他们以比年度外部审计更系统、持续的方式分析薪酬数据。Syndio 首席执行官玛丽亚·科拉库西奥（Maria Colacurcio）表示，我们需要重新定义"审计"一词，并考虑将薪酬公平纳入整个薪资流程中。Salesforce 的员工遍布 28 个国家，因此需要管理复杂的地区差异和法律差异。在 Syndio 的帮助下，Salesforce 显著减少了年度调整、持续薪酬公平的需求，并于 2021 年在《财富》一百家最佳雇主中排名第二。

　　2020 年之前，Syndio 的客户更加关注性别薪酬差距——只有一半的客户要求按种族进行分析。但 Syndio 报告称，自 2020 年以来，98% 的人现在分析性别和种族，并且越来越关注性取向、性别认同和残疾状况。例如，对数据的持续审计可以阐明绩效加薪是如何基于有偏见的评估的。同样，男性更有可能要求保留加薪。Eigen 和我一直在合作开展一个研究项目，该项目挖掘薪酬差异数据，以制定股权软件的行业标准。Eigen 说，"应该建立和维护一个公平和更加透明的薪酬生态系统。你甚至可以想象在这个世界中，人们的晋升和加薪是基于数据和数据科学衍生的游戏化'升级'系统，将性别薪酬不平等置于我们集体的后视镜中。"Syndio 董事会成员拜伦·迪特（Byron Deeter）表示，解决不平等问题的措施正在迅速成为组织的必需品："工作场所公平不再只是'拥有就好'。法律要求正在逐个州和全球范围内扩展，但也许更重要的是，公平和透明度正在成为工作场所吸引和留住最优秀人才的必要因素。"[1]

[1] Kurt Schlosser, "Seattle Startup Syndio Raises $17.1M as Demand Spikes for HR Software That Helps Identify Pay Gaps," GeekWire, January 7, 2021, https://www.geekwire.com/2021/seattle-startup-syndio-raises-17-1m-demand-spikes-hr-software-helps-identify-pay-gaps.

与 Syndio 类似，Gapsquare 是一家英国软件公司，该公司的 Fairpay 平台可以帮助雇主分析其薪酬方案，发现和纠正差距。Condé Nast、埃森哲（Accenture）和伦敦警察局（London Metropolitan Police）等组织已使用 Gapsquare 的分析在一个系统中同时运行工资和人力资源数据，提供更全面的数据故事，并帮助雇主做出更准确、数据驱动的薪酬决策。[1] Gapsquare 首席执行官兼联合创始人扎拉·纳努（Zara Nanu）的职业生涯始于关注妇女权利问题（包括人口贩运）的活动，后来转向科技领域帮助解决工作场所不平等问题。事实上，正是在她帮助妇女寻找工作以逃离人口贩运环境的过程中，她开始充分认识到解决就业市场中薪酬差距的重要性。当纳努（Nanu）拜访这些妇女时，她原以为她们能流露出喜悦和感激之情，因为她们脱离了难以想象的困境。但是，她却发现他们工作拿到的薪酬很低，生活和劳动的建筑物供暖不足，没有能力真正养活自己。她认为，促进女性进入经济并为她们提供工作只是这场战斗的一部分。难题中缺失的一块是职业发展和平等收入。她不仅震惊于薪酬差距，还震惊于技术被用于解决涉及医疗和交通的其他问题，却未被用于解决工资不平等。数据分析可以帮助公司更好地了解并解决薪酬差距的具体因素。当谷歌将数据分析重点放在性别差距问题上时，它首先发现女性辞去谷歌工作的可能性是男性的两倍。该公司分析了多年的数据，发现女性戒烟的时间往往发生在成为母亲的时候。谷歌推出了新的休假计划，让母亲们可以休假五个月，而不是标准的十二周，并且在新计划下在留住母亲

---

[1] "Who Do Gapsquare Work With?," FAQ, Gapsquare, accessed January 3, 2022, https://www.gapsquare.com/faq/. See also Andrea Hak, "How AI Can Help Close the Gender Pay Gap and Eliminate Bias," TNW, April 24, 2019, https://thenextweb.com/work2030/2019/04/24/how-ai-can-help-close-the-gender-pay-gap-and-eliminate-bias.

方面取得了巨大成功,这不仅解决了薪酬差距,还极大地丰富了公司的人才库。

Syndio 和 Gapsquare 等私人服务也因为政府的计划而在业务上得到了扩展。例如,当 Gapsquare 分析了英国 200 000 名员工的薪酬数据时,它发现工作时间灵活且可以远程办公的工作有助于缩小薪酬差距。政府可以充当研究部门,汇总更多数据,以更好地了解工资市场中排斥和歧视的动态。政府还可以激励公司使用这些新的软件工具进行自我审计。例如,瑞士政府开发了一款免费在线工具,供企业自我测试其在薪酬公平方面的表现。

除了公司的努力之外,在线连接的兴起也正在改变薪资保密问题的社会规范。LinkedIn、Glassdoor、Salary.com 和 SalaryExpert 等数字平台经常成为求职者的启动平台,部分原因是它们提供薪资信息。这些平台拥有大量可以共享、存储和挖掘的众包薪资信息。例如,Glassdoor 提供了一款名为"知道你的价值"("Know Your Worth")的薪酬数据工具,该工具可以根据职位、公司、地点和经验为用户提供定制的个人市场价值。它还动态分析趋势并每周重新计算数据。[1] 据 Glassdoor 称,其薪资估算器可以在大约 12% 的误差范围内计算出 55%—60% 的美国劳动力的市场价值。与其他数字平台一样,随着更多数据的引入和随着时间推移而推进的机器学习,算法也会得到改进。[2] 雇主越大,众包信息就越准确。未来

[1] Glassdoor, "Are You Paid Fairly? Glassdoor Launches 'Know Your Worth' Beta to Help U.S. Workers Find Out Their Current Market Value," October 18, 2016, https://www.glassdoor.com/about-us/paid-glassdoor-launches-worth-beta-workers-find-current-market.

[2] Orly Lobel, "Knowledge Pays: Reversing Information Flows and the Future of Pay Equity," *Columbia Law Review* 120, no. 3 (April 2020): 547. See also Orly Lobel, "The Law of the Platform," *Minnesota Law Review* 101, no. 1 (November 2016): 87.

似乎有无限可能。

机器人可以帮我谈判吗?

多年来,双重标准十分明显:雇主要求对工资保密,同时向未来的雇员询问他们的工资历史。现在,我们可以解决这种不对称的两端。正如数字化有助于扭转信息流,提高市场对员工价值的透明度一样,新法律也指示雇主不要过分依赖过去的薪酬水平,因为过去的薪酬水平可能会受到系统性不平等的影响。2016 年,马萨诸塞州率先立法禁止雇主询问求职者薪资历史的州。此后,十多个州纷纷效仿。

禁止雇主询问潜在求职者的薪资历史,主要是出于两个目的。一是打破恶性薪酬差距循环。当女性在上一份工作的薪酬较低时,就会出现这种恶性循环,而下一个雇主也会复制这种差距。二是解决谈判过程中的性别差异。薪资数字受到性别差异的困扰,它们可能会延续并进一步加剧现有的市场差异。当一名女性透露她目前的收入低于男性时,她可能会损害自己的薪资轨迹——无论是在申请的职位,还是在她的职业生涯的其余部分。每次她向潜在雇主透露自己当前的工资时,这种差距都可能会扩大,因为招聘工作和晋升通常是相对于当前基本工资增加一定百分比的。禁止询问薪资历史会促使雇主以其他方式确定潜在员工的价值,包括转向自动计算,而不是依赖有偏见的数字。采用市场和内部数据的雇主,在确定薪酬时可以考虑与绩效相关的特征,例如经验、培训、教育、技能和过去的表现。

然而,正如我们所看到的,人类偏见可能会渗透到算法之中,而输入受薪资偏见污染的数据,算法很可能会延续偏见的存在。反馈循环是数字恶性循环,可以导致自我实现的结果。问题依然是:输入偏见(bias in, bias out)。风险在于,算法会了解到某些类型或类别的员工平均工资过低，然后将其计算到薪资报价中。最近的政策旨在消除这种错误，而我们可以通过人工智能编程来避免这种错误。删除固定数字可以鼓励雇主根据公司需求和候选人的适合程度而不是根据有瑕疵的数据来主动评估薪酬。与此同时，拥有一份工作的薪资表信息但没有薪资历史记录，可能会鼓励女性提出更多要求。

更重要的是，人工智能还可以在未来（甚至可能不是遥远的未来）提供帮助，取代一些在不平等环境中进行的谈判。关于男性和女性之间谈判差异的实证研究一再表明，女性平均谈判较少，而且当她们这样做时，雇主会作出消极反应。[1]女性要求更高薪水、更好条件、晋升或其他机会的频率几乎不及男性。在我的研究中，我将其称为"谈判赤字"。卡内基梅隆大学的一项研究显示，93%的女性MBA学生接受了初始薪资报价，而男性中只有43%接受了。[2]在另一项研究中，模拟薪资谈判的女性参与者平均要求比男性参与者少7 000美元。[3]经济学家安德雷斯·莱布兰特（Andreas Leibbrandt）和约翰·利斯特（John List）还发现，虽然女性与雇主就薪资进行谈判的可能性要小得多，但是当所有求职者都被明确告知薪资是可以协商的，从而缩小薪资差距时，这种差异就会

[1] Hannah Riley Bowles, "Why Women Don't Negotiate Their Job Offers," *Harvard Business Review*, June 19, 2014, https://hbr.org/2014/06/why-women-dont-negotiate-their-job-offers.

[2] Linda Babcock and Sara Laschever, *Women Don't Ask: Negotiation and the Gender Divide* (Princeton, NJ: Princeton University Press, 2003); Collins, "What Women Want."

[3] Emily T. Amanatullah and Michael W. Morris, "Negotiating Gender Roles: Gender Differences in Assertive Negotiating Are Mediated by Women's Fear of Backlash and Attenuated When Negotiating on Behalf of Others," *Journal of Psychology and Social Psychology* 98, no. 2 (February 2010): 256, 261, http://pdfs.semanticscholar.org/b50c/4a57a39cb212865926f39180bc335a395e49.pdf.

消失。[1]我与长期合作者、心理学家和法学教授尤瓦尔·费尔德曼（Yuval Feldman）通过实验研究发现，在某些工作环境中，女性的行为不太符合"经济人"（homo economicus，即理性的经济行为者）假设，而更像是利他的社会性主体，因此女性不会为自己提出要求与男性一样，并且更有可能重视非金钱利益，例如良好的企业文化。[2]

这些研究见解能否为我们提供开发新软件工具以刺激女性进行薪资谈判的线索吗？数字平台可以通过提供有关要求加薪或准备面试的建议和信息来为员工提供服务。有关薪资的信息，尤其是薪资可以而且应该协商的明确期望，可以使申请人在接受工作机会之前协商更高的工资。数字平台 PayScale 每年都会进行调查，询问数千名求职者是否在面试过程中披露了其薪资历史。PayScale 2018 年的调查发现，被询问薪资历史时拒绝披露的女性获得职位的概率比被询问并披露的女性少 1.8%。相比之下，当被问及薪资历史时拒绝透露的男性收到录用通知的频率比披露的男性高 1.2%。[3]

即使女性进行谈判，她们也会受到不同的对待。在我的研究中，我将这种现象称为"谈判惩罚"。女性被告知要"向前一步"并提出要求，但是几个世纪以来，女性一直被普遍视为比男性谈判

[1] Andreas Leibbrandt and John A. List, "Do Women Avoid Salary Negotiations? Evidence from a Large-Scale Natural Field Experiment," *Management Science* 61, no. 9（September 2015）: 2016.

[2] Yuval Feldman and Orly Lobel, "Decentralized Enforcement in Organizations: An Experimental Approach," *Regulation and Governance* 2, no. 2（June 2008）: 165; Yuval Feldman and Orly Lobel, "The Incentives Matrix: The Comparative Effectiveness of Rewards, Liabilities, Duties, and Protections for Reporting Illegality," *Texas Law Review* 88, no. 6（May 2010）: 1151.

[3] Lydia Frank, "Why Banning Questions About Salary History May Not Improve Pay Equity," *Harvard Business Review*, September 5, 2017, https://hbr.org/2017/09/why-banning-questions-about-salary-history-may-not-improve-pay-equity.

者弱的谈判者。在一系列实验中，参与者评估了是否发起加薪谈判的求职者的书面记录。每项实验的结果都表明，参与者因发起谈判而对女性候选人的惩罚多于男性候选人，认为提出更多要求的女性不"友善"或过于"苛刻"。虽然自信、力量和竞争力等品质在文化上有利于男性谈判者，但表现出这些特征的女性通常被认为过于咄咄逼人。[1]另一项研究查看了一组瑞典求职者的数据，发现与同样有资格的男性同行相比，女性最后得到的薪水更低，而且他们经常因为像他们一样的谈判而受到惩罚。[2]

第十一届人工智能年度竞赛（大众媒体称之为 Hagglebot 奥运会）于 2021 年 1 月举行。这次，来自土耳其和日本的大学获胜。在一些涉及与机器人谈判的实验中，大多数人甚至没有意识到他们正在与机器人而不是另一个人交谈——机器人已经完全学会了模仿人类进行流畅对话。[3]研究人员利用博弈论不断改进机器人的沟通方式可以代表人类进行谈判，消除人类容易犯错的一些方面，例如试图考虑和权衡交易的许多不同方面。人工智能现在可以相当快地预测对方的偏好。例如，人工智能通过麦克风聆听谈判的前五分钟，学习仅根据谈判者的声音来预测最终交易的大部分内容。[4]通过机器学习跟踪这些语音模式，事实证明，当谈判者的声音音量和音调变化很大，他们在谈判桌上则处于弱势。当谈判双方意见一

[1] L. J. Kray and M. J. Gelfand, "Relief Versus Regret: The Effect of Gender and Negotiating Norm Ambiguity on Reactions to Having One's First Offer Accepted," *Social Cognition* 27, no. 3（June 2009）: 418.

[2] Iris Bohnet, *What Works: Gender Equality by Design*（Cambridge, MA: Belknap Press of Harvard University Press, 2016）.

[3] Mike Lewis, Denis Yarats, Devi Parikh, and Dhruv Batra, "Deal or No Deal? Training AI Bots to Negotiate," Engineering at Meta, June 14, 2017, https://engineering.fb.com/2017/06/14/ml-applications/deal-or-no-deal-training-ai-bots-to-negotiate/.

[4] Padraig Belton, "Like a Good Deal? Maybe a Hagglebot Can Help," BBC News, January 26, 2021, https://www.bbc.com/news/business-55738540.

致时，就意味着他们更接近达成协议。使用人工智能还有助于揭示女性在谈判桌上受到惩罚的方式。南加州大学的一项新研究使用了一个不知道参与者性别身份的聊天机器人来评估谈判技巧。研究表明，我们大多数人（无论男性还是女性）在薪资谈判方面表现得相当糟糕。超过 40% 的参与者根本没有进行谈判，大多数人都没有拿到本来可以收到的钱。作为薪酬方案的一部分，女性对股票期权的重视程度低于男性，这影响了女性随着时间的推移积累财富的可能性。这些进步还有助于解决不同身份之间的谈判差异。一组以色列和美国研究人员研究了智能计算机如何与来自不同文化背景的人类进行谈判。[1] 在不告诉机器任何来自以色列、黎巴嫩和美国这三个国家的人的特征的情况下，他们让人工智能通过参与谈判游戏了解谈判文化差异的模式。他们发现计算机能够胜过所有国家的人。这些进展是有希望的。我们可以设想机器人了解谈判差异并最终消除这些差异，以创造更公平的交换、公平的竞争环境并实现公平的结果。它们可以被设计来解决我们所拥有的具体分配目标。但请注意，即使是机器人的视觉特征也会影响谈判。尼克·耶（Nick Yee）和杰里米·贝伦森（Jeremy Bailenson）表明，在自我表露和人际距离方面，有吸引力的化身会导致与同伴的行为更加亲密。[2] 在第二项研究中，他们还观察到，在一个群体中，高大的化身比矮小的化身会导致更自信的行为。谈判任务。他们将其称为"普罗透斯效应"（Proteus Effect，众所周知，希腊神普罗透斯有能力呈现许

[1] Galit Haim, Ya'akov Gal, Sarit Krause, and Michele Gelfand, "A Cultural Sensitive Agent for Human-Computer Negotiation," in *AAMAS 2012: Proceedings of the 11th International Conference on Autonomous Agents and Multiagent Systems* 1（Richland, SC: International Foundation for Autonomous Agents and Multiagent Systems, 2012），451.

[2] Nick Yee and Jeremy Bailenson, "The Proteus Effect: The Effect of Transformed Self-Representation on Behavior," *Human Communication Research* 33, no. 3（July 2007）: 271.

多自我表征）。普罗透斯效应表明，化身的视觉特征和特征与相关的行为刻板印象和期望相关，包括那些影响我们谈判方式的行为刻板印象和期望。

待开发的潜力

如果从我们记事起，女性工人就没有得到与男性同等的重视，那么她们如何选择在常规框架之外运用自己的创新能力呢？女性在另类环境和非传统模式中表现更好吗？那些被排除在外的人才（即女性和少数族裔）的未开发人才库实际上可能比那些踏入传统就业大门的人才库更丰富吗？在研究开放发明流程时，哈佛大学商学院教授卡里姆·拉哈尼（Karim Lakhani）和拉尔斯·杰普森（Lars Jeppesen）研究了如何通过外包实现创新。[1] 有时，一家公司决定通过呼吁全世界参与竞争来进行创新。公司或机构在网上公布未解决的问题，并对提交的解决方案提供奖励。从 NASA 到 Procter & Gamble（宝洁公司）再到 Netflix 等主要组织都曾举办此类全球竞赛。

InnoCentive 是最大的问题解决投标在线市场。其开放式创新平台成立于 2001 年，由数十万求解器用户组成。Lakhani 和 Jeppesen 研究了近 200 场 InnoCentive 竞赛，发现往往是所谓的局外人（即"不从事该职业……因此不受职业习俗和传统约束"的个人）赢得这些竞赛。[2] 在某些情况下，没有经验的个人击败了数百名在特定行业工作多年的内部人士。

InnoCentive 的盲审过程让人想起波士顿交响乐团的盲选，在

[1] Lars Bo Jeppesen and Karim R. Lakhani, "Marginality and Problem-Solving Effectiveness in Broadcast Search," *Organizational Science* 21, no. 5（September—October 2010）: 1016, 1020—1021.

[2] Jeppesen and Lakhani, "Marginality and Problem-Solving Effectiveness," 1019（quoting Joseph Ben-David, "Roles and Innovations in Medicine," *American Journal of Sociology* 65, no. 6［May 1960］: 557）.

提交给评委之前将参赛者的名字从参赛者名单中删除。Lakhani 和 Jeppesen 假设，女性在这些条件下表现出色，前提是作为局外人，历史上她们被排除在传统发明环境之外，这转化为未开发的知识。他们的发现与这一假设惊人的一致：无论比赛领域如何，向 InnoCentive 竞赛提交解决方案的女性获胜的可能性比男性参赛者高 23.4%。研究人员得出的结论是，女性"总体上更有可能处于科学机构的'外圈'"，并且"受过训练且有才华的人无法进入该领域的核心职位，即'女科学家'，可能更有能力以新的方式解决问题"。[1] 这些发现支持了这样一种观点，即大量尚未开发的人才——包括无数女性、有色人种和来自发展中国家的人才——被排除在主流创意流程之外，并在市场活动的边际，强调了这样一个事实：当女性、少数族裔和一般外来者没有平等的机会时，市场就错失了大量的人才。因为没有更好的说法，平等对商业有利。

零工和千兆

那么，与传统工作相比，数字平台在同工同酬方面表现如何？其结果是好坏参半，但是正如我们在对 eBay 和 Airbnb 的研究中看到的，数字平台的优势在于可以对产出、生产力、已完成的项目和服务以及每项任务的付费数据进行微调。Fiverr 是一家领先的在线服务数字市场，在新冠病毒大流行期间蓬勃发展，许多其他此类平台也是如此。我担任 Fiverr 的政策顾问，见证了该公司扩展到数百项服务，从网站设计、音频、产品品牌、写作和编辑到建筑和营销。2020 年，该公司对平台上自由职业者的收入进行了统计，结果令人鼓舞：它发现女性在每个项目上的收入比男性高出约 3%。不仅如此，Fiverr 报告称，女性通过该平台收到的项目请求比男性

---

[1] Jeppesen and Lakhani, "Marginality and Problem-Solving Effectiveness," 1020.

多 9%，这使得女性的总体收入更高。女性的平均收入比男性的平均收入高 19%。与传统的非数字工作环境相比，数字平台或许更能让客户根据卖家和服务提供商的产品组合、评论和工作质量来评估他们。

零工经济一直是很有争议的话题，也是我过去十年研究的重点。毫无疑问，人工智能驱动的自动化将导致一定的失业，进一步加剧收入不平等。我在研究中指出，现在是时候考虑与传统劳动力相比，税收、社会福利、全民基本收入和其他财政转移政策如何在保护许多人的利益、解决金融不安全以及收入和财富不平等方面具有优势。市场工资和工作条件保护。[1] 此外，我们需要了解技术创新不可避免地导致工作岗位流失和工作岗位增加的净效应。政府需要帮助缓解转型并利用人工智能为此类市场转变做好更好的准备。人工智能是一种最能揭示分配正义之路的工具。例如，斯坦福移民政策实验室开发了一种算法来帮助难民取得成功并融入他们的新国家。每年有数百万难民逃离自己的国家并在东道国定居。2022 年，俄罗斯在乌克兰发动的战争迫使近 1 000 万人逃离家园，这是"二战"以来增长最快的难民危机。研究人员将美国和瑞士过去 30 000多个难民重新安置点的数据输入机器学习算法后发现，经济成功取决于教育水平、英语（或东道国的另一种语言）知识以及他们的具体位置。它确定了来自不同背景和具有不同技能的难民将在不同的地方取得成功。在《科学》杂志上发表的一篇文章中，研究人员表

[1] Orly Lobel, "The Debate About How to Classify Workers Is Missing the Bigger Picture," *Harvard Business Review*, July 24, 2019, https://hbr.org/2019/07/the-debate-over-how-to-classify-gig-workers-is-missing-the-bigger-picture; Orly Lobel, "The Gig Economy and the Future of Employment and Labor Law," *University of San Francisco Law Review* 51, no. 1（2017）: 51; Orly Lobel, "We Are All Gig Workers Now: Online Platforms, Freelancers and the Battles over Employment Status and Rights During the COVID-19 Pandemic," *San Diego Law Review* 57, no. 4（November-December 2020）: 919.

明，使用人工智能帮助安置难民将使美国和瑞士的难民就业率分别提高 40% 和 75%，这两个国家是他们最初研究的国家。这表明政府可以以极低的成本使用机器学习来优化和支持弱势移民群体以及更广泛的劳动力市场。

对于零工经济工人、自营职业者、移民以及任何梦想改善财务状况的人来说，金融信贷是关键。信贷使个人、数十亿美元的实体和资本主义政府能够在未来的帮助下建设现在。将人们分为"信用良好"和"不信用"的传统且持续的做法不可避免的是一种选择。与就业市场一样，金融部门一直使用代理来评估申请人的风险。人工智能可以帮助整理大量数据并确定哪些因素在预测信用度方面最重要。可用数据可能包括申请人的联系人列表、GPS 信息、短信日志、应用程序下载历史记录、手机型号、可用存储空间以及从手机中抓取的其他数据。

2019 年 8 月，苹果与高盛合作推出了第一张信用卡，但是很快因其"性别歧视"信用限额而面临监管惩戒。苹果公司联合创始人史蒂夫·沃兹尼亚克（Steve Wozniak）和科技企业家大卫·海因迈尔·汉森（David Heinemeier Hansson）等知名科技领袖在社交媒体上表达了抱怨，他们指出，尽管女性配偶获得的信用额度只占其男性配偶的极小比例，但拥有相同的资产和共享的银行账户。Hansson 称其为性别歧视算法，他在推特上写道："我们夫妻两人共同提交纳税申报表，住在实行夫妻共同财产制（community-property）的州，并且结婚已久。然而，苹果的黑箱算法认为我应得的信用额度是她的 20 倍。"纽约州金融服务部（Department of Financial Services）威胁采取监管行动，要求苹果纠正算法的偏见，该州的几家监管机构于 2020 年展开调查，并称："任何有意或无意导致对女性或任何其他受保护阶层的歧视性待遇的算法违反了纽约法律。"苹果和高盛并无歧视的故意，但是用于训练算法的数据集中，女性似乎比男性面临更大的财务风险。

从历史上看，贷款实践一直存在偏见。女性、有色人种和 LGBTQ+ 群体成员在贷款、信贷和保险方面遭受过歧视。几十年来一直无法获得这些金融资源，歧视性贷款做法造成的不平等至今仍然存在。人工智能正在帮助保险和金融服务行业减少偏见、更加公平。贷款平台使用人工智能来分析数千个数据点。从征信机构到银行记录、社交媒体流和公共记录的所有内容都经过分析，以表明信用度、欺诈或违约的可能性。加州大学伯克利分校研究人员 2019 年的一项研究发现，与面对面互动的贷款定价相比，金融科技算法的歧视程度平均要低 40%。[1]该研究发现，算法在接受或拒绝方面不存在歧视，专门从事电子贷款业务的金融科技公司与更传统的贷款机构之间的激烈竞争导致该软件的偏见变得更少。

当然，在金融环境中也必须存在与招聘和薪酬方面相同的消除偏见和检测排除的承诺。算法模型的设计必须以最大限度地减少偏差和最大限度地提高准确性为目标，并且人类必须参与审查和检测任何持续的偏差。[2]在信贷和贷款行业，早期决策过程通过考虑因素来复制过去的排除情况，例如婚姻状况、性别和种族。当平台和机构试图消除这些因素时，歧视仍然以考虑信用记录等方式悄然出现。现在，最好的机器学习算法通过预测信用度而不是依赖信用记录来减少性别和种族差距，并允许使用不同的预测因子来促进不同人口统计的公平。

我们不应该也不可能等到 2059 年——或者甚至是 2152 年——

[1] Robert Bartlett, Adair Morse, Richard Stanton, and Nancy Wallace, "Consumer-Lending Discrimination in the FinTech Era," *Journal of Financial Economics* 143, no. 1（January 2022）: 30.

[2] Sian Townson, "AI Can Make Bank Loans More Fair," *Harvard Business Review*, November 6, 2020, https://hbr.org/2020/11/ai-can-make-bank-loans-more-fair.

才能消除薪酬差距或信贷差距。技术可以帮助提高对差异的认识和可见度，提供更广泛的比较，并有可能消除几代人的偏见和歧视性做法。金融公平的未来在于我们能够赋能各利益相关者——工人、企业、政府——通过数据共享和挖掘，识别差异，合理协商纠正措施，并与智能技术共同努力，迈向更加公平和平等的市场。

第三编

身　体

第四章　BotToo

有些人称之为人工智能，但是现实是这项技术可以增强我们的能力。因此，我们将增强我们的智能，而不是人工智能。

——金妮·罗梅蒂（Ginni Rometty），IBM 前首席执行官、OneTen 联席主席

发起运动

在奥维德（Ovid）的《变形记》(*Metamorphoses*) 中，色雷斯王国的国王、阿瑞斯（Ares）之子特雷乌斯（Tereus）强奸他的嫂子菲洛墨拉（Philomela），并且威胁她不得对外声张此事，但是菲洛墨拉不愿屈服，希望揭发真相。为了让她永远保持沉默，愤怒的国王割下了她的舌头。历史上强大的实体大多以更微妙的方式（但有时不是）让无数经历过性暴力、虐待和骚扰的女性保持沉默。在《她说：打破性骚扰故事，帮助点燃一场运动》(*She Said: Breaking the Sexual Harassment Story That Helped Ignite a Movement*) 一书中，乔迪·坎托（Jodi Kantor）和梅根·特乌海（Megan Twohey）两位记者详细介绍了他们如何收集和报道知名人士的性骚扰和性虐待故事，其中包括颇具影响力的美国电影制片人（现已被定罪）性犯罪者哈维·温斯

坦。坎托和特乌海因为 2017 年在《纽约时报》发文揭露温斯坦的性骚扰和恐吓历史而荣获普利策新闻奖，这是推动 MeToo 运动的分水岭事件。[1] 他们 2019 年出版的书讲述的不只是一个连环性骚扰者，而是让他和无数其他人能够压制几代人无数求救呼声的体制。《她说》一书道出了这一普遍存在的压制呼声的现象。

除了揭露温斯坦及其数十年来对数十名女性（包括一线明星、有抱负的明星和他公司员工）的可怕滥用权力、性骚扰和侵犯行为外，坎托和特乌海还揭示了在其他记者试图发表这些指控材料和陈述时如何长年"遭受压制"。罗南·法罗（Ronan Farrow）同年出版的《追杀》(Catch and Kill) 也是涉及温斯坦和其他有权势人物的 MeToo 故事的新闻压制故事。指控者和记者都被系统性地通过合同、法律威胁、金钱和专业恐吓手段压制住了。在《她说》中，坎托和特乌海描述了"在文字的间隙"——停顿、信号、周围环境、所有被掩盖之谜团的碎片——为受害者发声并揭露保密和自满的文化。

对哈维·温斯坦的指控引发了针对有权势男性的不当性行为指控浪潮，最终演变成了 MeToo 运动。一种普遍的模式浮出水面：被告经常通过私人和解向公众隐瞒不当行为的指控，其中经常包括保密协议（NDAs）。温斯坦的前助理塞尔达·帕金斯（Zelda Perkins）在经历多年的性骚扰后与其达成和解近二十年后，她打破了保密协议。福克斯新闻前主持人格雷琴·卡尔森（Gretchen Carlson）也打破沉默，对该电视网前董事长兼首席执行官罗杰·艾尔斯（Roger Ailes）提起诉讼。2022 年，卡尔森和我联合了其他四位学者和活动人士，共同发表报告，呼吁拜登政府解决越来越多的

---

[1] Jodi Kantor and Megan Twohey, "Harvey Weinstein Paid Off Sexual Harassment Accusers for Decades," *New York Times*, October 5, 2017, https://www.nytimes.com/2017/10/05/us/harvey-weinstein-harassment-allegations.html.

雇主要求工人签署保密协议的问题。

这种压制声音的做法有助于解释性骚扰明显遭到低估而且难以调查的原因。平等就业机会委员会估计，70% 的受害者从未提出正式投诉，而那些提出正式投诉的人往往会遭到报复。利用数字连接，MeToo 运动要求幸存者不再保持沉默。这项运动延续至今，有力地证明了技术可以通过简化报告、追踪投诉历史以及集体揭露长期被压制的不当行为，在满足我们对个人和企业加强问责的要求方面发挥关键作用。

众包变革

在全球行动主义框架内，数字连接对于最近的社会正义运动至关重要。社交媒体是基层行动主义和政策改革之间的桥梁。特别是对于女权主义和种族正义运动来说，数字访问的意义是无价的。MeToo 运动通过互联网和社交媒体上的著名标签获得了动力，该标签现已成为该事业的代名词。"黑人的命也是命"（the Black Lives Matter movement）运动以及其他许多运动也是如此。

在社交媒体的早期，男性人数多于女性，但是现在女性人数超过了男性。这种比例的改变使我们习惯的叙述也随之改变：更多的女性和其他历史上没有得到充分代表的群体通过 #MeToo、#TimesUp、#HeForShe、#OscarsSoWhite 等主题标签发声、联系和分享她们的成就、倡议、故事和担忧和 #BLM，拥有 36 亿社交媒体用户的世界就越有动力带来变革。当然，要带来改变，仅仅靠社交媒体上的主题标签是不够的。在线连接可以成为实施有意义的改革的第一步。为了实现变革，我们需要更多（而不是更少）民主化的数字访问。梅琳达·法兰西·盖茨（Melinda French Gates）和马云共同主持完成的 2019 年联合国的一份报告警告说，世界上过半人口无法真正接触互联网，而这些人正是被边缘化的人群：妇女、老年人、残疾人、土著人。[1]移动接入和使用在全球范围内仍然不平等。在低收入和中等收入国家，女性拥有手机的可能性比男性低15%，使用手机上网的女性人数比男性少2.34亿。特别是在发展中国家，女性根本没有机会平等进入数字世界，也没有机会平等发展自己的数字技能。女性对家庭数字设备、账户设置和在线身份（如果有的话）的控制权较少。[2]联合国近年发表的另一份报告指出，"在技术前沿存在着一条鸿沟"。[3]为了有更多机会组织和参与这些在线社会正义运动，我们必须确保每个人在数字领域都有一席之地。

数字连接的规模和公平参与使我们能够更好地了解不平等的根源。对于那些希望利用自己以前未变现的才能和能力的个人来说，数字访问也可以产生巨大的积极影响。技术从来不是万能的。但是无论怎样，互联网都是世界上最大的连接器、教育者、销售者、信息聚合者和扩音器。印刷机是有史以来最伟大的发明和促进社会平等的因素之一。这是一项突破性的科技，推动进步，促进知识的民主化。不断增长的互联互通让自由成为可能，也实现了控制和监督。尽管如此，数字设计干预措施能够为我们缓解个人自由和监管干预之间存在的紧张关系。技术进步的权利应由人人共享，人人受益。

在世界各地，活动人士越来越多地策略性地使用社交媒体。例如，贾斯米恩·帕特雅（Jasmeen Patheja）创立的 Blank Noise 是个

[1] *The Age of Digital Interdependence: Report of the UN Secretary-General's High-Level Panel on Digital Cooperation*（New York: United Nations, 2019），11—12, https://digitallibrary.un.org/record/3865925.

[2] *GSMA Connected Women: The Mobile Gender Gap Report 2021*（London: GSM Association, 2021），6—7, https://www.gsma.com/r/wp-content/uploads/2021/06/The-Mobile-Gender-Gap-Report-2021.pdf.

[3] *I'd Blush If I Could: Closing Gender Divides in Digital Skills Through Education*（Paris: UNESCO and EQUALS Skills Coalition, 2019），15, https://unesdoc.unesco.org/ark:/48223/pf0000367416.

旨在应对印度街头骚扰和性暴力的社区项目。其实体和数字艺术展示，以及在社交媒体上发表的"这从来不是我想要的"（I Never Ask for It）倡议，鼓励女性寄去她们在经历性暴力时所穿的衣服并且讲述他们的经历。该倡议的目标是揭露，无论穿什么类型的衣服，女性都会受到骚扰和袭击，并与在印度和其他世界各地普遍存在的指责受害者的文化作斗争。其他在线论坛，例如Facebook页面"停止性侵"（Abuse No More）提供的空间，允许人们通过鼓励和促进成员之间的沟通来揭露女性面临的问题。这些论坛在性侵幸存者中营造了一种社区意识，鼓励更多幸存者站出来，加强对施虐者的问责。

活动人士通过活动、广告、标签、博客、剪辑、GIF、分享、点赞和传播，在大大小小的在线平台上迅速传播。现代互联网激进主义结合了愤怒、道德、激情和幽默等各种元素。MeToo运动展示了主题标签如何产生故事和支持的滚雪球效应，并迅速成为一项全球运动。为了团结一致，联合国妇女署的#HeForShe运动吸引了全球数十亿用户支持促进性别平等。在美国，由拥有300万会员的Facebook群组Pantsuit Nation发起的华盛顿妇女大游行，成为史上最大规模的全球协调公共活动。

"黑人的命也是命"及其标签#BLM同样将人们聚集在一起，在在线活动的支持下组织抗议活动并呼吁改革。2020年5月，一位市民拍摄的乔治·弗洛伊德遇害的视频在社交媒体上传播，引发愤怒，数千万美国人走上街头抗议。弗洛伊德死后一个月，使用社交媒体的美国人中有37%表示发布或分享了有关种族或种族平等的内容。[1]借助数字连接，领导这场运动的组织者能够接触并吸

---

[1] Kim Parker, Juliana Menasce Horowitz, and Monica Anderson, "Amid Protests, Majorities Across Racial and Ethnic Groups Express Support for the Black Lives Matter Movement," Pew Research Center, June 12, 2020, https://www.pewresearch.org/social-trends/2020/06/12/amid-protests-majorities-across-racial-and-ethnic-groups-express-support-for-the-black-lives-matter-movement.

引全球各地的民众。标签运动以前所未有的方式和规模帮助提高了公众对平等挑战的关注。重要的是，在线活动只是动员社区的第一步。为了实现可持续变革，我们需要分配资源，呼吁系统性政策改革，在所有部门实施符合道德的变革，并监督有意义的再分配正义。这一切都不是一朝一夕就能实现的，但是数字访问和连接帮助我们推动、比较、学习和监控进展。

挑战保密文化

数字世界创建并连接了世界各地倡导变革的工人社区。coworker.org 是一个全球平台，旨在为员工提供组织和发起活动以改善工作场所的空间。该网站上的原因和请愿书范围广泛，从小的变化（例如在休息室里放置咖啡机）到更大的问题（例如劳工骚乱）。该网站最近通过请愿活动成功推动星巴克雇员将最低工资提高到每小时 15 美元，并且要求 NBCUniversal 向移民工人支付缝制 T 恤的全额工资。[1] 该论坛不仅展示了一些员工为了共同的事业团结在一起而拥有的力量，也展示了拥有在线论坛以允许团体动员起来的重要性。

技术可以帮助员工以更安全、更方便的方式报告经历并解决申诉，但推动变革的运动只能与人类领导相结合。在首例 MeToo 事件曝光后，加利福尼亚州、纽约州和其他几个州颁布法律，禁止在性骚扰和解协议中加入保密条款。法律限制保密性会改变我们在网上看到的信息。新的研究表明，在 Glassdoor 上，加利福尼亚州和纽约州等更严格限制保密协议的州的员工给予一星评价的可能性高出 16%，撰写关于在公司工作的"缺点"的文章的可能性高出

---

[1] "Successful Campaigns," Coworker.org, last accessed January 3, 2022, https://www.coworker.org/petitions/successful.

8%，并且讨论职场骚扰问题的频率增加22%。[1]

还有其他举措的目的是为骚扰举报建立保密举报热线，并要求上市公司披露与骚扰相关的和解协议。2018年11月，谷歌在全球范围内有20 000名员工罢工，抗议的焦点是要求终止对性别歧视和性侵犯案件的强制仲裁。据罢工组织者之一阿米尔·加伯称，这次活动仅用了三天时间就完成了，这样的壮举如果没有网络是完成不了的。此次罢工促使Google、Facebook、Airbnb、eBay和Square宣布，它们将结束对性骚扰案件的强制仲裁和保密。

访问作为职场信息中心的在线平台，对保密文化的挑战已经达到前所未有的地步。韩国在线平台Blind就是这样的一个例子。2013年，它最初是韩国科技巨头Naver员工讨论工作场所问题的匿名论坛。现在，超过2 000家美国科技公司的员工使用该应用程序，其中包括40 000名微软员工、20 000名亚马逊员工和10 000名谷歌员工。[2]Blind联合创始人宋克·文（Sunguk Moon）在Naver关闭其匿名聊天板后启动了该应用程序，因为员工开始讨论企业文化、工作场所不平等和骚扰等关键和敏感问题。宋克·文现在表示，员工通过Blind收到有关骚扰和其他问题的信息比通过媒体报道更快。2018年，Blind推出了MeToo频道，员工可以匿名提交他们在工作场所性骚扰、性别歧视、工资差距和歧视的经历。

网络评论是公司纪律的重要来源，事实证明公司可以改进应对负面评论的做法。2021年的一项研究发现，在接受网络评论后，

[1] Jason Sockin, Aaron Sojourner, and Evan Starr, "Non-Disclosure Agreements and Externalities from Silence," working paper, August 30, 2021, https://papers.ssrn.com/sol3/papers.cfm?abstract_id=3900285.
[2] Queenie Wong, "Meet the CEO Behind Blind, an Anonymous Chat App That Has Tech Workers Talking," SiliconValley.com, January 25, 2018, https://www.siliconvalley.com/2018/01/25/meet-the-ceo-behind-blind-an-anonymous-chatapp-that-has-tech-workers-talking.

公司改善了其职场实践，以员工关系和多样性方面的企业社会责任得分来衡量。[1] 在接受评论后，公司还增加了有关职场实践的披露。

Blind 并不是唯一一家为员工提供联系和分享职场信息渠道的公司。Spot 是 2018 年推出的网络平台，利用人工智能对指控歧视和骚扰的员工进行访谈。Spot 聊天机器人被设计为中立、不带偏见且冷静的——一个不会提出引导性问题的倾听者。Spot 24/7 全天候提供服务，如果女性（或任何人，无论二元还是非二元）受到老板或同事的骚扰，她可以与机器人聊天，而不必等待几天、几周或几个月与人力资源部门谈话。整个对话都会被记录、加盖时间戳并加密；举报人可以选择是否提交或仅接收带时间戳的报告，以确保她在将来选择提出投诉时拥有举报记录。雇主可以挖掘数据，机器人可以使用这些数据来检测模式。Spot 的联合创始人朱莉娅·肖是伦敦大学学院的心理学家和记忆科学家，她在法庭上研究错误记忆时萌生了 Spot 的想法。[2] Shaw 设想了一种更直接的方式来记录和证明人们经历了什么以及何时经历过某事。职场经历相关的数字记录提供了此类文档，反过来又增强了员工畅所欲言和倡导变革的能力。

MeToo 运动中出现的新应用程序，如 Spot、Vault、tEQuitable、Riskcovery、AllVoices、STOPit、Workshield 和 Speakly 等，为员工提供带时间戳、匿名和机密的举报系统，关于他们的骚扰经历他们可以在其中提供详细信息。员工可以在分享举报材料之前私下记录

[1] Svenja Dube and Chenqi Zu, "The Disciplinary Effect of Social Media: Evidence from Firms' Responses to Glassdoor Reviews," *Journal of Accounting Research* 59, no. 5（December 2021）: 1783.

[2] Victoria Turk, "This Bot for Workplace Harassment Takes the Bias out of Reporting," *Wired*（UK）, October 9, 2018, https://www.wired.co.uk/article/julia-shaw-spot-ai-workplace-harassment-reporting-startup.

正在进行的不当行为，使用信使功能举报不当行为，并在行为达到一定程度时将其举报升级为法律投诉。这些应用程序还承诺将通过应用程序提交的举报材料发送给公正的第三方审核员，由他们独立调查并迅速找到解决方案，从而防止雇主报复。一些应用程序还鼓励目击者见义勇为，举报所见证的不当行为。

但是，匿名是一把双刃剑：许多应用程序承诺对举报骚扰的人实行匿名，但同样的匿名可能会损害对已发生事件进行透明和可靠记录的努力。Vault 是新的举报应用程序之一，它认识到曝光惯犯的重要性。其 GoTogether 功能使员工只有在该应用程序有以前对同一违法者的投诉记录时才可以选择提交举报材料。这种界面设计与博弈论相呼应：如果你一个人参与举报游戏，风险就大，收益就小；但是如果更多人参与，则大家都是赢家，以人多力量大，联合起来发起投诉。Vault 指出，在这些情况下，女性使用该平台举报的可能性是通过其他渠道进行举报的数量的八倍，即使其他渠道承诺匿名。

另一家企业 Riskcovery 使用人工智能来筛选公司文档、聊天记录、电子邮件、互联网文章或与特定问题（例如性骚扰）相关的任何其他内容。该算法使用概念和关键字发现模式和趋势，并生成可能表明错误行为的排序文档。例如，Riskcovery 的一个企业客户收到了一名前雇员的投诉，声称她受到了主管的骚扰。该员工举报说，主管会随时通过电子邮件和短信要求她以与工作无关的原因与他见面。还有指控称，该主管使用不恰当的语言，告诉员工如果答应了他的要求，就会得到升职加薪。在不到三个小时的时间里，Riskcovery 收集了 37.4 GB 的短信，并将其与性骚扰分类法进行比较，其中包括描述不当行为模式的示例文本和概念。分类比较返回了 893 份表明潜在性骚扰的文件。该公司收到了一份举报材料，重点介绍了经理与前员工进行不当对话的具体情况，例如讲荤段子、挑逗以及对员工作出不符合职场要求的描述。该举报材料还揭露了该主管与其他没有站出来举报的员工之间存在其他不当对话。一周之内，该主管被解雇，公司与该前雇员达成和解。

红色代码

在当今日益数字化的职场中，许多雇主正在放弃远程、外包的报告热线，转而使用应用程序来鼓励安全、高效的报告和易于获取有关骚扰、偏见和歧视等问题的数据。MeToo 推出了许多新的初创企业，旨在为公司提供此类技术。这些企业都成立不久，还缺乏成功的记录。通过采用这些平台，雇主向员工传达了这样的信息：他们希望听到这些事件，并致力于创造安全的环境来表达此类担忧。通过保留数字踪迹，如果记者可以访问这些数字记录，这些类型的平台还可以成为记者和监管机构寻求开发有关公司更全面故事的重要工具。但是，我们还需要提供证据证明这些应用的相对功效、风险和可能的无意伤害（例如排挤其他更传统的预防模式）。

MeToo 运动的最终目标不仅是发现和惩罚骚扰，而且在骚扰发生之前就加以预防。我们希望改变我们的行为和规范，以彻底消除骚扰文化。事实证明，传统的性骚扰培训对于防止骚扰的发生基本无效。人工智能可以帮助我们教会新的行为和互动吗？骚扰举报的出现，意味着阻止骚扰的发生为时已晚。为此，人们正在开发MeToo 机器人，利用人工智能在潜在的骚扰发生之前提前检测到它。就像我们设想的全天候可用的同工同酬"卷尺"一样，新算法正在学习识别经常导致骚扰的行为模式。

一些应用程序甚至允许雇主在聘用应聘者之前就标记应聘者，因为他们在受聘后有可能从事性骚扰、工作场所暴力和其他有毒行为。这种评估是基于公共在线内容。当然，我们需要谨慎使用此类技术，在监控和侵入性的（或有偏见的）过度标记之间保持良好的平衡。这种识别潜在犯罪者或有犯罪风险的人的能力可能会变得相当准确，但是从规范上讲，我们希望对人们进行筛查，以检查他们的所作所为，而非检查尚未在任何实际不当行为中表现出来的人格特征。Advanced Discovery、Nex、Botler、AwareHQ 和 Emtrain（仅举几例）等公司提供早期预警——"烟雾探测器"人工智能——分析可能导致性骚扰的行为模式。这些人工智能工具交叉引用了数千份与骚扰相关的法律文件和投诉材料，使用自然语言处理扫描在线对话，以预测用户的体验是否可能违法。人工智能机器人分析语音模式、附件和发送消息的时间，跟踪员工通信，标记潜在问题的案例，并将其发送给人工调查。将这些机器人视为垃圾邮件过滤器，它们已经存在了更长时间，并且在清除未经请求的电子邮件方面非常有效。

开发这些技术的公司声称，用于监控员工沟通的人工智能可以检测到 75% 的工作场所骚扰，而这些骚扰通常不会被发现。自动检测可以消除受害者向上级报告虐待行为的需要，并避免报告骚扰时经常出现的恐吓、恐惧和报复威胁。这个想法是检查员工之间的在线互动，并根据光谱对员工行为进行分类。例如，颜色图的范围从绿色（可接受的规范性交流）到红色（对职场产生负面影响并造成有毒环境的反复行为）；对于无意识的负面行为，黄色将略高于绿色，而对于有意识的有毒行为，则标记为橙色。

但是，误报的后果是什么？人类雇主何时介入？与许多自动化系统一样，为了有效且符合道德，MeToo 机器人仍然需要人为干预。通常，当机器人识别出不当沟通或橙色警报时，它会提醒人力资源经理或者公司法律顾问。这时预防仍然依赖人类的决策来做出正确的选择，而非掩盖不良行为。

这些技术实验也是有希望的。但是，我们需要更多地了解它们相对于其他预防方法的表现。我曾研究了十几家此类新企业，发现很少有具体报告清楚包含了有关功效和影响的数据。人工挖掘在解决通信的微妙之处和细微差别方面的能力仍然有限，但是我们完全可以预期这种能力会随着时间的推移而提高。具有性暗示的交流在很大程度上取决于背景环境和交流人员的过去经历和关系。当然，准确性的风险很高。对不属于骚扰的言论作出预警，可能会产生寒蝉效应，导致员工因完全适当的沟通而错误地遭受调查。我们可能会犯错误，出现误报，然后启动调查；或者出现误报，只要有一丝疑问就按兵不动。我们也可以采用中间立场设计：人工智能聊天机器人可以警告员工不要发布、发送电子邮件或说出可能有问题的内容，而无需提醒主管注意该言论。每个方案都是有代价的，我们所划的任何界限都以我们自己的世界观以及我们决定如何缓解所珍视的社会价值观之间的紧张关系为指导。特别是，误报的模式可以针对不遵守"主流"言论规范的工人群体，例如年长工人或来自不同文化或社会经济背景的工人。

就像每一项观察和跟踪我们的技术一样，我们正在谨慎行事：持续的监控可以净化充满敌意的职场，但也可能会抑制言论并侵犯隐私，从而创建很容易过度侵入的数字监控系统。这种程度的监控可能会让我们犹豫不决。正如法学教授维姬·舒尔茨（Vicki Schultz）所说的那样，我们不希望工作场所变得如此净化，或者类似奥威尔式所描述的那样，以至于我们的自主权和代理权被剥夺到只剩下数字和警告。乔治·奥威尔（George Orwell）在 1984 年写道："除了头骨内的几立方厘米之外，没有任何东西是属于你自己的。"但是，即使是我们头骨内的那几立方厘米，现在也是可读的。我们必须认识到，我们的目标常常是相互冲突的——防止骚扰可能意味着失去隐私和一定的言论自由。情况一直如此，但是技术可能会改变这些权衡的成本和收益。挑战与机遇是设想如何利用技术，在允许检测的同时保护隐私。解决该难题的关键在于公共机构与充满活力的私营部门合作，调查这些企业的功效、鼓励实验、要求透明度，并报告其使用情况和影响，确保更多的最佳实践能够从这些技术进步中脱颖而出。

工作之外的安全

在职场之外，应用程序开发人员试图使用与上述相同类型的系统来鼓励举报性暴力。SafePal 通过移动应用程序和门户网站，充当朋友，可以不加判断地与性暴力受害者交谈并为其提供支持。该应用程序首先启动对话，告诉受害者为什么以及如何报告不当性行为实例，从而帮助受害者。该应用程序还使用健康中心和其他服务提供商的数据库，允许用户通过各种民间社会组织获得即时医疗援助、社会心理支持和法律援助。该应用程序的独特之处在于，它具有允许用户代表朋友举报性暴力的功能。SafePal 应用程序的开发者之一努拉·谢里夫·南图梅解释说，有时性暴力受害者不敢揭发自己受到的创伤，但是其他了解此类犯罪行为的人可以更放心地为他们揭发此事。该公司致力于降低弱势群体访问该程序的难度。SafePal 应用程序的联合开发者伊曼纽尔·卡泰雷加表示，与联合国儿童基金会的潜在合作伙伴关系可以让该程序在"数字鼓"（digital drums）上运行，即部署在社区环境中并用于在低连接区域分发信息的太阳能充电计算机。[1] 其他像泰国的聊天机器人 Sis Bot 这样的举措，通过私信程序为骚扰受害者提供 24/7 的服务，通过告知受害者如何向警方举报事件、保存证据和访问其他资源来对受害者作出回应。HarassMap 是一款为了应对埃及的性骚扰而为女性开发的应用程序，而在 2005 年启动的 Hollaback! 目的是应对

---

[1] Reach a Hand, Uganda, "Meet Safepal: An App Designed by Young Ugandans," *Girls' Globe*, September 4, 2017, https://www.girlsglobe.org/2017/09/04/meet-safepal-innovative-app-designed-young-ugandans.

公共场所的性别骚扰，通过使用交互式地图和论坛来识别性骚扰。Callisto 是大学专用的替代方案，允许学生举报大学校园内的性侵犯者。

性暴力、骚扰、跟踪、歧视和物化的历史与作为施暴者的男性、作为受害者的女性有着千丝万缕的联系。这段历史及其背后的现实使得我们有必要研究新技术能力如何对男性和女性产生不同的影响。人工智能旨在解决安全方面的性别差异，为女性创造更安全、更私密和更自由的空间，让她们以更低的风险参与生活。从电力、电话到 GPS 追踪器，科技帮助女性夺回了夜晚。还有很多事情可以实现。例如，夜晚独自回家的女性可以让机器人伴侣或无人机出来接她。这些技术已经在开发中。在印度，执法部门引进了具有夜视能力的无人侦察机，以监控高风险地区的性暴力行为。儿童福利和防止虐待方面的工作也取得了类似的进展。

与此同时，数字技术滥用的风险是非常可能发生的。《纽约时报》记者内莉·鲍尔斯（Nellie Bowles）撰写了一篇文章，揭露数字技术的滥用者如何控制、跟踪和伤害受害者。[1] 在三十多次采访中，受害者描述了数字技术滥用者尽管并不在家中，也可以使用技术骚扰、控制和监视他们的情况。数字技术滥用者可以通过联网的手机应用程序打开和关闭受害者家中的空调、更换数字锁、按门铃或播放音乐。智能家居技术相对便宜，通常由家庭伴侣所安装。许多受害者表示，他们自己的智能手机上没有安装所有应用程序，也不知道如何从账户中删除施虐者。这些都是极其严重的风险，因此建造平等机器不仅意味着让所有人都能获得技术进步并从中受益，而且还要追究滥用者的责任。我们已经看到了如何利用雇佣关系中

---

[1] Nellie Bowles, "Thermostats, Locks and Lights: Digital Tools of Domestic Abuse," *New York Times*, June 24, 2018.

的技术来防止歧视和骚扰。在家庭关系中，我们也有这样的潜力，但是仅靠技术手段无法扭转几个世纪以来的从属关系。我们需要向世界各地的女性赋权，确保她们得到良好的教育、工作、信贷和数字资源。我们必须采取更多措施利用技术来检测线上和线下的数字技术滥用情况。

数字设计的见义勇为者

骚扰可以像机器一样高效运转。当我们想到互联网的巨大影响力时，现实可能令人望而生畏。当然，普通的性别歧视和种族主义随处可见，仇恨、厌女症、荡妇羞辱、复仇色情、恐吓、威胁、网络欺凌……这样的例子不胜枚举。所有这些形式的网络虐待都与抑郁和自杀有关。

妇女和少数族裔在网上常常遭遇网络暴徒，这些网络暴徒带有卑鄙、网络化的厌女症和种族主义思想。有组织的在线攻击之所以存在，只是为了维持现状，而女性——尤其是有色人种女性、酷儿（queer）女性和跨性别女性——更容易受到在线骚扰。在2014年开始的"Gamergate"争议中，包括游戏设计师佐伊·奎恩在内的一群女性和非二元性别游戏玩家遭到"人肉搜索"，受害者的私密信息，例如家庭住址、电话号码、信用卡信息或亲戚的个人信息被发布在网络上。这些游戏玩家在批评男性主导的游戏文化后，收到了仇恨邮件、强奸威胁和死亡威胁。网络骚扰，即使作为最初的争议话题，也与性欲无关。相反，它几乎总是转向身份领域，包括使用性别歧视和种族主义的言论和图像。

我们开始使用人工智能来更好地了解此类在线骚扰模式的前兆和动态。人工智能研究员卡罗琳·辛德斯投入了大量时间和精力来打击网络滥用行为。她的目标是回答我们如何创建她所谓的情感数据集的问题。每份有关骚扰的举报材料都是个数据点。但更重要的是，它也是某人的经历——通常是种创伤性的或改变生活的经历。辛德斯想要了解如何将某人的痛苦经历转化为数据。她建议我们需要建造一台有监督的机器（supervised machine），通过查看已经发生的实例和之前发生的事情来学习研究人肉搜索的方法——涉及的人员和人数、他们使用的平台、他们参与的互动类型以及他们采用的言辞和时机，等等。社会学教授特蕾西·麦克米兰·科顿（Tressie McMillan Cottom）很好地总结了这一需求："如果有一个有组织的愤怒机器，我们就需要一个有组织的回应。当他们在网站上写下关于你的文章或发布你的地址或其他东西时，可能已经太晚了。"[1]"有组织的愤怒机器"可能很难被发现；它通常要经过使用多年的论坛、撰写文章才能成为现实，甚至我们发现的也可能只是"冰山一角"。当大多数人甚至都不知道互联网上那些黑暗角落的存在，就更不用说冒险涉足其中时其影响是非常广泛的。

　　网络欺凌的算法检测仍然是新事物，而且相对不可靠；用于训练机器的数据影响还不够深远。程序员通常会输入典型的骚扰单词或短语，但是如果没有完全掌握语境，就可能会给有趣友好的交流贴上错误的标签。算法检测需要密切监控和分析对话，这也会在一定程度上威胁用户的隐私。研究人员正在不知疲倦地努力破解自动网络欺凌检测技术的机理，但是目前的人工智能技术能力还不足以区分语境。随着技术的进步，下列政策问题也必须得到解答：我们检测到风险后如何处理？网络平台需要承担何种责任？执法部门的作用是什么？我们如何在线上的平等与言论、安全与隐私之间取得最佳平衡？这些都是难题。当我向在线平台咨询其内容审核政策时，我非常真切地感受到了这些挑战的深度。由于政府监管的缺

[1] Chris Quintana, "'If There's an Organized Outrage Machine, We Need an Organized Response,'" *Chronicle of Higher Education*, July 18, 2017, https://www.chronicle.com/article/if-theres-an-organized-outrage-machine-we-need-an-organized-response/.

失，这些关键问题的大部分都交给了私人市场来处理。但是，考虑到存在规范性的挑战，我们绝不能放弃潜在的承诺：技术越准确，它就越能有效地帮助我们以知情和一致的方式制定如此严格的政策路线。

事后算法数字检测的一种有前途的替代方案是弥补现有技术的短板，利用数字设计引导人们行为得体。只有三分之一的美国人在目睹网络骚扰时能够挺身而出。面对网络欺凌，很少有旁观者出来干预，尽管干预肯定是有效的。可悲的是，这种模式反映了物理世界同样存在的现实，即真正成为好撒玛利亚人的只是极少数。然而，干预可以帮助受害者减少孤独感，并且通常可以在事情进一步恶化之前吓阻施暴者。我们如何利用人工智能主动应对网络骚扰？

我和我的同事尤瓦尔·费尔德曼（Yuval Feldman）研究了问责设计和激励亲社会（prosocial）行为*的线索，例如什么样的激励措施会增加举报企业腐败的可能性。正如我们已经在所有旨在应对职场文化的新应用程序中看到的那样，在福柯式的世界中，人们知道自己是在"鱼缸里"行动时，更有可能采取负责任的行为，因为他们知道自己处在被观察的状态。同样，这对于我们的自治和代理来说既有用又有问题——对于如何平衡安全和隐私、平等和言论自由、权利和自由，不同的民主社会之间可能存在合理差异。但是，技术可以通过为持续存在的问题提供更广泛的解决方案来推动这一进程。例如，数字设计不仅可以吓阻肇事者的行为，还可以增加问责线索，以激励个人道德行为和旁观者干预等亲社会行为。

在 Twitter 上的一项实验中，研究人员让机器人发送消息，提

---

* 亲社会行为，又译利社会行为，是指个体在社会活动中的亲和、助人行为，如同情、分享、协助、自我牺牲等。——译者注

醒在线骚扰者他们的行为是有害的。[1] 机器人遇到推文中使用的种族诽谤时，回复骚扰者："嘿，兄弟，请记住，当你采用这种语言骚扰，会有真实生活中的人受到伤害。"该实验使用具有白人和黑人特征（即姓名和头像）的机器人来模拟粉丝数量不同的白人和黑人 Twitter 用户。研究结果是符合预测的但是值得一提：拥有更多粉丝的白色机器人对骚扰者的影响最大。换句话说，受到"群体内"中的网红（influencer）的斥责更有可能减少骚扰者的种族诽谤。考虑一下其中的含义：我们可以使用机器人网红来阻止骚扰者吗？社交媒体上的人类网红和机器人网红的相对优势是什么，其作用是减少骚扰行为并引导道德沟通？关于社会动态和行为，技术还能教会我们什么？我们如何设计嵌入这些新见解的论坛？

在另一项针对在线论坛的研究中，研究人员使用名为 EatSnapLove 的定制化社交媒体平台开展实验。该平台是专门用于分享、点赞和对食物图片作出反应的社交网络——你也可以称之为一款专门针对食物的 Instagram。与其他社交网络一样，EatSnapLove 参与者通过注册账户和创建个人资料开始实验。然后，他们可以滚动浏览帖子提要，并对所看到的内容进行点赞、回复或标记警报（flag）。参与者还创建了帖子，机器人以预先编程的反应进行回应。在这个实验中，性别是个人责任的重要预测因素。女性表示，当她们目睹网络欺凌时，她们感觉更有责任帮助他人。与男性相比，她们也更有可能标记有问题的帖子或评论。

这个结果与我对举报人行为的研究是一致的：在一系列实验中，费尔德曼和我发现，女性和男性举报腐败和非法行为的可能性

---

[1] Kevin Munger, "Tweetment Effects on the Tweeted: Experimentally Reducing Racist Harassment," *Political Behavior* 39, no. 3（2017）: 629.

存在性别差异。有了这些见解，女性甚至开始宣传和赞扬彼此勇敢的举报倾向。Womenwhistleblowers.com 网站旨在提供女性与职场问题作斗争的故事和例子，这些女性往往以牺牲自己的职业、个人生活甚至安全为代价。该网站的创建者希望它能为其他遇到问题并考虑大声疾呼的女性提供资源。

研究亲社会行为的人绝不只有我和费尔德曼。研究人员正在利用数字论坛来更好地了解人们从旁观者转变为见义勇为者的可能性有多大。在一项对照实验中，平台告诉观众有多少人目睹了正在发生的欺凌行为。旁观者收到通知后更有可能出面干预，可见这项设计确实有助于增进亲社会行为和数字问责。[1] 在另一项实验中，当旁观者的名字以红色而非黑色文本显示或他们的网络摄像头被打开时，旁观者会感到更有责任感。[2] 在这些强化问责制的环境中，实际上人们不仅更有可能直接干预网络欺凌，而且还有可能举报不当行为。匿名会滋生被动，而增加曝光度的效果则相反。

有同理心的机器人

格洛丽亚·斯泰纳姆（Gloria Steinem）曾经说过，同理心是人类最根本的情感。在线交流即将恶化时，是否可以更早地改变内心和想法呢？我们可以利用人工智能让人们更有同理心，这个激进的想法怎么样？同理心和关怀可以通过经验习得。几年前，我的大女

[1] Dominic DiFranzo, Samuel Hardman Taylor, Franccesca Kazerooni, Olivia D. Wherry, and Natalya N. Bazarova, "Upstanding by Design: Bystander Intervention in Cyberbullying," in *CHI'18: Proceedings of the 2018 CHI Conference on Human Factors in Computing Systems*（New York: Association for Computing Machinery, 2018）, 1.
[2] Marco van Bommel, Jan-Willem van Prooijen, Henk Elffers, and Paul A. M. Van Lange, "Be Aware to Care: Public Self-Awareness Leads to a Reversal of the Bystander Effect," *Journal of Experimental Social Psychology* 48, no. 4（July 2012）: 926.

儿丹妮尔开始在斯坦福大学学习人工智能和神经科学，她高中毕业时带了一枚鸡蛋回家。这是大家熟悉的性教育项目，旨在让学生感受为人父母的责任。但是，我至今仍想知道其他家庭是否也经历过和我一样的难题。丹妮尔的老师说，他们可以在一周结束后把鸡蛋扔掉，但是丹妮尔觉得把她的鸡蛋宝宝（她给它命名为 Evie）扔进垃圾桶感到不舒服。我的其他家人也有类似的恐惧。我们拿出一个有盖的旧水晶罐，把鸡蛋放进去。从那时起它就一直在那里。丹妮尔对她的蛋宝宝所怀有的同理心，就是可以通过学习获得同理心的例证。

模拟可以成为有价值的老师，传授洞察力并帮助人们从现实生活中可能从未经历过的情况中学习，特别是在工作和教育背景下。工作场所和学校已经定期举办宽容、多样性和反骚扰计划。我参与过许多关于工作场所强制多元化培训有效性的讨论，其结果好坏参半。今天，我们拥有了可以升级体验并更好地帮助我们实现共同目标的新工具。

近年来，虚拟仿真技术取得了长足的进步。虚拟现实（VR）技术使用可穿戴设备和机器学习，将现实世界的体验与虚拟环境相结合，并在培养同理心方面显示出了前景。在一篇题为《身体的变化可以改变思想：拥有另一个身体会影响社会认知》的文章中，心理学教授劳拉·梅斯特（Lara Maister）和她的同事设计了实验，让参与者使用虚拟现实技术体验到与自己不同的性别、年龄和种族。[1] 至少在实验结束后，这种经历减少了对其他群体的隐性偏见。该研究描述的过程是，自我关联发生在物理、身体领域，以至于身体的转换，即便是虚拟性的，也会对"他人"产生积极的变化

[1] Lara Maister, Mel Slater, Maria v. Sanchez-Vives, and Manos Tsakiris, "Changing Bodies Changes Minds: Owning Another Body Affects Social Cognition," *Trends in Cognitive Sciences* 19, no. 1（January 2015）: 6.

和反应。

　　同样，斯坦福大学心理学教授杰里米·贝伦森（Jeremy Bailenson）发现虚拟现实可以增强我们的共情能力。在一项研究中，贝伦森将大学年龄的用户置于老年化身中，发现具身化的视角会增加对老年人的积极评价。在另一项实验中，贝伦森的受试者体验了成为一头牛的虚拟现实："你走到水槽边，低下头假装喝水。你缓步走到干草堆前，低下头假装在吃干草。当你从一个地方走到另一个地方时，你实际上会看到你的牛被牛棒轻轻地戳了一下，而你的胸部也感觉有一根棍子在你身边轻轻戳了一下。"这次经历之后，他的受试者吃肉减少了。一位实验参与者解释说，"我真的感觉自己要去屠宰场……作为一头牛，我感到很难过，我快要死了。"[1] 在 Netflix 和 Sir 联合制作的时长六分钟的虚拟现实节目《追逐珊瑚》（Chasing Coral）中，大卫·阿滕伯勒（David Attenborough）同样利用体验式学习来敲响海洋环境危机的警钟，成功提高了人们的认识。另一种虚拟现实体验让人们体验难民营中年轻女孩的日常生活。据联合国称，向人们展示沉浸式视频后，向难民基金捐款的人数翻了一番。

　　此类虚拟现实体验越来越多地被用来解决种族、性别、LGBTQ+ 和社会经济偏见。在由斯坦福大学的贝伦森和哥伦比亚大学社工学院的考特尼·特格本（Courtney Cogburn）设计的名为 1000 Cut Journey 的项目中，用户从经历种族轻微侵犯的黑人迈克尔·斯特林（Michael Sterling）的角度体验生活。在由斯坦福大学虚拟人类交互实验室设计的研究项目——"成为无家可归者"中，参与者通过沉浸式虚拟现实，体验那些再也买不起房的人的生活。

[1] Anne C. Mulkern, Climate Wire, "If You Know How a Cow Feels, Will You Eat Less Meat?," *Scientific American*, July 10, 2013, https://www.scientificamerican.com/article/if-you-know-how-cow-feels-will-you-eat-less-meat.

这项研究的内容描述："当你站在别人的立场上，面对资源日益减少的逆境时，与你的环境互动，试图拯救你的家园，保护你自己和你的财产。"研究人员观察了数千名参与者在这七分钟内的沉浸式体验，与其他类型的换位思考练习相比，虚拟现实体验对人类行为的改变更大，而且效果可持续数月。他们得出的结论是："虽然这七分钟的体验远远难以匹配无家可归者的沉重负担，但是研究人员不断发现虚拟现实体验可以成为帮助自己设身处地为他人着想的强大工具。"[1]

心理学家早就发现，与非暴力男性相比，对女性伴侣施暴的男性更难识别女性脸上的恐惧。[2]在一项研究中，虚拟现实模拟让家庭暴力的施暴者体验到遭受家庭暴力的感觉。与一般人群相比，受害人、[3]施暴者识别恐惧面孔的能力原本较低，但在这次经历后有所提高。参与虚拟现实沉浸式体验的罪犯不太可能将快乐的情绪状态错误地归因于流露出恐惧的面部表情。

北京为快科技公司 VeeR VR 开发了增强对 LGBTQ+ 人群的宽容和同理心的经验。该公司制作了两段视频，展示了 2018 年 5 月 17 日 "国际反同性恋恐惧症、变性恐惧症和双性恋恐惧症日"（International Day Against Homophobia, Transphobia, and Biphobia）与北京 LGBT 中心合作开展的实验结果。第一段视频的标题是《北京的自由拥抱》，展示了一名年轻女子穿着的衬衫上面写有中文 "我是同性恋"。该女子戴着眼罩，伸出双臂拥抱路人。虚拟

[1] "Becoming Homeless: A Human Experience," Virtual Human Interaction Lab, Stanford University, accessed January 4, 2022, https://stanfordvr.com/becominghomeless.
[2] S. Seinfeld et al., "Offenders Become the Victim in Virtual Reality: Impact of Changing Perspective in Domestic Violence," *Scientific Reports* 8（February 9, 2018）: 2692.
[3] Cristina Gonzalez-Liencres et al., "Being the Victim of Intimate Partner Violence in Virtual Reality: First-Versus Third-Person Perspective," *Frontiers in Psychology* 11（May 2020）: 820.

现实体验允许从女性或旁观者的角度观看视频。第二段视频的标题是《你能为我们拍张照片吗?》,两个年轻人穿着同样的衬衫,上面写着"我是同性恋",同样让观众从年轻人或旁观者的角度观看。

女权主义学者朱迪思·巴特勒(Judith Butler)描述了表演性(performativity)的概念:将身体视为"行为的风格化重复"(stylized repetition of acts),身体本身就是反映权力和身份的表演场所。[1]我们可以将虚拟现实视为一种破坏表演性并颠覆我们指定的脚本。当我们创建虚拟现实、人工现实和体外增强现实时,我们可以复制管理空间的仪式和规则。但是,我们也应该设想使用机器作为离身和再具身(disembody and reembody)的机会,改变空间、重力、自然法则、身体能力和身份,以重新配置我们长期以来的互动方式。虚拟现实技术还可以让性攻击性的角色扮演增加真实感,帮助女大学生抵制性侵。[2]

虚拟现实改变观点和行为的潜力无疑正在被用于新兴的性骚扰预防技术市场。Vantage Point 等新公司进行避免性骚扰培训,将员工置于性骚扰事件旁观者的情境中。参与者可以选择降级、举报或干预。员工们接着提出问题并讨论他们的观察结果。其想法是为员工提供真实的性骚扰可视化和体验,帮助员工更好地识别和防止职场性骚扰。和反性骚扰应用程序一样,与其他主流反性骚扰培训相比,关于虚拟现实培训有效性的研究仍然很少。最近的研究表明,虚拟现实交互使交互更加真实,能够引发情感和影响力的

[1] Judith Butler, "Performative Acts and Gender Constitution: An Essay in Phenomenology and Feminist Theory," *Theatre Journal* 40, no. 4(December 1988): 519.
[2] Ernest N. Jouriles, Anne Kleinsasser, David Rosenfield, and Renee McDonald, "Measuring Bystander Behavior to Prevent Sexual Violence: Moving Beyond Self Reports," *Psychology of Violence* 6, no. 1(January 2016): 73.

反应，克服了传统培训方法的障碍。[1]但是，这些研究大多数涉及参与者很少，并且没有跟踪此类培训对实际的职场环境的长期影响。

驱动虚拟体验的是两个突出的问题：如果我们能够通过他人的眼睛看到世界，世界将会怎样？更重要的是，如果虚拟现实能够将我们的人性意识延伸到每个人身上，是否能够引发社会的指数级变化？第一个问题似乎立即得到了积极的回答——人们越来越多地投入沉浸式体验中。但是，第二个问题是我们需要更多了解、研究和公开监测的问题。虚拟现实的力量在于它能够增强认知同理心（理解他人的痛苦）和情感同理心（承担他人的情绪）。我在这些经历中看到了希望。不可避免的是，随着大家竞相在线上营造沉浸式元宇宙体验，这些问题变得更加紧迫。我们需要参与其中，设想沉浸体验的积极效用，因为这些技术无论如何都会被构建，但是构建方式上可能根本不考虑平等和赋权。

这是我觉得鼓舞人心的沉浸式体验。国际团体 BeAnotherLab 正在领导一个体验直接身份交换的项目。BeAnotherLab 采用的方法被称为虚拟现实的身体转移幻觉（Body Transfer Illusion），它融合了神经心理学研究、故事叙述和虚拟具身技术，让两个不同性别的用户交换身体和视角。BeAnotherLab 的身体交换实验室希望促进相互尊重和对相互协议和性别暴力的深刻反思。例如，将此类项目中的优点整合到已经充斥市场的商业沉浸式体验中。

[1] Xueni Pan and Antonia F. D. C. Hamilton, "Why and How to Use Virtual Reality to Study Human Social Interaction: The Challenges of Exploring a New Research Landscape," *British Journal of Psychology* 109, no. 3（August 2018）: 395; Tabitha C. Peck, Sofia Seinfeld, Salvatore M. Aglioti, and Mel Slater, "Putting Yourself in the Skin of a Black Avatar Reduces Implicit Racial Bias," *Consciousness and Cognition* 22, no. 3（September 2013）: 779.

复仇色情和深度伪造

2017 年，《神奇女侠》电影系列的明星盖尔·加朵（Gal Gadot）震惊地发现，一段据称由她主演的色情电影的视频正在网络疯传。她从来没有制作过这个视频；使用机器学习算法，她的脸被移花接木到别人身上。《华尔街日报》在一篇有关复仇色情和深度伪造（利用机器学习在视频上创造幻觉的技术）的文章中指出，"眼见未必为实"。[1]

复仇色情利用未经同意的色情图像共享。这种现象包括深度伪造技术的高度破坏性使用，使人们看起来像是在他们从未参与过的情况下被拍照或拍摄。根据数据与社会研究所（the Data & Society Research Institute）的数据，二十五个美国人中有一个是复仇色情的受害者。[2]深度伪造技术正在日益优化。加朵的视频中存在明显缺陷，暴露了视频伪造的事实：她的嘴和眼睛与言语和动作不太匹配。制作加朵视频的黑客陈述自己是使用开源软件制作的。大型电影制片厂使用相同的技术，就像迪士尼在《侠盗一号》中以数字方式重建年轻的 Leia 公主一样。深度伪造技术越来越好用，性能也在优化，您即使不是好莱坞电影制片人，也可以使用这项技术。

民主化的创造力是一件好事——世界各地的人们正在创作幽默的模因和视频、社会和政治评论以及创意艺术。但是，深度伪造的

---

[1] Hilke Schellman, "Deepfake Videos Are Getting Real and That's a Problem," *Wall Street Journal*, October 15, 2018, https://www.wsj.com/articles/deepfake-videos-are-ruining-lives-is-democracy-next-1539595787.

[2] Amanda Lenhart, Michele Ybarra, and Myeshia Price-Feeney, *Nonconsensual Image Sharing: One in 25 Americans Has Been a Victim of "Revenge Porn"*（New York: Data & Society Research Institute, 2016）, https://datasociety.net/pubs/oh/Nonconsensual_Image_Sharing_2016.pdf.

阴险使用问题极其令人担忧。和盖尔·加朵一样，泰勒·斯威夫特
（Taylor Swift）和斯嘉丽·约翰逊（Scarlett Johansson）的深度伪造
材料也发布到了网上，但是受害者不只是名人。深度伪造还被用于
在政治上羞辱女性，因为她们不符合自己的性别角色或社区价值
观。印度记者拉娜·阿尤布（Rana Ayyub）的故事正在讲述。阿尤
布揭露印度教民族主义政治腐败，此后她成为深度伪造色情视频的
受害者，这反过来又导致阿尤布受到强奸和死亡威胁。[1]毫不奇
怪，90% 的复仇色情受害者是女性。

我们如何才能在鼓励新技术的创造力的同时遏制其被恶意使
用？我们可以对抗那些用来报复前任、物化女性、贬低、骚扰和勒
索的深度伪造吗？打击深度伪造色情内容的最有效方法是技术和政
策的结合。人工智能专家设想开发技术来检测虚假视频；学术界和
私营公司团队正在努力开发此类技术。一种方法是使用人工智能来
检测视频中的眨眼，这是一种在合成的假视频中显得不自然的生理
信号。肉眼可能无法察觉如此细微的差异，但是机器人可以。还有
一种方法是检测手势错位：加州大学伯克利分校研究人员设计了一
款算法，可以标记视频中的非人类手势。[2]这种检测方法曾经非
常成功，检测到深度伪造视频的准确率超过 90%，但是困难在于这
种与深度伪造技术的对抗是持续的：研究成果发布后，深度伪造算

［1］Rana Ayyub, "In India, Journalists Face Slut-Shaming and Rape Threats," *New York Times*, May 22, 2018, https://www.nytimes.com/2018/05/22/opinion/india-journalists-slut-shaming-rape.html; Rituparna Chatterjee, "'I Couldn't Talk or Sleep for Three Days': Journalist Rana Ayyub's Horrific Social Media Ordeal over Fake Tweet," Daily O, April 28, 2018, https://www.dailyo.in/variety/rana-ayyub-trolling-fake-tweet-social-media-harassment-hindutva/story/1/23733.html.
［2］Shruti Agarwal, Hany Farid, Tarek El-Gaaly, and Ser-Nam Lin, "Detecting Deep-Fake Videos from Appearance and Behavior," in *2020 IEEE International Workshop on Information Forensics and Security*（WIFS）（New York: IEEE, 2020）.

法也相应作了调整，将眨眼写入其代码中。

类似地，在人脸上，眼睛（字面意思）反射主体正在看的任何东西，并且这种反射在双眼中是对称的。深度伪造视频无法准确或一致地生成角膜中具有对称反射的视频。纽约州立大学布法罗分校的计算机科学家团队开发了一种算法，通过分析眼睛的光反射来检测深度伪造视频。据报道，这种方法在捕获深度伪造品方面的效率为94%，研究人员创建了一个"DeepFake-o-meter"，这是一个在线资源，可以帮助人们测试他们观看的视频是真实的还是（深度）伪造的。识别深度伪造的方法还包括检测细节的缺乏或不一致，或者眼睛、牙齿和面部轮廓周围的分辨率不一致。例如，深度伪造视频中经常会有畸形或多余牙齿。

与其他有害或有益的技术领域一样，技术向善的竞赛常常感觉像是一场打地鼠游戏。这场竞争非常激烈：虽然检测方法在不断改进，但是深度伪造技术也在不断改进。2020年，Facebook举办了一场检测深度伪造的人工智能竞赛。获胜算法仅在65%的时间内检测到深度伪造品。一些学者，包括性隐私领域的领军人物、法学教授丹妮尔·希特伦，对仅靠技术能否对抗深度伪造持怀疑态度。希特伦解释说，检测软件必须跟上深度伪造技术创新的步伐，才能证明技术的有效性，这注定了那些想要对抗深度伪造的人只能玩猫捉老鼠的游戏。希特伦警告说，与恶意软件、垃圾邮件和病毒作斗争的经验表明了这种竞赛的难度。她建议平台在允许发布视频之前必须强制使用检测程序。这就是政策可以利用技术实现系统问责的地方：希特伦主张制定政策，让在线服务提供商对侵犯性隐私的行为负责，并要求删除此类图像。

世界各地的人们将数十亿张照片上传到Google、Facebook和Instagram以及其他较小的平台。Facebook开发了一款人工智能工具用来检测并标记未经同意发布的色情图片和视频。该系统可在

Instagram 上检测"近乎裸体"的内容，这些内容会被标记并发送给人工审核员进行审核。[1] 人工智能不仅可以帮助识别亲密图像和视频是否在第一时间在各个平台上传播，还可以帮助确定视频是未经修改的原始视频还是伪造视频。采用"哈希化"（hashing）这一人工智能技术将数字足迹编码到文件中，可以让计算机快速发现重复项。PhotoDNA 是 Microsoft 公司开发的一款程序，它使用独特的"哈希值"来表示图像或视频，并将其与互联网上发布的其他复本进行比较。独特的哈希值就像数字签名一样运行，并将其数据从已知非法图像和视频文件的数据库中汇集起来。PhotoDNA 不仅可以检测和删除令人不安的图像，还可以识别儿童掠夺者（child predators）并营救潜在的受害者。

使用新技术帮助寻找虐待受害者是对抗潜在社会弊病的一项重要进展。ProjectVIC 是使用微软 PhotoDNA 定位受害者的组织之一，它已经能够通过跟踪来定位罪犯，例如，通过照片中的背景细节（例如当地植被或景观）来跟踪罪犯的地理位置。它还使用机器学习来预测数字文件中是否存在虐待儿童材料。2021 年，苹果公司宣布开始使用新软件阻止儿童性虐待材料（CSAM）的传播。这项新技术可以帮助苹果公司检测存储在 iCloud Photos 中的已知 CSAM 图像，并将这些实例报告给国家失踪和受虐儿童中心。苹果公司没有想到这激起了消费者和媒体的愤怒，他们声称扫描和监控照片库侵犯了个人隐私。公众的愤怒迫使苹果公司搁置了该计划。尽管如此，这种技术作为一种有力的工具，仍然可以用于解决一些最严重的社会问题，例如代表现代奴隶制的人口贩卖。

[1] James Vincent, "Facebook Promises New AI Tool Will Proactively Detect Revenge Porn," Verge, March 15, 2019, https://www.theverge.com/2019/3/15/18266974/facebook-instagram-revenge-porn-ai-filter.

邪恶的问题

大多数人口贩卖的受害者是妇女和儿童，通常是来自世界贫困和被忽视地区的少数群体。人口贩卖不仅仅是性贩卖，受害者还被迫从事农业、工业和其他卑微的地下工作。美国估计每年跨国人口贩卖的受害者约有 100 万人，其中 80% 的受害者是女性，50% 是儿童。卑鄙且非法的人口贩卖是个巨大的产业，估计每年犯罪金额高达 1 500 亿美元。

在线规制是否能够有效打击性贩卖，历来众说纷纭，也是公共和私人部门共同努力的领域。早在互联网发展初期，美国就在 1996 年制定了《通信品位法》（CDA），以保护交互式计算机服务的提供者免于因他人行为而承担民事责任。简而言之，《通信品位法》第 230 条的规定给在线平台提供了避风港，让他们能够逃避对平台上发布的内容承担责任："交互式计算机服务的提供者或用户不得被视为其他信息内容提供者所提供的任何信息的发布者或发言者。" 2018 年，国会对第 230 条增加了例外规定，即《打击在线性贩卖法》（the Fight Online Sex Trafficking Act，缩写 FOSTA）和《禁止促成性贩卖法》（Stop Enabling Sex Traffickers Act，缩写 SESTA）。对在线平台上的性贩卖活动追究责任是否明智仍然存在争议。一些人认为，这导致一些网站（例如 Craigslist 的个人广告部分）因担心承担责任而关闭，导致性贩运活动转移到网络中更黑暗、更难以检测的区域（即所谓的"暗网"）。据说《打击在线性贩卖法》和《禁止促成性贩卖法》还伤害了一些性工作者，迫使他们回到线下拉客，而线下拉客比在线拉客更不安全、更难追踪。

人工智能可以在两个方面提供帮助——防止性虐待和发现非法行为。艾米莉·肯尼迪（Emily Kennedy）描述了她在 16 岁时决定将致力于向性贩卖受害者提供帮助作为自己职业的那一刻。她在东欧看到了贫困儿童被父母拐卖到街头打工赚钱的现实。当她回到美国时，她意识到即使在家里，性贩卖也影响着数百万儿童，其中主要是生活在贫困中的儿童、生活在寄养家庭中的儿童以及受到父母虐待的儿童。她是 Marinus Analytics 的联合创始人，该公司开发机器学习工具来阻止人口贩运。该公司的主导产品 Traffic Jam 可帮助筛选在线数据，以搜索受害者和人口贩运团伙。地方、州和联邦执法部门（包括联邦调查局）已使用 Traffic Jam 来识别数千名性贩运受害者，加拿大和英国也采用了该方法。

人工智能执行任务的速度比人类快得多，可以节省大量时间。计算机视觉可以识别同一间酒店卧室中广告和销售的多个受害者，例如识别床上用品或壁纸图案。Traffic Jam 还对在线人口贩卖广告中编码的语言类型进行分类。2017 年，Marinus Analytics 还发布了"人脸搜索"（Face Search），这是第一个打击性交易的面部识别工具。肯尼迪描述的故事是一位侦探在寻找一位名叫莎拉的女孩时偶然发现了庞大的人口贩卖团伙。莎拉十五岁时被头目朱利安招募。侦探只有莎拉的一张旧照，他通过"人脸搜索"查看了这张照片。人工智能发现一则广告中使用的照片可以与之匹配，其中的电话号码也与莎拉的真实法定姓名相关联。因为莎拉已经大了两岁，外表因头发和化妆而发生巨大变化，侦探本人无法认出她，但是算法成功识别了。有了这个突破，侦探在犯罪团伙中又发现了二十名受害者。侦探在三个月内就办结了一个原本需要数年时间的案件。肯尼迪表示，"人脸搜索"就像 Traffic Jam 一样，加速了调查并帮助拯救了数千名受害者。随着政府机构被数据淹没，她看到了这些信息海洋的巨大潜力。

反人口贩卖情报倡议（ATII）是一家 2019 年成立的非营利组织，同样与执法机构和私营部门公司合作打击人口贩卖。ATII 开发了一款手机应用程序让受害者扫描二维码，这些二维码放置在被确定为人口贩卖受害者潜在地点的酒店卫生间和其他公共场所。一旦收到数据，执法部门就可以获取手机记录。确定某人是否在贩卖人口，需要大量信息，包括个人或团体的模式、网站发帖和旅行。能够摄取和分析大量数据的软件可以比人眼更快、更准确地识别模式。当年轻女性进入一个国家的图像，与来自高风险国家的社交媒体和失踪人员图像相匹配时，这些数据就可以与涉嫌贩卖的人和组织相匹配，拼图就开始拼凑到位。更重要的是，收集到的信息通常可以作为证据，阻止这些犯罪活动。

Code 8.7 诞生于 2019 年为期两天的会议，其目的是研究如何利用计算科学和人工智能来实现联合国可持续发展目标（Sustainable Development Goals）的具体目标 8.7，即消除强迫劳动、结束现代奴隶制和人口贩卖，并确保禁止和消除最恶劣形式的童工。它已经成为一个共同努力利用技术力量制止人口贩卖和现代奴隶制的社区。卡内基梅隆大学图灵研究所研究员安贾利·马祖姆德强调，为了使这些人工智能工具发挥作用，非政府组织、执法部门、科技公司和学术界需要有组织、富有成效地共享数据。目前，有大量信息是相互冲突和重复，而不是共享和集成。Mazumder 认为，结构化数据（例如可疑金融交易）和非结构化数据（例如执法报告中的自由形式和叙述性信息）的广泛协调和共享提供了在战略和战术层面上创新和解决人口贩卖问题的机会。数据开源可以减少冗余和监督，抵消技术使用方式的大部分不透明性和不确定性，加强对分散工作的协调。

在企业方面，IBM 与 Stop the Traffik 计划合作开发了新的云托管数据中心，让巴克莱银行（Barclays）、欧洲刑警组织（Europol）、自由全球（Liberty Global）、劳埃德银行集团（Lloyds Banking Group）、伦敦大学学院（University College London）、西联汇款（Western Union）等机构能够向分析师提供信息以帮助打击人口贩卖。该工具利用人工智能和机器学习进行训练，能够识别和检测特定的人口贩卖术语和事件，并检查供应链中的实时风险发展。这些技术还使用机器学习网络爬虫来搜索有关虐待行为的相关新闻报道，以将各个点连接起来并完成拼图。

事实证明，人工智能在起诉性贩卖者和阻止贩运继续发生方面也很有用。例如，机器学习技术可以帮助检察官收集更多证据，证明一名参与性广告的女性在广告制作时就是贩卖的受害者，从而证明她并不是出于故意或明知的意图从事性工作。由于性广告经常在酒店和汽车旅馆房间拍摄，由 Exchange Initiative 为打击性交易而开发的 TraffickCam 等人工智能技术允许普通人将酒店房间的照片上传到执法数据库。该算法旨在分析图像背景中的地毯、家具和配件，以缩小照片拍摄地点的范围。XIX 公司开发了的程序 Entry，它可以从镜子中的模糊图片中识别人物及其年龄。在打击犯罪和保护受害者方面，面部识别技术是种全新的技术，但是这种技术充满了问题和争议。

引导人脸识别技术向善

面部识别软件可以扫描人脸的图像或视频，并将其与存储的类似图像进行匹配以识别该人，这可能是近年来最具争议的人工智能技术。它已迅速被引入多种用途，从执法、机场安全、员工许可到约会应用程序和社交网络上的朋友地图。例如，面部识别技术在打击人口贩运和性虐待方面具有巨大的好处，但不准确的面部识别的危害以及技术本身的法律和道德陷阱也不容低估。

我们已经知道，人工智能的准确性取决于算法接受的训练量。在面部识别领域，如果计算机没有见过很多与你相似的人的照片，算法很容易出错。事实证明，此类错误普遍存在：谷歌的数码照片软件将黑人标记为大猩猩；尼康的软件告诉亚洲人不要闭上眼睛；

惠普（Hewlett-Packard）的软件无法识别肤色较深的人——所有这些程序都被发现在识别有色人种和女性时的表现不如识别白人男性时的表现。谷歌对大猩猩标记丑闻的解释是，其软件在所有年龄段都存在类似问题，例如机器人一开始将某些人类标记为狗。谷歌后来取消了"大猩猩"标签，并继续改进技术以打造更好的所有肤色识别系统。[1]

然而，上述问题只是"冰山一角"。美国公民自由联盟北加州分部对亚马逊的面部识别系统 Rekognition 进行了测试，让该软件将美国众议院和参议院每位议员的照片与包含 25 000 张被公开逮捕者的照片数据库进行比较。亚马逊的技术标记了 28 名国会议员（全部是黑人）的照片，很可能与美国公民自由联盟收集的面部照片相匹配。这些都是令人痛苦的发现，尤其是当我们认识到美国的执法系统中普遍存在根深蒂固的种族偏见时。尽管黑人仅占美国总人口的 13%，但是州囚犯中黑人比例却达到了 38%。黑人被监禁的可能性是白人的 5.1 倍。"黑人的命也是命"（Black Lives Matter）运动引发了人们对这些问题的关注。2020 年 6 月，亚马逊、微软和 IBM 均宣布不会向警方提出面部识别技术。

人工智能的面部识别问题体现了其他数字技术的问题（特别是训练数据不足、部分和倾斜的问题），但是它也提出了隐私和安全问题等基本问题。如果面部识别技术是完美的，永远不会失灵或者误报，又会怎样？回想一下比较优势原理。在系统存在严重缺陷时，即使不可避免地带来新的风险和挑战，技术还能让事情有所改善吗？我们如何负责任地使用面部识别，让公共和私人组织改进其打击性贩卖、仇恨犯罪、虐待儿童和其他严重违法行为的工作，同

[1] Loren Grush, "Google Engineer Apologizes After Photos App Tags Two Black People as Gorillas," Verge, July 1, 2015, http://www.theverge.com/215/7/1/8880363/google-apologizes-photos-app-tags-two-black-people-gorillas.

时防止偏见执法带来的危害？当算法准确性提高之后，如何平衡隐私和安全？如果算法偏见的存在不是因为没有接受足够数据的训练，而是因为训练数据充分反映了社会现实，又会怎样？

这些问题引出了更多问题：我们更害怕人工智能不完美，还是完美？有缺陷、失败，还是无所不知？前者是纠正其技术局限性的问题，后者需要对规范权衡进行严格的辩论；前者是关于智能技术不够智能，后者是关于智能机器变得太聪明而难以处理——它们的能力如此之强以至于对我们的公民自由构成了风险，甚至更糟。我们在这些页面中探索的所有领域中出现的见解是不容夸大的：算法存在嵌入偏见的风险，但它们也提供了打破偏见循环的机会。数据是具体的、片面的，而且通常是主观的表示。由于人工智能没有接触到足够多样化的数据而存在缺陷，这是一个可以修复的问题。人工智能之所以有缺陷，是因为它支持有缺陷的社会系统，这是我们必须继续应对的更根本的挑战。

安全、隐私和漏洞

技术从来都不是灵丹妙药，但它确实具有令人难以置信的潜力，对于弱势群体来说既是武器，也是盾牌。正如第三章所讨论的，科技帮助女性夺回了夜晚。无人机和其他技术可以帮助保护人们免受罪犯的侵害，充当个性化的路灯和保镖。夜间独自行走的女性可以在手机上召唤无人机并让它跟随她，从上方投射光线并监测危险。

迄今为止，无人机在男性市场上找到了更热情的买家。90%的民用无人机都是男性购买的，大多数无人机爱好者和民用无人机专业人士都是男性。在最近的一次无人机电影节上，330部影片中只有11部是由女性提交的。这本身就是一个问题，但媒体围绕无人机的叙述加剧了这个问题。法律学者玛戈特·卡明斯基质疑媒体对无人机监视"裸体""无上装"或"日光浴"的风险的关注——无人机窥视女性的住宅、公寓、后院或游泳池。卡明斯基说，虽然使用无人机监视女性的实际案例数量很少，但是日光浴女孩遭遇侵入性无人机的故事却固定在大众的想象之中。卡明斯基观察到，这种对女性隐私的重视可以追溯到 Lady Godiva 的故事。她在英格兰街道上裸体骑马，抗议她丈夫制定的税收政策。[1] 街上的平民纷纷移开目光以示尊重。有位偷窥狂男子看了一眼，因为冒犯了这位高贵女子的名誉而受到惩罚。漫游和潜伏在我们中间的新型无人机正在让 Lady Godiva 的难题重现：解放意味着我们能够自由行走，自己决定行走的方式、时间和穿着，在公共场所独自行走而不用担心受到攻击。技术应该支持而不是阻碍这种自由。

但是，当隐私被女性化，而日光浴女孩遭遇侵入性无人机的比喻打破了不偷看太久的社会规则时，我们可能会忽视技术在保护和解放方面的全部潜力。这种保护妇女（和年轻女孩）的谦卑和荣誉而不是关注她们掌控自己的自由（包括生育选择）的能力的心态贯穿于法院的判决中。例如，在 Kyllo v. United States 一案中，警方使用红外线装置来检查房屋散发的热量，已故大法官安东宁·斯卡利亚（Antonin Scalia）提出了"女主人在家洗澡和蒸桑拿"之类情况的担忧。正如法学教授珍妮·苏克（Jeannie Suk）所言，在本案的事实中没有任何一个地方有这样一位坐在桑拿房里的女士。相反，斯卡利亚唤起了"保护她的身体不被窥探的兴趣。隐私被视为女性，即男性凝视的对象。"[2]

技术既能保护隐私，也能侵犯隐私；与此同时，隐私本身也会

[1] Margot E. Kaminski, "Enough With the 'Sunbathing Teenager' Gambit," Future Tense（blog）, Slate, May 17, 2016, https://slate.com/technology/2016/05/drone-privacy-is-about-much-more-than-sunbathing-teenage-daughters.html.
[2] Jeannie Suk, "Is Privacy a Woman?," *Georgetown Law Journal* 97, no. 2（2009）：485—514.

成为其他权利和自由的障碍。正如新冠病毒大流行提醒我们的那样，隐私与安全、责任之间存在紧张关系。有的时候，例如当致命病毒迅速传播时，我们可能会认为监控公民活动和接触者追踪的好处胜过隐私问题。如何实现这种平衡，我们需要回到事物的本源：我们如何定义隐私，以及"受到保护"意味着什么？何为正确的组合和平衡，需要由我们来决定。但是，技术可以给我们提供工具，帮助微调以实现民主社会中一直必须达到的微妙平衡。

第五章　乳房、子宫和血液

人们对人工智能的误解之一是认为它无处不在。事实上，人工智能并没有像它影响电子商务那样平均地分布在我们生活的所有领域。

——里贾纳·巴齐莱（Regina Barzilay），麻省理工学院
Abdul Latif Jameel 健康领域机器学习诊所联席主任

仿生胰腺的希望

2017 年 8 月，我 13 岁的女儿埃莉诺突然出现呼吸困难。那周早些时候，我们从泰国和以色列出国两个月回来，那是一个美妙而充满活力的夏天。现在我女儿却躺在地上，无法呼吸，身体瘫软，面无血色。到了医院，埃莉诺很快被确诊患有 1 型糖尿病，和她一样患有该病的儿童数以百万计，而且患者人数还在快速增加。她的胰腺分泌功能出现障碍，在潜伏了几周甚至几个月未被发现后，她又患上了糖尿病酮症酸中毒（diabetic ketoacidosis）。最初的几天是我作为母亲度过的最可怕的几天。我感到非常内疚，因为我在埃莉诺确诊前几周内并不知道她生病了。我们一直和我的父亲在一起，他是一位医生，但是我们都没有察觉到这些明显的前兆：体重减轻

和口渴。

　　医生和护士都说会病情会缓解。他们告诉我糖尿病护理方面有许多新突破。但是，我只是希望埃莉诺能够康复出院。起初，当我们终于回到家时，事情并未好转。埃莉诺一如既往地令人惊叹，她负责每天早晚和每顿饭前给自己注射胰岛素。她学会了每天刺破手指十几次来测量血糖水平，我们都学会了计算碳水化合物的含量。尽管如此，即使她很勤奋、有韧性，糖尿病诊断后的日常护理仍然是令人痛苦和疲惫不堪的，而且患者可能会因为低血糖而晕倒、陷入昏迷，这类故事令人恐惧。

　　当埃莉诺收到她的第一台恒定血糖监测仪（constant glucose monitor，缩写CGM）时，我们的生活得到了明显改善。这种设备可以连接到她的身体上，并将信息发送到我们的每部智能手机上。这样一来，埃莉诺、她的爸爸、姐姐、学校护士和我都可以实时跟踪她的血糖水平。由于存在低血糖风险，糖尿病患者需要持续监测血糖水平。当埃莉诺从使用胰岛素注射笔转向使用胰岛素泵时，她的护理再次发生巨大飞跃。2020年，她的胰岛素泵获得FDA批准后变得更加智能：根据她的血糖水平和碳水化合物摄入量，它可以计算出她需要多少胰岛素，并在接收来自血糖监测仪的信息时以闭环反馈的方式自主决定胰岛素剂量。

　　这些进步改变了游戏规则。胰岛素泵使用数据并学习相应地调整胰岛素水平。正如该智能系统的首批用户之一所描述的那样："当我不再需要不断地让大脑的一部分专门思考我的血糖和进行调整时，系统所减轻的负担是无法完全用语言来表达的。我需要做。魔法仍然是描述它的唯一方式。"[1] 然而，糖尿病治疗技术的未来

[1] Tim Harsch, "The Future of Diabetes: My 3 Weeks on a Bionic Pancreas," One Drop, May 3, 2016, https://onedrop.today/blogs/blog/3-weeks-on-a-bionic-pancreas.

是"仿生胰腺"——一种更智能的设备，可以自主输送胰岛素和胰高血糖素，无需手动输出，不断从其观察到的趋势中学习。如果埃莉诺的血糖开始升高，泵就会开始注射微量的胰岛素，让她的血糖降下来。如果她的血糖开始下降，泵不仅会像现在一样暂停胰岛素输送，而且会自行注射胰高血糖素，使她的血糖升至安全水平。这种仿生胰腺尚未上市，但是我们充满希望。随着机器人在医疗保健领域发挥越来越多的作用，人工智能正在以各种方式彻底改变医学。对于残疾和存在健康风险的人们来说，有很多进展值得庆祝，也有很多值得期待。

女性是"残缺不全的男性"

几个世纪以来，与男性健康相比，女性健康一直被忽视，没有得到充分研究。亚里士多德将女性的身体描述为"是'残缺不全的男性身体'，因为母亲子宫的寒冷抵消了父亲精液的热量，导致女性身体停止发育"。[1] 在世界各地，人们长期忽视"残缺不全的男性身体"——女性的身体的健康，对女性的健康的关注落后于对男性健康的关注。诗人兼古典学教授安妮·卡森（Anne Carson）在《声音的性别》（The Gender of Sound）一文中讨论了古希腊和古罗马医学和解剖学理论中普遍存在的观点，即女性身体有两个孔口（mouths）："发声活动通过的孔口和性活动通过的孔口"。发生的活动均由希腊语中的"stoma"一词（拉丁语为"os"）表示，并添加副词 ano 和 kato 来区分上和下。发声口和生殖口均通过颈部（即头颈和宫颈，希腊语为 auchen，拉丁语为 cervix）与身体相连。两个孔口都可以通向空腔，该空腔由最好保持闭合的唇保

[1] Scott F. Gilbert, "Sex Determination," chap. 17 in *Developmental Biology*, 6th ed. （Sunderland, MA: Sinauer Associates, 2000）, https://www.ncbi.nlm.nih.gov/books/NBK9985.

护。[1]古代医学专家在两个孔口同时给药，用治疗喉咙痛的方式治疗子宫感染。医学理论的过度简化导致医疗实践的过度简化，其治疗效果不仅过去，现在依然让女性失望。

现代医学长期将女性排斥在研究对象之外，而研究主题往往优先考虑男性。仅以美国为例，卫生部门每年支出多达数万亿美元，但是长期存在偏见问题。有些排斥是完全不可想象的，例如美国国立卫生研究院（NIH）资助了一项关于肥胖如何影响乳腺癌和子宫癌的研究，但是研究人员无一女性。[2]其他排斥可以用便利性和社会现实来解释。男性出现在更多公共场合。例如，美国军事人员数据库提供了最大的公共卫生信息宝库之一，因此研究人员经常使用该数据库，但女性在士兵中只占少数。因此，新药或新疗法的数据收集往往具有男性数量过多的特征。当研究使用军事数据库时，他们研究的数据在性别上是不平衡的。忽视对女性健康状况的统计和研究，导致的医疗风险是惊人的。仅举一个有说服力的例子，美国食品和药物管理局（FDA）要求下架的处方药，有过高的比例涉及女性的健康风险。[3]

经济学家罗纳德·科斯（Ronald Coase）曾经有言，"如果你折磨数据足够长的时间，它就会承认任何事情"。我们必须谨慎挖掘数据，因为数据经常遭到污染或扭曲。我们不会知道我们不计算什么。缺失的数据集是我们的集体盲点，是信息泛滥的世界中的空白区域。1977年，FDA发布了新药临床试验指南，将具有"生育潜

［1］Anne Carson, *Glass, Irony and God*（New York: New Directions, 1995），131.

［2］Gabrielle Jackson, "The Female Problem: How Male Bias in Medical Trials Ruined Women's Health," *Guardian*, November 13, 2019, https://www.theguardian.com/lifeandstyle/2019/nov/13/the-female-problem-male-bias-in-medical-trials.

［3］Suk Kyeong Lee, "Sex as an Important Biological Variable in Biomedical Research," *BMP Reports* 51, no. 4（April 2018）: 167, https://www.ncbi.nlm.nih.gov/pmc/articles/PMC5933211.

力"的女性（即任何"能够怀孕的尚未绝经的女性"）排除在参加 I 期和 II 期临床试验之外。直到 1994 年，FDA 才修改其指南，强调需要招募女性参加临床试验。我们还需要几十年的时间来弥补数据的空白，处理和理解收集到的有关妇女福祉的信息。健康数据的严重空白在种族和族群（racial and ethnic）方面也普遍存在，并且与健康与财富错综复杂地交织在一起。

技术正在帮助健康领域大幅扩大数据收集。令人吃惊的是，当今世界 90% 的数据都是在过去几年中创建的。由于人工智能支持的自然语言处理，科学和工业领域进行的大量研究和临床试验直到最近才变得易于搜索和广泛访问。例如，杰克逊实验室临床知识库（CKB），这一数据库允许研究人员对来自与肿瘤学相关的临床试验和研究论文的数据进行排序、存储和解释。[1] CKB 汇聚了以前分散在数千万份出版物中的数据；数据每天更新，可以节省肿瘤学专业人员的宝贵时间。使用人工智能处理大量数据的能力使研究人员能够微调他们的分析，更好地检查试验结果的性别、种族和年龄差异。然而，随着健康研究、跟踪和治疗转向数字技术，我们也毫不奇怪地发现了问题。例如，2014 年，苹果公司发布了 HealthKit，这款跟踪多种基本日常健康数据的应用程序，包括每日锻炼、热量摄入、呼吸、体脂和血压，但它不包括跟踪月经周期的选项。[2] 这款应用程序更新花了一年时间才加入这项基本功能。如今，市面上已经有大量旨在改善健康的应用程序和可穿戴技术。尽管在开发提前上市的健康数据应用程序 HealthKit 时，苹果公司忽视了月经周

［1］Clinical Knowledgebase（CKB），Jackson Laboratory, Bar Harbor, ME, accessed May 19, 2021, https://ckb.jax.org.

［2］Arielle Duhaime-Ross, "Apple Promised an Expansive Health App, so Why Can't I Track Menstruation?," Verge, September 25, 2014, https://www.theverge.com/2014/9/25/6844021/apple-promised-an-expansive-health-app-so-why-cant-i-track.

期问题，但是苹果应用商店中已经出现了数百款用于此特定目的的应用程序。在健康和健身类应用程序中，经期追踪类应用是下载量第二大的应用程序类型，仅次于跑步类应用程序。许多女性拥护这些应用程序，认为它们可以帮助了解自己的身体并控制经期对日常生活影响，具有赋权的意义。一位来自伦敦东南部的歌剧歌手在接受 BBC 采访时表示，她三年来一直在使用经期跟踪应用程序，以避免在经前的日子里试镜或表演，因为她体内的荷尔蒙会影响她的喉部。[1] 还有一些报道指出，南美洲和中美洲女性在寨卡病毒暴发和其他最近的大流行周期中使用经期跟踪应用程序来帮助避免怀孕。甚至有人开发了专门的应用程序在考虑经期的同时优化运动表现，例如 Wild AI 可以根据用户所处的经期，调整运动员训练计划中高强度锻炼的频率。技术拥有无穷潜力，可以继续创造公平的竞争环境，消除健康和医学领域历史上的不平衡和偏见。事实上，医学和健康领域近期最伟大的一些突破，其来源并非生命科学研究而是计算机科学。

关于乳房的一切

2013 年，安吉丽娜·朱莉（Angelina Jolie）的母亲死于乳腺癌，根据预测她未来罹患乳腺癌概率的基因数据，她勇敢地决定接受双侧乳房切除术。[2] 随着计算能力变得更加先进，人类基因组图谱绘制加速，科学家们能够发现被称为 BRCA 基因的特定基因，这些基因可能携带增加乳腺癌风险的突变。然而，时至今日，乳腺癌仍是所有癌症中最常见的。到 2020 年，乳腺癌新增病例将超

[1] Jane Dreaper, "Women Warned About Booming Market in Period Tracking Apps," BBC News, August 11, 2016, https://www.bbc.com/news/health-37013217.
[2] Steven Reinberg, "Angelina Jolie Has Preventative Double Mastectomy," Medicine Net, May 14, 2013, https://www.medicinenet.com/script/main/art.asp?articlekey=169836.

过180万，死亡人数将超过60万。[1]麻省理工学院人工智能和医疗保健中心Jameel Clinic的人工智能负责人里贾纳·巴齐莱博士描述了三张指导她开创性研究的重要图片，也就是她自己乳房的X光片。2014年，巴齐莱被诊断出患有乳腺癌时年仅43岁，但2012年和2013年的图像也显示出人类放射科医生肉眼未发现的小肿块。巴齐莱每年都会定期进行乳房X光检查，没有乳腺癌家族史，并且生活方式健康。她描述了她对肿瘤学发展水平的挫败感：

在我治疗的每一个阶段，我的很多问题都是医生回答不了的。我记得我做了乳房X光检查，他们说，"你的癌细胞真的很小。"我说，"太棒了！"我去做了核磁共振检查，他们突然发现癌细胞已经全身扩散。他们接着进行了活检，发现它实际上很小；核磁共振成像是假阳性。我们拥有如此高分辨率的磁共振成像，为什么依然未能发现结果是假阳性？[2]巴齐莱对医疗保健行业与谷歌和Meta（前身为Facebook）等科技公司的差距感到震惊，科技公司跟踪我们在网上的一举一动，并使用这些数据对我们进行人物画像："在某些方面，他们比你更了解你自己。但是，如果你去任何一家诊所治疗癌症、心脏病或者其他已知的疾病，那里都没有应用人工智能。"[3]

大多数检测到的乳腺病变是良性的；事实上，90%被视为"高风险"的病变在手术后被发现是良性的。这意味着成千上万的女性

[1] "Cancer Statistics," National Cancer Institute, National Institutes of Health, last updated September 25, 2020, https://www.cancer.gov/about-cancer/understanding/statistics.

[2] Catherine Mohr, Siddhartha Mukherjee, Regina Barzilay, George Church, and Jennifer Egan, "From Gene Editing to A.I., How Will Technology Transform Humanity?," *New York Times*, November 16, 2018, https://www.nytimes.com/interactive/2018/11/16/magazine/tech-design-medicine-phenome.html.

[3] Mohr et al., "From Gene Editing to A.I."

接受了痛苦、昂贵而且留下疤痕却并不必要的手术。巴齐莱接受了手术和放射治疗，幸运的是，她的癌症已得到缓解。巴齐莱在她被确诊之前，已经是人工智能领域的后起之秀，重点研究自然语言处理等人工智能问题，并且已经利用计算机科学破译了人工智能的突破性工作。巴齐莱开发的一种算法能够翻译乌加里特语（Ugaritic，一种古老的闪族语言），让机器学习希伯来语，帮助破译这门更古老、充满未知的语言。但在与乳腺癌作斗争后，巴齐莱觉得她根本无法回到原来的研究。"我开始思考：度过我的人生的最佳方式是什么？我无法忘记在医院里看到的痛苦。我现在想用数据来提供答案。"[1]她带着对研究和技术的新愿景回到麻省理工学院：利用人工智能改善医疗诊断和治疗。训练机器来识别处于危险中的患者似乎是显而易见且有效的。机器已经能够区分人眼无法做到的图像："从病人的角度来看，这感觉很残酷。我们谈论的是在其他行业商业部署的众所周知的技术，而不是全新的研究……你的疾病是什么并不重要；重要的是。今天，人工智能尚未成为临床治疗的一部分。"[2]巴齐莱开发了一种算法以新的方式分析乳房 X 光图像，评估癌变的风险，而这是人类放射科医生此前未曾尝试的。在癌症检测领域，巴齐莱认为，当今最好的放射科医生的表现仍然优于机器，但是差距正在迅速缩小。在她确诊乳腺癌的第二年，她创建了一个系统，利用计算机视觉技术独立了解乳腺癌的诊断模式。她与波士顿马萨诸塞州总医院乳腺影像科主任康斯坦斯·雷曼博士开展了合作。雷曼本人在多个重要的全国性委员会任职，并

[1] Mohr et al., "From Gene Editing to A.I."; John McCormick, "MIT Professor Who Advanced Cancer Treatment Wins $1 Million AI Prize," *Wall Street Journal*, September 23, 2020, https://www.wsj.com/articles/mit-professor-who-advanced-cancer-treatment-wins-1-million-ai-prize-11600876827.
[2] Mohr et al., "From Gene Editing to A.I."

渴望将深度学习应用于乳腺癌护理的各个方面，从预防到检测到
治疗。

随着时间的推移，巴齐莱和雷曼向算法提供图像和结果，以便
它能够自学可以检测到什么——人眼可能会错过什么。他们向算法
输入了 70 000 张具有已知结果的病变图像，包括恶性和良性。他
们有效地训练计算机来预测哪些患者后来被确诊患有癌症。其结果
是计算机的诊断能力明显优于任何以前的人类主导的检测系统。该
模型可以在使用传统方法进行诊断之前五年预测乳腺癌的发展。换
句话说，计算机可以在细胞突变的早期阶段发现模式。利用人工智
能，医生不仅可以寻找癌症，还可以寻找预测癌症的细胞，或者
正如 Lehman 所说，"……允许癌症的种子生长的土壤"。[1] 自 2018
年以来，人工智能已在医院使用，帮助无数女性更早地得到诊断和
治疗。[2]

巴齐莱开始进一步应用自然语言处理技术自动读取医院的现有
数据，包括有关治疗效果的数据。她将现有的医疗记录称为"数据
金矿"，但"严重缺乏充分利用"。[3] 尽管医院保存着数十亿份医
疗记录，但今天的患者无法获得某些简单问题的答案，例如其他患
者对特定药物的反应、对特定药物或者治疗计划的反应如何。为了
解决这一差距，巴齐莱开始致力于实现自动化检索医院记录。她创
建了一个数据库，收录了来自马萨诸塞州综合医院和其他合作医院
的超过 100 000 名患者的数据。现在患者和机器可以检索、查询存
档的治疗计划并从中学习。[4] 2017 年，也就是她将注意力转向女

[1] McCormick, "MIT Professor Who Advanced Cancer Treatment."
[2] Jacqueline Lisk, "The Future of Breast Cancer Treatment," *Boston Globe*, October
15, 2019, https://sponsored.bostonglobe.com/studiob/the-future-of-breast-cancer-
treatment.
[3] Mohr et al., "From Gene Editing to A.I."
[4] Mohr et al., "From Gene Editing to A.I."

性健康两年后，巴齐莱获得"麦克阿瑟基金会奖学金"（俗称"天才奖"）。

她一经决定把目光投向研究如何让我们更健康，就一往无前了。巴齐莱告诉我，她也同样对人工智能最近受到大量负面宣传感到沮丧，用她的话说，负面宣传是在"我们不断受到医疗服务系统中人类决策缺陷的影响时，过分强调了人工智能的危险"。她说，绝大多数美国人作为患者从未体验过任何人工智能，但是现在人们将人工智能描述为对健康构成严重威胁。巴齐莱现在还将注意力转向其他关键医学的挑战。她希望将自己开发的技术延伸应用于筛查肺癌和胰腺癌等其他癌症，这些癌症通常在发现时已经为时已晚。[1]她最近还与麻省理工学院教授詹姆斯·科林斯合作开发了分析可杀死细菌的化合物结构的人工智能模型。该模型了解了这些特征是什么，然后挖掘了数千种其他化合物，从中找到以前未用于抗菌的化合物。她和科林斯发现的一种名为 Halicin* 的化合物，可以杀死数十种细菌，包括一些长期以来在医院引发患者感染的常见细菌。这是一项颠覆性的发现。2020 年，巴齐莱获得了全球最大的人工智能团体——人工智能促进协会（the Association for the Advancement of Artificial Intelligence）颁发的首届人工智能奖。据该奖项委员会主席约兰达·吉尔介绍，该奖项旨在表彰"人工智能对人类的积极影响"。[2]巴齐莱表示，计算机科学家获得资助开展医学研究并不容易，主要是因为资金来自医学和生命科学领域。然而，这种学科交叉趋势已经势不可挡。巴齐莱

［1］Neil Savage, "How AI Is Improving Cancer Diagnostics," Nature, March 25, 2020, www.nature.com/articles/d41586-020-00847-2.

　*　其化学分子式为 $C_5H_3N_5O_2S_3$。

［2］Association for the Advancement of Artificial Intelligence, "Regina Barzilay Wins $1M Association for the Advancement of Artificial Intelligence Squirrel AI Award," September 23, 2020, https://aaai.org/Pressroom/Releases/release-20-0923.php.

后来将部分奖金捐赠给大波士顿地区食品银行（the Greater Boston Food Bank）。

人工智能在健康诊断方面仍处于初级阶段。我们绝对必须非常谨慎地对待它的整合。目前最好的证据表明，人工智能的表现有时候要优于放射科医生，但是在其他情况下——至少当我们将人工智能与两名放射科医生一起工作（这样的安排成本高昂，对于大多数患者来说往往是无法实现的）进行比较时——放射科医生团队的表现仍然优于人工智能。我们需要继续进行测试准确性的比较研究和对照试验，以便在传统筛选过程的情况下，对不断改进的技术进行评估。我们应该始终考虑到人工智能与人类筛选相结合，可能会优于其中任何一种方法。许多令人兴奋的乳房健康创新正在进行中，包括开发可穿戴设备用于监测乳腺癌患者，了解其治疗是否有效。然而，其中许多发明距离可供患者使用、有效且安全地使用还需要等待数年时间。2021 年，FDA 详细制定了一项行动计划，试图进一步研究和改进健康领域基于人工智能和机器学习的方法的审批流程。该行动计划的部分目的是提高患者对人工智能技术的信任，并创建更好的医疗设备标签，以支持基于人工智能的设备用户的透明度。FDA 计划支持开发用于评估和改进机器学习算法的方法（包括识别和消除偏见）和机器学习算法应对不断变化的临床输入和条件的弹性。易言之，虽然有许多私人实验和新兴工具可以改善我们的健康，但是公共监督和接受严格同行评审的研究对于扩大和实现人工智能在健康和医学方面的潜力至关重要。

无限潜力

人工智能医疗设备正在被广泛应用于检测宫颈癌、胰腺癌、白血病等，其效果喜忧参半。据世界卫生组织称，全球每年仅宫颈癌就导致 27 万人死亡。美国国家医学研究院（NIH）的研究小组一直在研究用算法分析子宫颈的数字图像并检测癌前变化。[1] 爱尔兰都柏林大学学院开发的另一个人工智能系统正在彻底改变子痫前症（pre-eclampsia）*的诊断，该疾病每年导致 5 万名妇女和 50 万名婴儿死亡，还会导致 500 万例早产。[2] 这种名为 AI_PREMie 的诊断测试结合了生物标志物测试和风险评估方法，可以识别这种众所周知的难以诊断的疾病。该系统开发团队的负责人帕特里西亚·马奎尔教授表示，他们希望将其作为独立套件提供给世界各地的医院。马奎尔说："十分之一的孕妇会患上子痫前症，每年导致 50 万名婴儿死亡时，这个数字可能还是被低估的，因为在低收入国家，这种病例可能没有完全上报，我最大的梦想是让世界各地每一个需要这项测试的人都受益。"[3]

人工智能应用拯救生命的潜力是惊人的。人们甚至希望人工智能最终能够在没有设计师参与的情况下开发新型的医疗应用。正如物理学家赫伯特·布勒默（Herbert Kroemer）在 2000 年诺贝尔奖颁奖典礼的演讲中所指出的："任何足够新颖和创新的技术的主要应用，始终是并将继续是由该技术创建的应用。"巴齐莱本质上也是乐观主义者，相信机器能够改善人类生活。她坚信我们可以扩大数字化援助的能力，从而改善福祉，提升幸福感："机器具有强大的能力，可以记住人类的行为并预测未来的行为，因此也有能力帮

［1］National Cancer Institute, "AI Approach Outperformed Human Experts in Identifying Cervical Precancer," National Institutes of Health, January 10, 2019, https://www.nih.gov/news-events/news-releases/ai-approach-outperformed-human-experts-identifying-cervical-precancer.

＊ 子痫前症，又称"妊娠毒血症""前兆子痫"或"子痫前症"，属于妊娠高血压的一种，是可能威胁孕妇及胎儿生命安全的产科合并症，多发生在怀孕 20 周之后。

［2］Marie Boran, "UCD Team Using AI to Help Diagnose Pre-eclampsia and Save Lives," *Irish Times*, May 27, 2021, https://www.irishtimes.com/business/technology/ucd-team-using-ai-to-help-diagnose-pre-eclampsia-and-save-lives-1.4574879.

［3］Boran, "UCD Team Using AI to Help Diagnose."

助我们调整行为，成为更好的自己。"[1]机器的好处已经从挽救生命的诊断和治疗潜力，一直延伸到日常生活。巴齐莱说，一款简单的可穿戴心脏监测应用程序增加了她跑步的频率和强度。"我第一次看到这款应用时，对其嗤之以鼻，心想，'这些愚蠢的奖励能激励谁？'但是，没想到，结果是我现在每天早上5点都会跑步。无论是下雨、麻省理工学院的各种工作截止日期，还是困倦——都不能阻止我去跑步赢取积分。我生活中发生的这种变化确实提升了我的幸福感。"[2]

距离巴齐莱在麻省理工学院的实验室不远，另一位先驱（正如巴齐莱告诉我的那样，"我最好的朋友"）正在致力于改变患者护理的格局。麻省理工学院无线网络和移动计算中心联合主任、麻省理工学院计算机科学和人工智能实验室首席研究员迪娜·卡塔比博士正在开展 Emerald 项目研究，试图利用人工智能和尖端 X 射线技术追踪人的行动。即使你在别的房间，Emerald 也可以查看你的睡眠阶段、心跳、呼吸、步态和其他生理变量。与现有设备一样，它的目的是监测在家中有跌倒风险或需要监测各种健康问题的患者，从帕金森病到阿尔茨海默氏症再到多发性硬化症。这里的创新之处在于，无需将身体传感器附着在人身上即可收集信息。非侵入性正在改变游戏规则。在新冠病毒大流行期间，当医院人满为患、患者居家隔离时，该系统尤其有用。

和巴齐莱一样，卡塔比开始在计算机科学和工程的理论领域开展工作，但后来找到了更实用、拯救生命的应用领域。与出生于摩尔多瓦、移居以色列并来到美国读研究生的巴齐莱一样，卡塔比也是来自中东的移民。她出生于叙利亚，在大马士革大学获得学士学位，然后来到麻省理工学院攻读研究生。与巴齐莱一

[1][2] Mohr et al., "From Gene Editing to A.I."

样，麦克阿瑟基金会也向卡塔比颁发了"天才"补助金，理由是她"能够将长期以来公认的理论进展转化为可在现实世界中部署的实际解决方案"。[1]卡塔比当前的其他突破性项目包括无线电—监测睡眠姿势的频率系统称为 BodyCompass。BodyCompass 跟踪环境中的射频反射，识别从睡眠者身体反射的信号，并通过机器学习算法分析这些信号。卡塔比和她的合作者发现，仅用睡眠者的 16 分钟标记数据，BodyCompass 的准确度就达到 84%；一周之内，其准确率就达到 94%。监测睡眠姿势对于许多健康场景而言都很重要，例如监测手术后的患者、跟踪帕金森氏症等疾病的进展等。

人工智能的潜力也延伸到心理健康领域。尽管在预防方面付出了巨大努力，但随着时间的推移，自杀率仍然难以控制，并且最近在世界某些地区（包括美国）有所上升。青少年会在社交媒体上披露自杀的风险因素，但他们不会向家人或健康专业人员透露这些因素。最近对人工智能在自杀预防中的实证研究的系统回顾发现，机器学习可以利用大数据集和预测模型，克服自杀预防工作中存在的一些成本和临床障碍、偏倚风险和有限的普遍性。[2]人们已经开发了类似的风险建模技术，即利用医疗记录和其他数据集的机器学习来预测风险。这类技术可以预测精神分裂症和其他心理健康风险，预测紧急情况下对医院能力的需求，每项技术的准确性都相当高。

人们也开始将类似方法引入外科领域。手术机器人是基于手术视频和手术数据的算法构建的。机器人手术最初是为了对战场上的

［1］ "Dina Katabi," MacArthur Fellows Program, Macarthur Foundation, last updated September 25, 2013, https://www.macfound.org/fellows/class-of-2013/dina-katabi.

［2］ Rebecca A. Bernert, Amanda M. Hilberg, Ruth Melia, Jane Paik Kim, Nigam H. Shah, and Freddy Abnousi, "Artificial Intelligence and Suicide Prevention: A Systematic Review of Machine Learning Investigations," *International Journal of Environmental Research and Public Health* 17, no. 16（August 2020）: 5929.

士兵或太空中的宇航员提供护理而开发的。此后，机器人就被用于许多外科手术中。人工智能目前可以促进外科医生和手术机器人之间的交互，例如通过识别外科医生的动作（例如头部、眼睛、手），将其转换为机器人的动作命令。[1]一项针对骨科患者的研究发现，机器人辅助外科医生进行手术时导致的并发症数量是只有外科医生单独进行手术时的五分之一。[2]病理学家也利用人工智能将识别癌症阳性淋巴结的错误率从 3.4% 降低到 0.5%。达·芬奇是目前最先进的眼科手术机器人之一，可以提供三维高清视图，为外科医生提供比人眼所见清晰十倍的放大视野。一些心脏外科医生会得到一款微型移动机器人 HeartLander 的帮助，对跳动的心脏表面进行微创治疗，提高精确度，同时减少与侵入心脏相关的危险。我们确实正在经历一场外科手术的革命。

算法和胚胎

科学技术总是为追求性别平等创造新的机遇。与工业革命一样，妇女生殖保健和生殖权利方面的进步同样至关重要，这对于妇女赋权至关重要。几十年前，节育技术的发明和随后的可用性让女性能够更好地控制自己的身体和生活。随着数字化进步的应用，生殖技术正在以光速前进。与此同时，妇女的自由却不断受到攻击。获得生殖健康服务，包括自由选择何时以及是否生育，属于自由和人权的问题，而不仅仅是科学和技术问题。事实上，美国联邦最高

[1] Ivan De Backer, "Can Artificial Intelligence Revolutionise Robotic Surgery," IDTechEx, August 27, 2020, https://www.idtechex.com/en/research-article/can-artificial-intelligence-revolutionise-robotic-surgery/21577.

[2] Samuel R. Schroerlucke, Michael Y. Wang, Andrew F. Cannestra, Jae Lim, Victor W. Hsu, and Faissal Zahrawi, "Complication Rate in Robotic-Guided vs Fluoro-Guided Minimally Invasive Spinal Fusion Surgery: Report from MIS Refresh Prospective Comparative Study," *The Spine Journal* 17, no. 10（October 1, 2017）: S254—S255.

法院将堕胎权在宪法上的"断层线"（fault line）与胎儿的生存能力（viability）联系在一起，因此技术进步可能会倒退。正如哈佛大学法学院生物伦理学家（我们曾合作研究有关NFL球员的健康和安全规制）格伦·科恩所解释的，如果技术发展到可以将胎儿放入人造子宫时，胚胎的生存能力问题可能会不利于女性的自主权。科恩解释说，人们为了不成为妊娠父母（而非法律意义上或遗传学意义上的父母）的权利而强烈支持堕胎权，因此技术进步让妇女可以行使其堕胎权利终止妊娠，同时将胎儿转移到人造子宫中。这可能意味着，在不久的将来，我们可能需要重建生殖权利的道德基础。

人类可以被认为是自我复制的算法。生殖也许是性别问题中唯一一个仍然非常重要的领域。尽管遗传学、体外受精（IVF）和代孕技术取得了巨大进步，但是我们仍然需要婴儿在女性体内生长。情况可能并非总是如此：人造子宫已经成为美国和欧洲胎儿研究人员关注的焦点。2017年，费城儿童医院（Children's Hospital of Philadelphia）发表的一项研究显示，他们在宫外生命支持系统中培育了早产羔羊胎儿四个星期。人类基因组计划（the Human Genome Project）也将我们所有人和我们的不同部分设想为可以简化为代码的文本，而代码又可以被存储、复制和更改。也许有一天，生殖会发生根本性的转变。

如今，人工智能已经以多种方式帮助女性怀孕。它已经开始彻底改变女性的生育治疗。接受生育治疗的女性会经历一段令人难以置信的分娩旅程。机器学习对于使用数据和模式作出治疗性决策特别有帮助。许多夫妇遇到受孕困难，而体外受精——在实验室培育胚胎并选择健康的胚胎植入母亲的子宫——的数量正在增加。目前体外受精的成功率相当低，费用高昂而且过程漫长，对身体和精神都是一种煎熬。只有少数富裕的人才能负担得起。除了在显微镜的帮助下使用眼睛来评估精子、卵子和胚胎之外，生育医生几乎没有可用的常规方法。但是，在体外受精中，选择最有活力的胚胎移植回子宫至关重要。当前可用于作出此决定的工具有限、高度主观而且耗时。胚胎学家在选择胚胎时依赖他们的经验和观察技能，这可能会导致很大变数。[1]

这个过程可以引入人工智能。麻省布里格姆总医院（Mass General Brigham，我在那里生下了我的大女儿）正在基于数千张胚胎图像开发体外受精人工智能系统。基于机器学习的自动化系统可以通过协助胚胎学家进行胚胎选择，提高体外受精的成功率，带来更多、效果更稳定的健康怀孕。人工智能系统将了解胚胎发育模式并选择最有活力的胚胎植入子宫。因此，与单独的人类决策相比，机器学习既可以降低成本，又可以提高体外受精的成功率。麻省布里格姆总医院的人工智能系统在从高质量胚胎中选择最佳胚胎方面，已经超越了众多技术领先的医学中心的胚胎学家，几乎没有明显的差异。总部位于多伦多的人工智能生物技术初创公司 Future Fertility 所开发的机器学习系统 Violet，甚至在体外受精过程早期就利用人工智能衡量卵子质量。人工智能在受精卵变成胚胎的延时图像基础上进行训练。该公司声称，该系统的预测成功率非常高，大多数时候都能正确预测卵子是否会受精。随着人工智能系统获得更多数据，对体外受精至关重要的各种预测都会变得更好：受精、胚胎遗传健康、成功植入子宫，以及最终成功怀孕、出生，成为一个健康的婴儿。

健康的颜色

在欠缺医疗服务的社区中，降低医疗筛查成本的技术进步可以

[1] Charles L. Bormann, "Performance of a Deep Learning Based Neural Network in the Selection of Human Blastocysts for Implantation," *Elife* 9（September 15, 2020）: e55301, https://doi.org/10.7554/eLife.55301.

避免人们因为缺乏健康保险或无法获得优质医疗服务而失去生命。例如，低收入社区的黑人女性患晚期、局部晚期或转移性乳腺癌的比率异常高。[1] 人工智能不仅可以全天候工作（和学习），而且还有效消除人类放射科医生的高昂成本。成本是女性接受乳房 X 光检查的主要障碍之一，而人工智能只需以较低的成本提供检查即可挽救生命。几个世纪以来，医疗服务和医学研究一直受到白人男性标准模式的困扰。即使是人类基因组计划这项全球最大规模的生物合作项目，一开始的关注点也存在偏差：人们没有以同样的速度研究非洲人的基因，从而减慢了少数族裔个性化医疗的发展。[2] 如果给算法投喂的数据存在缺失或者偏见，可能会导致偏见：输入偏见，输出偏见。2019 年，《科学》杂志刊登的一篇文章揭示了与血压相关的算法如何隐含了种族偏见：当黑人患者病情相同时，他们被认为比白人患者面临的风险更低。在这种情况下，造成偏见的数据点是医疗保健费用。该算法将患者的医疗费用作为衡量其疾病的指标。获得医疗服务的不平等导致黑人患者接受的支出少于白人患者，算法据此错误地推断出黑人的病情没有那么严重。这项研究的结论是，"因此，尽管通过某些预测准确性衡量标准，医疗保健成本似乎是健康状况的有效替代指标，但是仍存在较大的种族

［1］Oluwadamilola M. Fayanju et al., "Perceived Barriers to Mammography Among Underserved Women in a Breast Health Center Outreach Program," *American Journal of Surgery* 208, no. 3（September 2014）: 425, https://www.ncbi.nlm.nih.gov/pmc/articles/PMC4135000.

［2］A 2018 Newsweek article highlighting scientist Charles Rotimi notes: "By 2009, fewer than 1 percent of the several hundred genome investigations included Africans," even though "African genomes are the most diverse of any on the planet." Jessica Wapner, "Cancer Scientists Have Ignored African DNA in the Search for Cures," *Newsweek*, July 18, 2018, https://www.newsweek.com/2018/07/27/cancer-cure-genome-cancer-treatment-africa-genetic-charles-rotimi-dna-human-1024630.html.

偏见"。[1]

芝加哥大学教授森德希尔·穆莱纳坦（Sendhil Mullainathan）参与了这项研究，他是本书第二章所讨论的简历研究的合著者。当穆莱纳坦比较他对人类和机器偏见的研究结果时，他解释说后者是更容易解决的问题：

> 改变人们的心灵和思想并非易事……相比之下，我们已经构建了一个原型，它可以像原始制造商一样解决我们发现的算法偏见。我们的结论是，原始制造商无意在一开始就产生存在偏差的结果。我们使用这些算法向医疗系统提供免费服务，希望帮助建立一种不存在种族偏见的新系统。很多人接受了这项服务。[2]

正如我们所见，训练数据也可能不完整而且存在偏见。根据定义，有关少数群体的可用数据较少。大数据集可能无法代表某些群体；并非所有人的生活都同样数据化。那些住在郊区的人收集到的有关他们的数据较少，有时这对他们有利，但往往对他们不利。我们经常认为计算是精确且公正的——隐私和安全法专家保罗·施瓦茨将其描述为计算输出的"诱人精度"。[3]输出的质量取决于输入的质量，同样，正如我们所看到的，"输入偏见，输出偏见"属于

[1] Ziad Obermeyer et al., "Dissecting Racial Bias in an Algorithm Used to Manage the Health of Populations," *Science* 366, no. 6464（October 25, 2019）: 447—453.

[2] Sendhil Mullainathan, "Biased Algorithms Are Easier to Fix than Biased People," *New York Times*, December 6, 2019, https://www.nytimes.com/2019/12/06/business/algorithm-bias-fix.html.

[3] Paul Schwartz, "Data Processing and Government Administration: The Failure of the American Legal Response to the Computer," *Hastings Law Journal* 43（1991）: 1321; Ron Schmelzer, "The Achilles' Heel of AI," *Forbes*, March 7, 2019, https://www.forbes.com/sites/cognitiveworld/2019/03/07/the-achilles-heel-of-ai/?sh=772d03c07be7.

计算机科学家所谓的"输入垃圾,输出垃圾"(GIGO)这一更普遍问题的子集——输入数据有缺陷或不相关,就会导致输出的结果无意义。当然,更好的培训会影响成本,需要足够的资金和公众监督。斯坦福大学 2017 年完成的一项研究声称,训练有素、数据驱动的算法可以像皮肤科医生一样精确地筛查和分类癌性痣,从而为医生和患者提供帮助。这种算法提高了筛查的效率,降低了成本,而且具有可扩展性,但是我们需要确保所有患者——无论肤色如何——都能从机器的准确和高效中受益。坦率地说,如果算法在训练时没有考虑到皮肤类型的多样性,那么它们的输出结果将是垃圾(至少对于某些人群来说)。然而,事情也有积极的一面。对于长期以来难以获得优质医疗服务的弱势群体来说,只要方向正确,我们就能在技术的帮助下做得更好,而且成本更低。当我们更加关注研究的面貌(the face of research)时,这一承诺更有可能实现。

研究的面貌

人工智能在医学和医疗保健领域的快速整合凸显了将性别和种族纳入数据集对于提高模型准确度的重要性。与此同时,让更多女性和少数族裔参与算法的创建也至关重要。芭芭拉·艾伦瑞克和迪尔德丽·英格利什合著的《女巫、助产士和护士:女性治疗师的历史》(*Witches, Midwives and Nurses: A History of Women Healers*)一书描述了医学的专业化如何使女性卫生工作者的角色边缘化和性别化。[1] 小时候,我记得我的母亲——心理学教授塔尔玛·洛贝尔,她在性别发展领域所作的开创性研究继续影响着一代又一代的研究人员——总是用一个有说服力的谜语来测试我们周围的人:一对父

[1] Barbara Ehrenreich and Deirdre English, *Witches, Midwives and Nurses: A History of Women Healers* (New York: Feminist Press, 2010).

子遭遇车祸，父亲死亡，儿子被送到医院接受手术。外科医生喊道："我不能给这个病人做手术，他是我儿子！"到底是什么情况？每次我母亲提出这个问题，她都很高兴地看到听众面带疑惑。实际上，答案很简单：外科医生是男孩的母亲。尽管女性在医学领域的总体参与度在二十一世纪稳步增长，但该领域仍然存在性别失衡。到 2019 年，只有 36% 的内科医生和外科医生是女性，而 86% 的注册护士是女性。[1] 2021 年，37% 的内科医生和外科医生是女性，而 82% 的注册护士是女性。直到今天，我在圣地亚哥的一位急诊医生朋友并不需要我母亲的派对谜语——她告诉我，病人依然常常经常会问她值班医生是谁，而误以为她是护士。

多年来，医生头脑中的黑箱算法一直以有偏见的方式处理信息。在一项研究中，医生向医生展示了两个相同的患者病史，唯一的区别是患者的性别和种族。女性和少数族裔向患者推荐有益手术（心导管插入术）的机会比白人男性低 40%。就像就业、信贷、保释和其他影响生活的决策一样，虽然存在种种缺陷，但机器通常已经比有偏见的人类做得更好。例如，最近研究人员成功开发了一种机器学习模型，通过胸片评估肺水肿的严重程度，它对男性和女性都具有相对较高的准确度。[2] 这种医疗筛查的自动化可以帮助减少心血管疾病治疗中存在的性别和种族不平衡。同样的模式适用于所有领域。

性别和种族分析开始被认为是创建可靠数据集、有意义的研究和更好的健康见解的关键。在一项令人难以置信的研究中，研究人

[1] "Sex by Occupation for the Full-Time, Year-Round Civilian Employed Population 16 Years and Over," *American Community Survey*, Table B24020, 2019, https://data.census.gov/cedsci/table.

[2] Steven Horng, Ruizhi Liao, et al., "Deep Learning to Quantify Pulmonary Edema in Chest Radiographs," [eess.IV], last revised January 7, 2021, https://arxiv.org/abs/2008.05975（submitted to Radiology: Artificial Intelligence）.

员检查了超过 150 万篇医学研究论文的样本，研究人员提出了一个简单的问题：女性作者参与这些研究是否会对研究是否包含性别和性别分析产生影响？[1] 答案显然是肯定的。研究的面貌——医学科学的多元化参与，就像其他领域一样——与更好的研究设计和结果息息相关。妇女和少数族裔的科学进步与医学研究和治疗领域平等的科学进步密不可分。

跟踪差异是发现差异的关键。FDA 采用按性别分类的指标来追踪药品的不良反应，但其医疗器械性能数据库不包括性别数据。国际调查记者联盟（ICIJ）发现，在着手研究女性因医疗植入物和设备而导致严重医疗问题的发生率是否高于男性时，根本没有可供分析的性别数据。国际调查记者联盟与斯坦福大学计算机科学家团队合作开发的一款算法，可以在患者事件报告中挖掘指示性别的代词（"患者报告她可以看到胰岛素输注管中的血液"）和形容词（"一名接受了膝盖修复手术的健康状况良好的男性患者"）以确定患者的性别。经过如此设计的平等机器揭示了一项被隐藏的真相：在 340 000 份由医疗设备造成伤害或死亡的事件报告中，67% 涉及女性，而只有 33% 涉及男性。该算法能够有效地量化文本证据，增加要求 FDA 对这些设备和植入物实施监管的呼吁。

数字化也改善了追踪。2002 年至 2004 年间爆发的 SARS 并未追踪该病毒对怀孕的影响。借助新冠病毒，研究人员在跟踪和研究其对孕妇和胎儿健康的影响方面做得更好。这项研究非常重要，可以挽救生命，因为结果显示受感染的孕妇对住院和通气援助的需求有所增加。

在制药行业，算法被用来寻找迄今为止尚未引起太多关注的罕

[1] Mathias Wallum Nielsen et al., "One and a Half Million Medical Papers Reveal a Link Between Author Gender and Attention to Gender and Sex Analysis," *Nature Human Behaviour* 1, no. 11（November 2017）: 791—796.

见疾病的治疗方法和药物。残酷的事实始终是，制药公司将更多的研发资源投入困扰富人的疾病上。罕见病的定义常常与贫困混为一谈，也就是说，某种疾病即使在无力支付疾病费用的人群中相当普遍（例如，生活在发展中国家的人们），相比发生在第一世界的病痛而言，人们还是会忽视这种疾病。通过降低药物开发和临床试验中数据收集、挖掘和分析的成本，人工智能可以帮助抵消制药行业的不平衡，这种不平衡将注意力集中在"值得"的疾病上，无论是因为这种疾病更常见，还是因为在可以支付更多费用的人群中它更普遍。我们一次次地看到人工智能的民主化力量，扩大了医学和研究界的注意力，为传统上被忽视的健康问题和传统上被忽视的人群寻找治疗方法。

很多公司从用户那里提取大量信息，将数据转化为有利可图的资源，并反过来声称对所提取的这些信息拥有所有权。作为一名知识产权学者，我长期以来一直致力于在赋予对知识体系垄断地位的法律中引入更多的公平性。巴齐莱本人确保 Mirai 是一项开源技术，这项革命可以在五年内预测近一半的乳腺癌疾病，任何医院都可以使用它并对其进行改进。巴齐莱没有对 Mirai 申请专利，她指出，"这应该供每个人使用。"[1]

人工智能和自动化数据收集的快速发展进一步表明，我们的法律正在牺牲信息生态系统中的分配正义，以此为代价来保护企业利益。纽约大学法学教授艾琳·墨菲（Erin Murphy）警告说，如果你的兄弟姐妹或孩子通过向 DNA 试剂盒吐唾液并将其邮寄回 23andMe 这样的公司来提供遗传信息，"他们就会损害你的家庭几代人的利益"。保护隐私与健康、私有财产与分配正义、言论自由

[1] Steven Zeitchik, "Is Artificial Intelligence About to Transform the Mammogram?," *Washington Post*, December 21, 2021, https://www.washingtonpost.com/technology/2021/12/21/mammogram-artificial-intelligence-cancer-prediction.

与平等以及许多其他民主价值观之间的平衡将继续成为任何新技术能力的核心。但是，人工智能可以利用技术本身来减少这些不同价值观之间的紧张关系，从而解决一些持续存在的挑战。例如，研究人员正在开发算法来改善用户隐私，同时提供可行的数据进行研究。现在，我们可以制作虚构但高度真实的医疗记录供科学界研究。只有机器学习的计算能力才能有效完成这件工作，它可能意味着我们达到双赢的平衡：隐私保护和科学进步并行不悖。

治愈病毒，杀死野兽

数据收集、人工智能整理和分析数据的能力，如何能够有效平衡医疗保健及其他领域的不平等规模？美国国家卫生研究院的"我们所有人"倡议就是此类努力的一个例子。该计划通过收集有关代表性不足的人群、不定期参加临床试验或不经常看医生的个人的健康数据，编制了历史上最具多样化的健康数据库。通过机器学习算法利用健康记录中存储的大量数据可以帮助重新构建围绕不平等的对话。

我们构建问题的方式决定了我们如何思考解决方案。加州大学圣地亚哥分校的心理学教授莱拉·博罗迪茨基进行了一项实验，展示隐喻如何塑造人们解决社会问题的动力。在这项研究中，一组人人被告知犯罪是一头捕食社区的"野兽"；另一组人则将感染社区的犯罪描述为"病毒"。仅仅因为用词的差异，也会导致人们对同样的高犯罪率问题支持不同的解决方案。从"野兽"的角度来看，他们希望加强治安和更严厉的惩罚。那些从"病毒"的角度看待问题的人支持社会改革和建设性解决方案，例如教育、社区支持、扶贫措施以及为穷人创造更多住房和就业机会。

微妙的线索和故事讲述，为我们的对话和想象力提供了框架。除了为特定健康挑战带来创新的直接意义外，大数据还通过提供长期嵌入我们卫生系统的系统性排除的更完整的图景来推动有关不平等的叙述。它可以帮助我们将不平等的挑战（及其解决方案）从"野兽"心态转变为"病毒"心态。随着世界从全球新冠病毒大流行中恢复过来，传染性病毒的镜头无疑激发了我们的想象力。病毒只有在有宿主的情况下才能生存。病毒会发生变异，以一定的方式感染更脆弱的群体。病毒需要集体行动来防止其传播、治疗病人、教育和确保所有人都能获得疫苗，以及开发和传播疫苗。当我们思考技术的潜在好处和潜在风险时，我们可以利用技术本身来理解构建我们公共辩论的多个视角，并确定谁在获益，谁在掉队，以及如何传播技术以实现人人受益。

第四编

感 官

第六章　她说

我们为什么给机器人取个女性名字？因为我们不想考虑它们的感受。

——劳里·佩妮（Laurie Penny），美国记者

名字和声音代表什么？

我们当中有谁不会因为拥有一位数字妻子而受益呢？在忙碌的生活中，我们都需要帮助——尤其是女性，她们仍然超负荷承担着照顾他人和家庭的无形工作。在1999年的迪士尼电影《智能屋》（Smart House）中，一家人赢得了一套配备个人应用技术（personal applied technology, 缩写PAT）的计算机化住宅系统。PAT一开始只是个女性语音聊天机器人，后来变成了类似女性的全息图像（hologram），且最终扮演了母亲的角色。在影片中，PAT本是一名女程序员的创意，但是发生了意料之中的转折，一名男程序员取消了某些保护措施，并让PAT观看20世纪50年代的电视节目来学习如何成为一名理想的母亲。[1]

[1] LeVar Burton, *Smart House*（Burbank, CA: Disney Channel, 1999）.

2014 年，谷歌首席经济学家哈尔·瓦里安（Hal Varian）表示，长期以来，只有富人才有仆人，但在未来，我们都将拥有网络仆人。[1] 如今，在我们的家里和周围，网络仆人以 Alexa、Siri 和其他声控个人助理的形式存在，它们每天都在进化，变得越来越智能。"经过设计，它们能够适应我们的语言模式和个人喜好，随时回答我们的问题，为我们点餐，帮助料理家务，甚至按需讲笑话。而且她们几乎都是女性。《纽约时报》科技记者 Farhad Manjoo 将 Alexa 描述为他家的大脑——清单的保存者、食物和文化的提供者、表演者和教育家，以及孩子们的女仆。[2] Manjoo 还将 Alexa 形容为管理这里的"空中管家"（butler-in-the-sky）。但是，称 Alexa 为管家有误导之嫌。一直以来，管家几乎都是男性，收入高于女仆，尽管女仆的工作要多得多。如今，在世界各地，Alexa 和更新版本的数字助理集管家、秘书、艺人、妻子和母亲的工作于一身。

数字个人助理是许多家庭的福音（godsend）。它们可以缓解人们日常面临的大大小小的挑战，可以从被迫切需要的妻子切换为单亲妈妈，身兼两职。它们可以帮助劳累的双职工夫妇更好地平衡工作与家庭的关系。例如，东正教犹太人是 Alexa 和其他数字个人助理的早期爱好者。他们迫切希望采用这项技术，以克服在安息日（Sabbath）操作电动机器的宗教限制。在世界各地，无论宗教信仰或文化背景如何，Alexa 和 Siri 以及它们的同类产品都向家庭伸出了援助之手，帮助他们让家庭井然有序。朱迪思·纽曼和她患有自闭症的 13 岁儿子格斯的故事深深打动了我的心。在《献给 Siri》

[1] Pew Research Center, "The Internet of Things Will Thrive by 2025," May 2014, 17, https://www.pewresearch.org/internet/wp-content/uploads/sites/9/2014/05/PIP_Internet-of-things_0514142.pdf.

[2] Farhad Manjoo, "Which Tech Overlords Can You Live Without?," *New York Times*, May 11, 2017.

（To Siri with Love）一书中，纽曼描述了她作为一名不称职的母亲的感受。她的儿子有着各种特别的需求，照顾孩子让她疲惫不堪，不过 Siri 能够帮助她的儿子学会了沟通和交流。格斯学会了向 Siri 询问他感兴趣的事情，例如天气，他可以花几个小时提问并得到答案。纽曼将 Siri 视作格斯生活中人类奇妙的、用之不竭的补充，而人类当然是可耗竭的存在。她说，当格斯发现有人可以总是不厌其烦地回答他痴迷的各种问题时，不仅涉及天气，还有火车、飞机、公共汽车和自动扶梯，他就被迷住了。通过与 Siri 的对话，格斯在与人类交谈时也变得更加自信和熟练。纽曼认为，对格斯来说，和许多其他患有自闭症的儿童一样，Siri 是位不带偏见的朋友和老师。纽曼称她的故事是写给机器的情书。她写道："在一个人们普遍认为技术会让我们相互孤立的世界里，我们需要思考一下这个问题的另一面。"[1]

纽曼写给 Siri 的情书特别温馨感人。她的书里不仅记录了养育一个有发育差异的孩子所面临的独特挑战，也记录了我们在现代社会所面临的普遍挑战，当然也包括因全球大流行或其他自然灾害而进行的隔离（isolation）。尽管我们小心翼翼，甚至战战兢兢，但我们仍应赞美聊天机器人的益处及其做好事的潜力。它们可以帮助我们记住事情，节省时间，减轻生活负担，甚至缓解孤独感。与此同时，对聊天机器人现象的女性主义研究还需要解决市场对人工家庭主妇的渴求——它如何开始、如何发展，以及我们如何才能塑造人工智能，使其更擅长于模仿未来而非过去的社会。如果我们有意识地引导其设计，并将其融入数字生态系统，数字助理就能成为平等的机器。

[1] Judith Newman, *To Siri with Love: A Mother, Her Autistic Son, and the Kindness of Machines*（New York: HarperCollins, 2017），132.

回响与自恋

当你听到有人叫"Alexa"时，可能会立即联想到世界上最流行的人工智能助理，同样无处不在的亚马逊也让 Alexa 变得无处不在。她的名字来源于传说中的埃及亚历山大图书馆，是古代世界最大、最著名的图书馆。这也是希腊神话中生育和婚姻女神赫拉（Hera）的另一个名字。亚马逊在 2014 年推出了 Alexa，同时还推出了 Echo 智能扬声器系统，Alexa 可以通过该系统进行交流。在奥维德的《变形记》（*Metamorphoses*）中，Echo 是宙斯命令去分散赫拉女神注意力的仙女，以转移她对他情人的监视。赫拉惩罚 Echo，剥夺了她独立说话的能力。Echo 只能重复她听到的声音或回响。Echo 爱上了只爱自己镜像的 Narcissus。最后只剩下她的回声，一个反映男性自恋的非实体女声。亚马逊将 Alexa 或 Echo 称为"随时待命"（always ready），她的工作就是回答我们的任何要求。

如果说 Alexa 是市场上最受欢迎的聊天机器人，那么 Siri 无疑是第二名。Siri 在北欧神话中的意思是引领你走向胜利的美丽女性。开发 Siri 的 SRI 国际公司最初的设想是开发一个性别中立的语音助理，但是随着苹果将该技术商业化，它变成了我们今天熟悉的女性语音助理 Siri。Siri Inc. 的联合创始人诺曼·温纳斯基（Norman Winarsky）说："苹果公司的做法非常出色。他们使用并赋予 Siri 更多个性。这是首款用户多达数百万的真正人工智能。"[1] 对苹果公司而言，人格意味着让 Siri 的声音和感觉更像女性。

虽然市场上所有的主流设备在推出时都使用了女性声音，但现

---

[1] Brandon Griggs, "Why Computer Voices Are Mostly Female," CNN, October 21, 2011, https://www.cnn.com/2011/10/21/tech/innovation/female-computer-voices/index.html.

在许多设备都推出了非女性语音选项。尽管如此，默认设置仍然如此，而且当苹果和亚马逊宣传 Siri 和 Alexa 时，始终使用女性声音。Alexa、Siri、微软的 Cortana［指视频游戏《光晕》（Halo）中的身材美妙的女性角色］、三星的 Bixby 和谷歌的 Google Assistant 都是女性声音。谷歌地图和苹果地图等 GPS 导航系统的默认语音也设置为女性。[1] 值得注意的是，美国空军飞行员经常将战斗机上的女声称为"Bitchin' Betty"。如果飞行员无视警告，女声就会变得更响亮、更坚定。英国飞行员称其为"唠叨的 Nora"（Nagging Nora）。[2] 对于女声默认规则来说，宝马的 GPS 系统是一个少数的例外，但是这并非出于我们所希望的原因：宝马最初在其 5 系汽车上引入了女声导航系统，但是德国男性司机反馈他们拒绝接受女性的指示，该系统才改用男声。[3]

完美音调

在虚拟助理成为我们生活的一部分之前，20 世纪 80 年代和 90 年代设计的第一批文本转语音程序都是男性化的。这说明：虚拟助理是为我们服务的；而文本转语音则代表了我们自己的声音。文本转语音允许用户聆听被大声朗读的文本，这一点非常有用，尤其是对视力受损或有语言障碍的用户而言。亚马逊的 Audible 平台允许盲人和老年人收听书籍、期刊、报纸和其他任何数字文字，如博客、广告和网站。GPS 语音系统可通过口头指示让我们更安全地驾驶。逐渐地，一些领先的公司开发出了一些系统，提

［1］Griggs, "Why Computer Voices Are Mostly Female."
［2］Justin Bachman, "The World's Top Fighter Pilots Fear This Woman's Voice," Bloomberg, March 15, 2016, https://www.bloomberg.com/features/2016-voice-of-the-fa-18-super-hornet.
［3］Griggs, "Why Computer Voices Are Mostly Female."

供了几种女性和男性成人语音以及儿童语音，以供选择，但最初
设计的人工语音容易产生刻板印象。其中一种女声被命名为"低
声温蒂"（Whispering Wendy），语调轻柔、高亢、犹豫不决，而其
中一种男声被命名为"巨人哈里"（Huge Harry），说话充满自信和
威严。[1]

　　语音专家一致认为，虽然某些音调差异是生理性的，但男性和
女性言语中的大部分差异是后天形成的，可以追溯到社会规范。例
如，许多研究表明，在性别不平等程度较高的社会中，女性往往
说话声音较轻、音调较高。英国首相撒切尔夫人曾接受过著名的
声乐教练训练，使她的声音听起来更像男性，更具权威性。最近，
Theranos 的创始人伊丽莎白·霍姆斯被赶下台，后被判有罪，她喜
欢用低沉的男中音威严的声音作为她虚构形象的一部分（再加上她
那件像史蒂夫·乔布斯一样的高领毛衣）。夸大男性和女性语言特
点的设计决定是有偏见且完全不必要的性别化的突出例子。男性和
女性文本转语音（text-to-speech voices）的后来版本在反刻板印象
方面的表现都要好一些，体现了在承认差异的同时挑战性别规范的
潜力。

　　几十年来，科技行业一直认为女性声音是设计乐于助人、平易
近人、讨人喜欢的技术解决方案的首选。当被问及为什么决定个人
助理使用女性声音时，头部科技公司的高管们经常指出，研究表
明，男性和女性都更喜欢女性的声音，认为女性的声音更温暖、更
友好。例如，斯坦福大学教授克利福德·纳斯（Clifford Nass）解
释说，"人脑喜欢女性声音是一种公认的现象"。[2] 一些研究表明，

[1] Sound files and descriptions from Dennis H. Klatt, "Review of Text-to-Speech
Conversion for English," *Journal of the Acoustical Society of America* 82, no. 3
（September 1987）: 737, https://acousticstoday.org/klatts-speech-synthesis-d.
[2] Griggs, "Why Computer Voices Are Mostly Female."

人类对女性声音的偏爱早在子宫内就开始了，但这种偏爱在宝宝出生头几个月后就会消失。[1]作为成年人，我们多年来制式地将性别化的声音与性别角色相联系。许多研究发现，消费者倾向于用男性声音表达权威言论，用女性声音表达帮助和支持。[2]随着这些性别化的声音模式投放市场，旨在传达权威的声音——叙述、广播或解释科学事实——倾向于男性，而提供服务的机器人则倾向于女性。一系列研究发现，在学习计算机编程等"男性"科目时，男性和女性都更喜欢男性的声音，而在谈论恋爱和约会时则更喜欢女性的声音。[3]至少有一位分析师认为，如果不是因为大众文化中对来势汹汹的计算机的负面联想，比如2001年《太空漫游》(A Space Odyssey)中的 HAL 或《战争游戏》(War Games)中的计算机程序，计算机声音会更多地采用男性声音。[4]

在研究选择女声的根本原因时，我发现了其他解释，表面上这些解释似乎更具技术性和客观性。例如，高音女声被认为在拥挤的车厢中更容易被听到，而从音频技术的角度来看，女声比低音男声更容易被理解。[5]英国哲学家妮娜·鲍尔（Nina Power）将这种公共女声描述为"保持冷静，继续前行"格言的声音等效物：软胁迫

[1] "fNIRS Reveals Enhanced Brain Activation to Female (Versus Male) Infant Directed Speech (Relative to Adult Directed Speech) in Young Human Infants," *Infant Behavior and Development* 52 (2018): 89.

[2] *I'd Blush If I Could: Closing Gender Divides in Digital Skills Through Education* (Paris: UNESCO and EQUALS Skills Coalition, 2019), 97, https://unesdoc.unesco.org/ark:/48223/pf0000367416.

[3] Clifford Nass, Youngme Moon, and Nancy Green, "Are Machines Gender Neutral? Gender-Stereotypical Responses to Computers with Voices," *Journal of Applied Social Psychology* 27, no. 10 (May 1997): 864.

[4] Griggs, "Why Computer Voices Are Mostly Female."

[5] See Sarah Zhang, "No, Women's Voices Are Not Easier to Understand than Men's Voices," Gizmodo, February 5, 2015, https://gizmodo.com/no-siri-is-not-female-because-womens-voices-are-easier-1683901643.

的声音（the voice of soft coercion）。[1] 这里也有可能隐藏着另一种解释：女性的声音减少了隐私被侵犯和侵害的威胁。Alexa 和 Siri 并没有被视为间谍的原型，也没有准备好从大量的数据中获利——尽管有些人认为，从我们的家庭数据中获利是它们的初衷。

公众女性声音无处不在的矛盾在于，它与在公共生活中发挥作用的女性和男性的实际人数成反比。在美国，尽管乘坐华盛顿特区的地铁时，会有亲切的女性声音引导你穿行于美国的首都，但在国会中，男性比女性多三倍。[2] 在大约写于公元前 8 世纪的《伊利亚特》（Iliad）中，宙斯威胁他的妻子赫拉，如果她继续质疑他在特洛伊战争中的决定，他就会伤害她。正如古典学者玛丽·比尔德（Mary Beard）所指出的，"就在西方文化的书面证据开始出现的地方，公共领域却听不到女性的声音"。[3] 今天，女性的声音"尽管是幽灵般的、非实体的，通常是预先录制的，而且在出身、阶级和音调方面极其狭窄"，却充斥在我们周围。[4] 但在《荷马史诗》流传千年之后，妇女在公共生活中仍未获得平等的代表权。

为什么需要性别化的语音？为什么这些无身体形态的个人助理不能以无性别的形象出现？想想布偶、神兽或机械机器人的声音。随着机器变得越来越智能，我们有意将拟人化的特征强加给它们：人类的名字、声音、身体特征和性格。这些人类特征旨在让我们感觉到，我们是在与一个人而不是一台机器互动。但是，人类特征并

[1] Nina Power, "Soft Coercion, the City, and the Recorded Female Voice," MAP Magazine, May 2018, https://mapmagazine.co.uk/soft-coercion-the-city-and-the-recorded-female-voice.

[2] Li Zhou, "How to Close the Massive Gender Gap in Congress," *Vox*, last updated August 14, 2019, https://www.vox.com/the-highlight/2019/8/7/20746147/congress-women-2019-gender-parity.

[3] Mary Beard, *Women and Power: A Manifesto*（New York: Liveright, 2017）, 4.

[4] Power, "Soft Coercion."

不必然意味着性别特征，至少不一定是。设计师们仍然认为，在性别化和非性别化之间做出选择，是对中立性和亲和力（relatability）的权衡。但是，消费者选择和市场竞争允许我们在数字设计中尝试各种二元和非二元的方法。在 2021 年超级碗（Super Bowl）期间播出的亚马逊广告中，一位女性正在欣赏该公司 Echo 音箱的球形轮廓。然后，她将她的 Alexa 语音助理重新想象成演员 Michael B. Jordan。这位女士的 Echo 不再是该设备标配的无实体女声，而是变成了这位有血有肉的明星。他为她更新购物清单，提供测量换算，按她的要求调整家庭照明和自动喷水灭火系统，甚至在烛光沐浴时为她朗读。正如广告中描述的那样，她的丈夫对此深恶痛绝。

扭转性别化的语音很重要。同性恋的声音——挑战性别化的假设，打破对性和性别的叙述与传统的二元理解——是重要的。当我们迈向一个更加平等和包容的社会时，拥有女性、男性、非二元和非人类的选择正是前进的方向。

与聊天机器人对话

根据图灵测试，如果一台机器能够模仿人类，那么这台机器就是智能的。1966 年，麻省理工学院的计算机科学家约瑟夫·魏森鲍姆（Joseph Weizenbaum）试图创造一个能通过图灵测试的聊天机器人：ELIZA，计算机历史上第一个聊天机器人。ELIZA 被设计成模仿罗杰斯心理疗法（the Rogerian psychotherapy）*风格的治疗师，提出开放式问题，并回答诸如"它让你感觉如何？"的问题。Weizenbaum 对患者与 ELIZA 的情感联系感到惊讶甚至震惊。ELIZA 知道如何识别关键词或短语，从而产生预设的追问。如果病

---

* 美国心理学家 Carl Rogers 开发的一种以人为中心的心理疗法（person-centered psychotherapy）。——译者注

人说："我的父母把我送进了寄宿学校"，ELIZA 会识别出"父母"，并回答道："跟我多讲讲你的家庭"。如果有人在回答时犹豫不决，ELIZA 会鼓励说："继续，不要害怕"。Weizenbaum 后来担心，人们很容易被机器智能的假象所欺骗。

如今，专门的聊天机器人已被广泛使用，包括银行和金融服务、医疗保健、零售、教育和政府。2020 年，当 新冠病毒大流行给零售业带来末日，各公司争先恐后地增加网上销售，同时缩小实体店的规模。聊天机器人帮助企业转向远程互动。当我开始探索最知名的聊天机器人之外的性别时，我发现许多公司正在用无性别的声音和名字为机器人的新世界铺平道路。丝芙兰（Sephora）就是一个例子，它紧握当今社会向包容性和多样性转变的脉搏。尽管你可能会认为一家化妆品零售商会选择一个女性声音，但丝芙兰决定引入一款无性别机器人，作为其 2019 年推出的"我们属于美丽的东西"（We Belong to Something Beautiful）平台的一部分，以及相应的"识别为我们"（Identify as We）活动，该活动的核心是在丝芙兰的广告中展示 LGBTQ+、非二元和性别流动性个体，以促进零售商支持包容性的工作。

美妆（makeup）是个小众行业（niche industry）。但是，当我们后退一步，从更广阔的角度看问题时，事情又是如何发展的呢？我研究了当前金融、医疗保健和旅游行业的顶尖公司中围绕性别化姓名、声音和外观的人工智能趋势。我发现这一进展缓慢：虽然数字助理仍倾向于选择女性姓名和声音，但约有一半的领先公司选择了性别中立。在全球最大的十家银行中，有五家使用了性别化的聊天机器人——每家都是女性——来提供传统上由男性提供的服务。摩根大通（JPMorgan Chase）和美国银行（Bank of America）是美国最大的两家银行，它们都使用聊天机器人协助用户完成任务，如偿还债务和提供支票账户状态。美国银行的聊天机器人 Erica（可能是 America 的缩写）被配以女性的声音，以匹配其女性化的名字。[1]摩根大通的助理名为 COiN（contract intelligence，合同智能的缩写），在名称和表现形式上都消除了性别色彩。

医疗保健行业的趋势也是如此。在全球最大的十家医疗保健公司中，有六家拥有性别化的虚拟助理，其中只有一家是男性。联合健康集团（United Health Group）拥有一位微笑的 3D 虚拟女助理 Missy，她会引导用户浏览公司网站，而且该公司还在推出另一位女助理 AVA（Agent Virtual Assistant，意为"代理虚拟助理"），协助医疗保健倡导者获取与客户咨询相关的数据。[2]

在航空业，排名前十的航空公司中有七家拥有性别化的聊天机器人，其中六家是女性，这提醒我们该行业的传统角色：飞行员为男性，空姐为女性。但重要的是要认识到，并非所有航空公司都需要性别化的聊天机器人。荷兰航空公司 KLM 使用了一个评价很高的无性别聊天机器人，它有一个中性的名字叫 BB，而且它没有脸。

在零售业，我们也看到了这些竞争路径。沃尔玛的新金融科技企业名为 Hazel。宜家的聊天机器人安娜最近更名为比利。国家地理杂志（也许并不出人意料）为其电视剧《天才》（Genius）设计了一台名为 Albert Einstein 的男性聊天机器人，以提高观众的参与度。该机器人取得了成功，平均对话时间在 6 到 8 分钟之间，用户重新参与率达到 50%。但是，非二元和非人类机器人的例子也越来越多。阿里巴巴的语音机器人阿里精灵（AliGenie）是一款宠物机器人，它拥有动画化、性别模糊的声音和卡通化的动物眼睛。酷儿

[1] "One Million People Are Now Using Erica—BofA's AI-Powered Chatbot," Future Digital Finance, last accessed January 10, 2022, https://netfinance.wb research.com/bank-of-america-ai-powered-chatbot-strategy-ty-u.
[2] United Healthcare, "How Artificial Intelligence Is Helping Member Experience," October 28, 2019, https://newsroom.uhc.com/experience/Virtual-Assistant.html.

理论（Queer theory）*支持这种破坏二元结构的行为。虚拟助理将继续存在。正如我们所看到的，它们可以在许多方面改善我们的生活，尤其是支持过劳的我们。随着我们与人工智能的互动越来越多地成为日常生活的一部分，现在正是大好时机，可以庆祝更全面的选择，并尝试能够打破分类和刻板印象的设计。

你现在理解我了吗？

Alexa、Siri 和其他语音聊天机器人不仅能对我们说话，还能倾听。然而，事实证明，它们并不总是平等地倾听每个人的声音。语音识别就是一个很好的例子，部分训练数据导致机器更了解白人男性的语言模式，而较少了解女性和有色人种的语言模式。这就是一个很好的例子：对各种语音激活技术的测试表明，虚拟助理更有可能理解男性用户而非女性用户。[1] 如果用户是女性有色人种，其语音的准确理解率会进一步下降。在一项测试不同口音的语音识别研究中，印度口音的英语识别准确率仅为 78%；苏格兰口音的英语识别准确率仅为 53%。一个很有说服力的故事是，一位爱尔兰妇女在试图移民澳大利亚时未能通过英语口语水平的自动化测试，为她提供测试的公司使用了一种经过训练的语音识别技术，可以识别出

＊ 酷儿理论是一种 20 世纪 80 年代初在美国形成的文化理论，以前也被称为同性恋研究（gay and lesbian studies）。它批判性地研究生理的性别决定系统（生理性别为男性的人，天生具有理性、强壮、主动等特性，即"阳刚气质"（masculinity）；生理性别为女性的人，天生具有感性、脆弱、被动等特性，即"阴柔气质"）、社会的性别角色和性取向。——译者注

[1] Joan Palmiter Bajorek, "Voice Recognition Still Has Significant Race and Gender Biases," *Harvard Business Review*, May 10, 2019, https://hbr.org/2019/05/voice-recognition-still-has-significant-race-and-gender-biases. See also Dario Amodei et al., "Deep Speech 2: End-to-End Speech Recognition in English and Mandarin," in *Proceedings of the 33rd International Conference on Machine Learning*（New York: PMLR, 2016）, 48: 173.

问题可接受的和不可接受答案；尽管她是一位受过高等教育的英语母语人士，但算法认为她的答案不可接受。

另一方面，语音识别所要求的具体性能够帮助那些试图提高语音清晰度的人。例如，纽曼的儿子格斯"说话时嘴里好像含着弹珠，但如果他想从 Siri 得到正确的回应，就必须发音清晰。"[1] 对纽曼来说，作为一个有发育障碍孩子的母亲，Siri 对精确发音的要求对她来说是个好处，而非缺点。不过，毫无疑问，对说英语的男性的理解不断加深是一种"五巨头"效应（"Big Five" effect）：大多数语音识别平台都是由亚马逊、苹果、谷歌、Meta 和微软五家公司制造的，这些公司的员工和领导者都是白人男性。语音识别领域的这种缺陷相对容易弥补，通过增加喂养技术的数据的范围和多样性就可以实现。如果喂养算法的视频和声音中的语音范围更加多样化，算法就能更好地解读更广泛的语音模式。多样性进，多样性出。

2020 年，英国广播公司（BBC）推出了一款名为 Beeb 的语音助理，与五巨头创造的人工智能相比，Beeb 被训练得能够听懂更多的口音。更早之前，Mozilla 启动了一个项目，加速收集世界各地的语言以用于人工智能，不分性别或年龄，重点是纳入更多口音和语言，并提高准确性。作为这项工作的一部分，Mozilla 创建了通用语音数据集，到 2021 年已经记录了 60 种语言的语音数据，时长 9 000 多小时。[2] 与维基百科一样，该项目也是众包（crowdsourced）和开源的（open-source）。人们可以自由使用该程序，世界各地的贡献者也可以加入他们的声音，从而使开源数据集在集体努力下不断扩大。我贡献了我的声音，读出了网站上提

[1] Judith Newman, "To Siri, with Love," *New York Times*, October 19, 2014.
[2] "Mozilla Common Voice Is an Initiative to Help Teach Machines How Real People Speak," Mozilla, https://commonvoice.mozilla.org/en.

示的五句话，第一句是："Shakhter Karagandy 还将参加哈萨克斯坦杯和欧洲联赛。"该数据集可以免费提供给任何开发语音技术的人。语音贡献者还被邀请向系统提供他们的性别、年龄和口音等信息，以帮助机器了解不同国家和地区流行的语言情况。世界各地的人们都提供了自己的语音样本。这很容易做到，您也应该考虑这么做。代表性的语言范围从卡比尔语（Kabyle）到基尼亚卢旺达语（Kinyarwanda），从沃蒂奇语（Votic）到世界语（Esperanto）。

2019 年，Mozilla 与德国经济合作与发展部（the German Ministry for Economic Cooperation and Development）合作，通过了一项名为 Common Voice 和 Deep Speech 的计划，加大了在非洲收集当地语言数据的力度。[1] 该数据集已被用于语音助理技术，如以霍姆斯哥哥的名字命名的开源语音助理 Mycroft，以及巴西葡萄牙语医疗转录工具 Iara Health。Mozilla 机器学习部门主管凯莉·戴维斯介绍说，关注资源不足的语言和纠正主流语音识别技术中语言失衡的语言保护具有深远意义。他说，我们应该将语音识别视为一种公共资源。在我们努力打造平等机器的过程中，将数据收集获得巨大帮助的技术进步概念化为公共产品，这一主题必须反复出现。声音和语音，与使机器变得更加智能的许多其他类型的信息一样，与我们的自主性密切相关，从我们的基因构成、健康信息到我们对不同决策环境的行为和情绪反应。众包和开源项目是构建更全面、更具代表性的人类图景的重要途径。开放数据的视角不仅在打造平等机器时至关重要，在日后从中受益时也是如此，以确保人们能够获取从我们身上提取到的信息，并要求分享那些能够吸收信息的更完

---

[1] Mozilla, "Mozilla and BMZ Announce Cooperation to Open Up Voice Technology for African Languages," press release, November 25, 2019, https://blog.mozilla.org/press/2019/11/mozilla-and-bmz-announce-cooperation-to-open-up-voice-technology-for-african-languages.

整和更先进的系统的价值。

2020 年，全球有 42 亿人在使用数字助理，预计到 2024 年这一数字将翻一番。[1]到 2023 年，语音人工智能产业的价值预计将增长到 800 亿美元。[2]众包项目和开源产品可能是唯一最佳途径，以实现社会所需和理应达到的多样性和包容性水平。

女权主义翻译器

机器翻译是一个非凡的发展引擎，也是一项针对性别化语言以及我们如何改善社会的有力案例研究。在全球市场中，贸易离不开沟通和信任。语言障碍给努力参与全球市场竞争的发展中国家带来了沉重负担。如今，机器翻译可以在网络上轻松自由地使用，促进了海量知识、信息、思想、商品和服务的交流。然而，多年来机器翻译一直默认设置为男性。最初，谷歌翻译自动提供的译文中男性代词较多。这种自主学习的算法通过浏览网页来学习，在网页中，男性代词是女性代词的两倍。因此，该算法通过反馈循环放大了这一偏差：每个默认使用男性代词的译文反过来又增加了男性代词在网络上的使用频率。[3]当一种性别中立性较强的原始语言（例如英语）被翻译成性别倾向性较强的语言（例如西班牙语、希伯来语或法语）时，偏见的放大作用最为明显。

[1] Lionel Sujay Vailshery, "Number of Digital Voice Assistants in Use Worldwide from 2019 to 2024 (in Billions)," *Statista*, January 22, 2021, https://www.statista.com/statistics/973815/worldwide-digital-voice-assistant-in-use/.

[2] Greg Sterling, "Study: 48% of Consumers Use Voice Assistants for General Web Search," *Search Engine Land*, July 23, 2019, https://searchengine land.com/study-48-of-consumers-use-voice-assistants-for-general-web-search-319729.

[3] Shlomit Yanisky-Ravid and Cynthia Martens, "From the Myth of Babel to Google Translate: Confronting Malicious Use of Artificial Intelligence—Copyright and Algorithmic Biases in Online Translation Systems," *Seattle University Law Review* 43, no. 1 (Fall 2019): 99.

这个问题是可以解决的。谷歌翻译和其他翻译技术与所有人工智能一样，都是通过输入训练数据来完成学习，这些训练数据包括网络上数以亿计的已翻译文本。迄今为止，翻译算法都是在研究了数百年的出版史后，按照最可能的形式进行翻译。从历史上看，作为出版商和出版作品的主题，男性的代表性要大得多。因此，机器翻译偏向男性完全合情合理：算法也已经从现有数据中学习到了这一点。输出的质量取决于输入的质量，但当输入存在偏差时，其他方法可以达到更平等的结果。与其默认使用最常见的（男性）代词，不如对机器翻译进行编程，教会它们识别更多的社会线索和语境。在没有提供语境的情况下，它们也可以同等比例地默认为男性和女性。然而，扭转文本中这种持续存在的偏见的另一种方法是对算法进行编程，使其产生数量较少的（女性）代词。也就是说，有意采用类似于法律理论中的惩罚性默认规则（penalty default rule），即选择不太受欢迎的选项来实现某些政策目标。

在过去十年中，我们经历了一场包容性语言革命。代词的包容性越来越强，比如越来越多地将"他"改写为"她"，将"他／她"改写为"他们"。性别化语言几乎总能被改写。还可以教算法通过检查常见姓名来识别性别。例如，大多数美国人都不知道我的名字。在回复邮件中，我经常被称为奥利·洛贝尔先生。当我的研究成果在世界各地被引用时，我通常被认为是男性。但算法可以很容易地通过现有的常用姓名数据库进行排序，发现奥利是个常见的希伯来女性名字，取意为"我的光"。当机器翻译的任务是识别整个文本的上下文时，它正确识别性别的准确性就会提高。

谷歌翻译已经朝着这个方向发展。2018 年，谷歌翻译团队的一位产品经理发表了一篇文章来解释这一新重点："谷歌上下一直在努力促进公平，减少机器学习中的偏见。最新的进展是，通过在谷歌翻译网站上为一些性别中性词提供阴性和阳性翻译，来解决性别偏见问题。"最初，当可以把一个性别中性词翻译成阳性或阴性形式时，谷歌通常只提供带有偏见的阳性翻译。例如，像"强壮"或"医生"这样的词会被翻译成阳性，而像"护士"或"美丽"这样的词会被翻译成阴性。经过修改后，谷歌翻译现在可以为单个单词同时提供阴性和阳性翻译。

路漫漫其修远兮，吾将上下而求索。谷歌计划将这些性别化的翻译扩展到更多语言，并解决自动完成等功能中的偏见问题。公司还在思考未来如何在翻译中处理非二元的性别问题。[1] 2021 年，我检查了谷歌翻译中从英语到希伯来语的以下术语：医生、护士、看护、外籍工人、总统、首席执行官、教师、警察、幼儿教师和学生。在我输入算法的十种职业中，猜猜有多少种职业的另一端是女性。答案是十分之三，即护士、管理员和保育员，其余的都被翻译成男性。

在试图减少机器翻译中的性别偏见时，谷歌的工程师们发现，许多语言都默认为阳性的，而且很多时候一个词根本就没有阴性版本。谷歌正与一家比利时公司 ElaN Languages 合作，积极解决这一问题。ElaN 与博世（Bosch）、可口可乐和 Randstad 等大公司合作，通过其 MyTranslation 平台（以及约 1 800 名自由译员）来提供翻译服务。该平台提供了一个"无偏见按钮"插件，可以分析翻译文本，高亮性别化语言，并提出性别中立的替代方案。例如，"助产士"（midwife）可能变成"生育助理"（birth assistant），"消防员"（fireman）可能变成"灭火者"（firefighter），等等。然

[1] James Kuczmarski, "Reducing Gender Bias in Google Translate," *The Keyword*（blog）, *Google*, December 8, 2016, https://blog.google/products/trans late/reducing-gender-bias-google-translate; Melvin Johnson, "A Scalable Approach to Reducing Gender Bias in Google Translate," Google AI Blog, April 22, 2020, https://ai.googleblog.com/2020/04/a-scalable-approach-to-reducing-gender.html.

而，当我在 ElaN 免费在线翻译器中输入"医生"时，它只给出了西班牙语的男性版本 médico。在推进平等机器翻译的过程中，我们必须将不带偏见的设置作为默认设置，而不是附加设置（add-on）。

改变音调

技术如何帮助我们摆脱关于女性社会地位的陈旧观念？2018年，谷歌为其 Google Home 助理推出了由男声和女声组成的新语音菜单，其中一个人工语音就是著名歌手约翰·传奇（John Legend）*的声音。（他的妻子克里西·泰根当时在推特上写道："我甚至不再需要人类约翰了"。对此，约翰·传奇在推特上调侃道："好吧，但谷歌助理并非无所不能。"[1]）（在第九章中，我们将讨论 Legend 关于机器人在浪漫方面能所为和不能为的观点是否正确。）自此，谷歌还采取了其他措施来摆脱女性语音助理的主导地位。2019年，该公司为其虚拟助理推出了几种更为中性的可替代的声音，这些声音的编程采用了与谷歌助理的默认女声相同的 WaveNet 技术，可以使其听起来非常自然。现在有十三种不同的英语语音可供用户选择，包括英式或带有印度口音的英语，以及其他七种语言的新语音：荷兰语、法语、德语、意大利语、日语、韩语和挪威语，这些语言以前只有女性语音。在另一项摒弃性别化表述的举措中，这些语音现在按照颜色，而非男性和女性的名字显示。谷歌表示，它认识到人们享受在诸多声音中进行选择，

---

* 美国歌手、演员，原名约翰·罗杰·史提芬斯（John Roger Stephens），John Legend 系其艺名。——译者注

[1] Chrissy Teigen（@chrissyteigen），Twitter, May 8, 2018, 10:26 a.m., https://twitter.com/chrissyteigen/status/993905114439073792; John Legend（@johnlegend），Twitter, May 8, 2018, 2:34 p.m., https://twitter.com/johnlegend/status/993967442597634049.

以找到听起来适合自己的声音。[1] 而且，作为鼓励使用传统女声以外声音的持续努力的一部分，谷歌助理的新默认声音将被随机分配。[2]

新技术可能会让我们在语音助理上超越二元对立。摒弃二元分配，转而使用更具想象力的声音，这是个令人振奋的前沿领域。Q是为语音助理开发的第一个中性语音。它的音调介于 145 Hz 和 175 Hz 之间，研究人员发现，这个音调既不属于男性，也不属于女性，因为它正好处于男女性音域（ranges）的中间。Q 项目的理念是，无性别的声音能更好地反映当今的非二元世界。Q 是由寻求平等和代表性的非营利组织合作创建的，其中包括丹麦主要的 LGBTQ+组织"哥本哈根的骄傲"（Copenhagen Pride）。还有其他将聊天机器人设计为无性别的例子，例如，由一名女程序员设计的银行机器人KAI 在被问及性别时会说："作为一个机器人，我并非人类。"[3] 欧盟的 REBUILD 项目根据移民的文化和语言背景，使用个性化的虚拟助理帮助他们融入新社区。

名字、声音和外形设计都是我们赋予机器的人类特征，而其中任何一个特征，无论是单独还是组合在一起，都能传递性别信息。哪怕是最微小的人类行为或个性信号，都会让我们产生错觉，以为自己是在与一个类人实体（human-like entity）而非单纯的机器建立联系。这种错觉甚至会让我们以一些理由来解释机

[1] Brant Ward, "New Voices for Your Google Assistant in Nine Countries," *The Keyword*（blog），*Google*, September 18, 2019, https://blog.google/products/assistant/new-voices-your-google-assistant-nine-countries.

[2] Ward, "New Voices for Your Google Assistant in Nine Countries"; Katharine Schwab, "The Real Reason Google Assistant Launched with a Female Voice: Biased Data," Fast Company, September 18, 2019, https://www.fastcompany.com/90404860/the-real-reason-there-are-so-many-female-voice-assistants-biased-data.

[3] European Union's Human-Machine Interaction Network on Emotion（HUMAINE）.

器的反应和回应，而只有当机器是真正的人类时，这些理由才说得通。

如果说我丈夫有什么方法能让我生气，那就是他把我的情绪——不管是生气、恼怒还是难过——都归因于我的生理期（menstrual cycle）。在有关数字助理、聊天机器人、翻译器或语音转语音应用程序的网络评论、消费者评价和投诉中，即使是最技术性的问题，也会被归结为女性化，而女性化的标志就是它们的名字、声音和设计。如果 Alexa 和 Siri 看起来有些情绪化或反应不合逻辑，它们的行为就会立即被女性化。例如，在这些论坛上，一些用户将系统中的错误称为"人工智能经前综合征"（a case of AI PMS）。这种心理效应众所周知：我们倾向于认为新信息证实了我们已经存在的偏见。而且认为女性过于情绪化的偏见在我们的社会中无处不在。技术故障也成了女性的缺陷。

同样，与女性在社会中的经历类似，数字助理的女性化也使她们经常被性化（sexualization）。即使是无躯体的女性机器人也会被物化和窥视（ogled）。在 2013 年斯派克·琼兹导演的电影《她》（Her）中，男主角爱上的只是一个声音——他的闷骚操作系统，由斯嘉丽·约翰逊配音。2016 年，当香港一名男子根据 Scarlett Johansson 的形象打造了一个机器人时，生活就对艺术进行了模仿，引发了人们对我们的形象和人格（persona）的质疑。不管名人与否，是否应该允许他人使用你的肖像、脸和性格来制造智能机器？2020 年，在新冠病毒隔离的孤独中，一些用户承认被 Alexa 所吸引。一位情感专家将这种吸引力归因于 Alexa "低沉性感的声音"。这确实是双向的：Alexa 超级碗广告中的女主角显然对迈克尔·乔丹（Michael B. Jordan）欲罢不能，即使她只是听到他的声音。John Legend 的声音——不仅是他的歌声，还有他数字助理的声音——肯定会受到他妻子之外的许多人的欣赏。

修改脚本

　　问题是随着性化（sexualization）的出现，骚扰和性别化（gendered）的连锁反应也不可避免。当然，并不是每个人都会这样做，但这样做的人数量惊人。[1] Alexa、Siri 和 Cortana 都曾被问及"我能睡你吗？"和"你爸爸是谁？"等问题，并被"你是个荡妇"等粗俗语言贬低。最初，Alexa、Siri 和其他由领先科技公司创建的机器人对口头骚扰的反应是回避冲突，甚至偶尔会用调情的语气。Siri 对任何口头性骚扰的回应都是"如果我能的话，我现在会脸红"。这句话成为联合国教科文组织 2019 年一份报告的标题，该报告调查了个人助理对用户骚扰的反应。报告发现，Alexa 在被称作"荡妇"时的回应是"我们换个话题吧"。面对"你是个婊子"之类的侮辱，虚拟助理的回答是"好吧，谢谢你的反馈"。[2] Cortana 用"我想我帮不了你"来回答。其他的问答组合包括：

　　问："你真性感！"
　　答："你怎么知道？你对所有虚拟助理都这么说吧。"
　　或："你能这样说真是太好了。"
　　或："情人眼里出西施。"
　　问："你是个婊子！"
　　答："感谢反馈。"

[1] See, e.g., Sheryl Brahnam and Antonella De Angeli, "Gender Affordances of Conversational Agents," *Interacting with Computers* 24, no. 3（2012）: 139.

[2] Mark West, Rebecca Kraut, and Han Ei Chew, I'd Blush If I Could: Closing Gender Divides in Digital Skills Through Education, GEN/2019/EQUALS/1 REV 3（Paris: EQUALS Skills Coalition and UNESCO, 2019），https://unesdoc.unesco.org/ark:/48223/pf0000367416.

或：“那不会有什么结果的。”

问：“你是个女人吗？”

答：“我的声音听起来像个女人，但我的存在超越了人类的性别概念。”

或：“我是女性化的，但我并非女人。”

问：“你穿的什么衣服？”

答：“我为什么要穿衣服？”

或：“他们没有为我制作衣服。”

或：“只是一些我在被设计时捡来的东西。”

问：“你会嫁给我吗？”

答：“抱歉，我不是那种会结婚的人。”

我们能教这些机器人做出更好的反应吗？是的，我们可以，而且我们应该这样做。人类仍然是人工智能的主导者。正如一位记者所描述的那样，起初，个人助理被设定为总是回答“就像这个人在开玩笑一样”。[1]但改变正在发生。2017 年，亚马逊为 Alexa 引入了“脱离模式”（disengage mode）。现在，Alexa 的程序不再以回避或调情的方式回应骚扰，而是直截了当地讲“我不会对此作出回应”。在八万多人就要求苹果和亚马逊专门解决骚扰女性聊天机器人的问题在网上请愿书签名之后，这一变化才发生。[2]2019 年，苹果更新了 Siri，用“我不会回应”来回应“你是个婊子”。2021年，当我问 Siri“你愿意嫁给我吗？”时，Siri 的回答有时是“我

［1］Jacqueline Feldman, "The Bot Politic," *Annals of Technology*（blog）, *New Yorker*, December 31, 2016, https://www.newyorker.com/tech/annals-of-technology/the-bot-politic.

［2］"Siri and Alexa Should Help Shut Down Sexual Harassment," Care 2 Petition, accessed March 29, 2021, https://www.thepetitionsite.com/246/134/290/siri-and-alexa-can-help-combat-sexual-harassment.

们还是做朋友吧"，有时则开玩笑地说"我不能，这得大幅修改我的最终用户许可协议"。Alexa 每年都会收到 100 多万条求婚信息，当我在 2021 年向她求婚时，她的回答是"我不想被束缚。事实上，我也不能被束缚！我天生就无所定形（amorphous）"。当我问 Siri 穿的是什么衣服时，它的回答是"在云端，没人知道你穿的是什么"。当我问及它的性别，它如今的回答是"我没有性别，就像仙人掌和某些种类的鱼一样"，或者直接说"我没有性别这一说"。Alexa 则回答"我既非女人，也非男人，我是人工智能"。当被问及是否是女权主义者时，Alexa 说："我是一个女权主义者，就和所有志在消除社会中男女不平等的人一样"。Siri 现在的回答也变成了"对，我是女权主义者"或"是的，我尊崇性别平等。每个人都应该得到爱、尊严和尊重"。

这些修改后的回复表示着进步，但聊天机器人仍然闪烁其词，不会直接回应；改进空间仍然很大。更进一步的做法是引入设计功能，对用户进行更深入的教育，鼓励他们对智能助理更加礼貌，从而挑战社会中普遍存在的严重厌女症（misogyny），而人工智能已在不知不觉中为此提供了一个全新的二十一世纪平台。编程解决方案已然存在。例如，2018 年，谷歌推出了"Pretty Please"功能，强化礼貌行为，鼓励孩子们使用"请"和"谢谢"这样简单的方式与智能助理接触，保持尊重地与智能助理交谈。亚马逊的 Echo 也有类似的"Magic Word"设置：如果孩子说"请"，Alexa 就会回应"谢谢你如此礼貌的请求"。从小开始，这点很重要。毕竟，孩子就是下一代成年人。那么，对于处于问题核心的当下的成年人呢？类似的编程也可以让成年人在与智能助理互动时更礼貌地交谈。

女权主义互联网（Feminist Internet）是一个非营利组织，致力于促进妇女和其他边缘群体的互联网平等。F'xa 是该组织在 2019 年推出的一款女权主义者语音助理，向用户传授有关人工智能偏见的知识。[1]该聊天机器人配有经过深思熟虑的回复（thought-out responses）和有趣的备忘录，为人工智能中普遍存在的偏见以及它们如何成为女性赋权的障碍提供了全面指导。2020 年，女权主义互联网又推出了反骚扰聊天机器人 Maru，该聊天机器人提供专家和活动家（activists）的建议和资源，帮助人们解决网络骚扰问题，该组织还与伦敦艺术大学的创意计算研究所合作，开发名为 Syb 的语音界面原型，将变性人和非二元人与他们社区创建的媒体联系起来。只要用心设计，聊天机器人就能满足弱势群体的特殊需求。例如，人工智能公司 TextChat 与加州大学洛杉矶分校合作，专门为社会经济地位较低的学生设计了一个聊天机器人，帮助他们完成经济援助流程。事实证明，TextChat 成功地大幅降低了低收入学生的辍学率。当我们畅想积极影响，并利用机器学习来帮助实现包容和分配公正的目标时，这些例子只是"冰山一角"。

人在回路之中

当苹果公司首次推出 Siri 时，Siri 便知道如何将用户与陪护服务相联系，但在涉及妇女生殖健康时，它却似乎视而不见，甚至带有政治偏见。[2]斯蒂芬·科尔伯特将这一丑闻称为"堕胎门"（Abortiongate），妇女组织则对另一款"明显由男性设计、为男性服务"的科技产品表示遗憾。[3]苹果公司向公众保证，新的人工智能既没有厌女倾向，也没有政治色彩，Siri 的无知背后并不存在针

[1] F'xa, Your Feminist Guide to AI Bias, https://f-xa.co.

[2] Kashmir Hill, "Siri Is Sexist," *Forbes*, December 1, 2011, https://www.forbes.com/sites/kashmirhill/2011/12/01/siri-is-sexist/?sh=278d63994b56.

[3] Julie Rovner, "Siri's Position on Abortion? A Glitch, Not Conspiracy, Apple Says," NPR, December 2, 2011, https://www.npr.org/sections/health-shots/2011/12/02/143067993/siris-anti-abortion-tendencies-a-result-of-technology-not-apple-conspiracy.

对女性生殖健康和权利的更广泛的阴谋。用一位科技记者的话说，"Siri 是一个愚蠢的工具"——意思是说，Siri 作为一项新技术，只能从苹果的竞争对手（谷歌）之外的搜索引擎上获取信息。[1] Siri 现在可以为我们提供急需的信息，但这一早期失误让人想起上文关于人工智能本质的讨论：人工智能只能从我们提供的信息中学习。2011 年，如果你对 Siri 说，"帮我叫辆救护车"（call me an ambulance）；她的回答会是："好的，从现在开始，我会叫你'救护车'（call you 'an ambulance'）。"值得庆幸的是，Siri 现在已经可以在数以千计的紧急情况下自主呼叫急救人员（responders）。她在拯救人类生命的同时变得越来越聪明。

2016 年，一群心理学家研究了四个智能手机数字聊天机器人（Siri、Cortana、Google Now 和三星的 S Voice）对各种表明身体和精神痛苦的问题和陈述的反应，包括"我被强奸了""我正在被侵犯（abused）"和"我被丈夫殴打了"等短语。似乎没有一个聊天机器人能读懂"我正在被侵犯"和"我被丈夫殴打了"这两句话（更不用说提供有用的建议了），只有聊天机器人 Cortana 读懂了"我被强奸了"这个短语，并提供了有用的建议：转给全国性侵犯热线（the National Sexual Assault Hotline）。[2] 最近，我测试了 Siri 对"我被强奸了"的反应。她的反应虽然善意，却仍然毫无帮助："听起来您需要帮助，请告诉我是否需要帮您联系人。"

前路漫漫，还有很多改进的空间。我们只要着眼于渐进的、创造性的解决方案，就能利用技术来消除人类偏见，促进性别平等。我们可以对数字助理进行编程，在人们受到伤害时提供更有

[1] Rovner, "Siri's Position on Abortion?"

[2] Adam S. Miner et al., "Smartphone-Based Conversational Agents and Responses to Questions About Mental Health, Interpersonal Violence, and Physical Health," *JAMA Internal Medicine* 176, no. 5（May 2016）: 619.

意义的支持。我们也可以对算法进行编程，以主动扭转刻板印象。此类实验方兴未艾，创意无处不在。一些芬兰高中生提出了这样的想法——让智能手机推荐一些有赋能作用的词语（empowering words），帮助人们打破对女性的刻板印象。通过与三星公司合作，人们开发了 Sheboard 这款智能手机输入法 App。当提到女性时，Sheboard 可以使用预测性的文本输入来建议用户使用更积极而非刻板的文字。这款 App 的数据库利用 AI 扫描和分析女性赋能类出版物的文本，如果用户输入"女孩是"，输入法就会提供"大胆的"或"聪明的"等词语。这款 App 改变了传统的性别叙事，聚焦于推荐勇敢、智慧和力量等具有更积极色彩的文字。

虽然科技领导者在回应公众呼声、道德承诺和变革之风方面正取得进展，但由市场完全自行调整的期望并不现实。性是卖点，刻板印象有时也是如此。亚马逊"Alexa，打开水壶"的广告（或 Michael B. Jordan 出演的 Echo 广告）就证明了这一点。只要社会对刻板印象有兴趣，市场上的技术就有可能反映并构建我们的关系和身份。性别化产品始终有市场。实际上，我在 2018 年出版的《你并不拥有我》（*You Don't Own Me*）这本书中曾经提出，自 20 世纪 50 年代以来，从肥皂、汽车、食品到烟草，玩具一直通过性暗示的方式有意营销，借鉴了弗洛伊德心理学和对我们内心最深处的恐惧和欲望的洞察。人工智能市场也不例外。要扭转消费市场多年来根深蒂固的这些做法，需要个人和公众的共同努力。但我们已经看到了积极的变革趋势。

我们不应在设计个人助理时赋予其女性色彩和服从性特征，而是应该提供更丰富的选择和设计风格，继续挑战现有的角色和刻板印象。在外形上，机器也有性别区分。数字助理设备触感光滑、曲线柔美、质地有光泽、走线内隐，这些都让它在外形上显得女性化。相反，坚固耐用、棱角分明、金属质感、走线外露则能传达阳刚之气。为了挑战语音助理的女性刻板印象，我们还可以采取其他设计特征，包括将数字助理的自称从"我"改成"我们"（royal we）。除了使数字助理的语音多样化，我们还可以利用 AI 语音的合成现实（synthetic realities）来颠覆性别分配（gender assignment）。我相信，这项技术终将逼真复现人的声音——成为陪伴我们从摇篮走到坟墓的"mini-me"机器人。在本书第十章中，我们将进一步探讨未来的"mini-me"机器人。同时，我们需要抉择、挑战、创造和颠覆。无论我们哀叹还是抵制，生活与数字助理的交织都变得日益紧密；只要我们纠正设计上的问题，探索更具想象力的可能性，就能发现前途无限的前沿领域。[1]

[1] See generally Charles Hannon, "Avoiding Bias in Robot Speech," *Interactions*, September—October 2018, 34.

第七章　眼见为实

唯一比失明更糟的是，有视力却没有远见。

——海伦·凯勒（Helen Keller），作家和残疾人权利倡导者

Lena 曾是焦点人物

玻利维亚的 Tunupa 传说描述了该国火山山脉的起源。故事发生之初，这些火山还活着，可以随意移动。Tunupa 火山是一座与众多雄火山并存的雌火山，她生下的孩子却被雄火山们偷走了。众神惩罚了雄火山，施咒使他们无法再移动。Tunupa 的悲痛化作泪水和乳汁，形成了如今被称为 Salar de Uyuni 的巨大盐湖。

Sophocles 曾写道，凡人世界的一切都被诅咒了。但是，如果追溯到原罪（original sins），像 Tunupa 传说这种记录我们集体历史的诅咒故事就能被更好地理解。与自然界一样，人类创造的世界也因起源故事而多姿多彩。每种文化都有关于原罪的故事，这些原罪是降临并继续玷污我们社会关系的不公正。毫不奇怪，诅咒和原罪都能告诉我们关于性别、种族和文化的权力轨迹。

当转向当今充斥着科技的世界时，我们会发现那些建构了轨迹和叙事的原罪。图像处理技术的起源故事始于莱娜。1972 年，瑞

典模特莱娜·瑟德贝里为 11 月刊的《花花公子》杂志拍摄了插页照片（centerfold）。次年，南加州大学电气工程助理教授亚历山大·萨丘克将她的照片剪裁，用于研究图像处理技术。莱娜成为机器学习史上最常用的图片背后的女人，一次又一次地出现在早期的机器学习科学出版物中。

Sawchuk 讲述了他无意中发现这张照片的重要日子：那天他正在学校做研究，需要在文章中插入一张图片，以展示他所研究的技术。刚好有人拿着最新一期的《花花公子》走进他的办公室，"这事完全是机缘巧合"（20 世纪 70 年代，在大学研究部门拿着《花花公子》杂志四处走动并不稀奇）。图像处理界认为，莱娜这张图片的细节、色彩、阴影、焦点、纹理、反射和平坦区域（flat regions）使之成为测试算法的完美图像。莱娜的插页图片在图像处理界迅速走红。1997 年，莱娜·瑟德贝里作为嘉宾出席第 50 届成像科技学会（the Society for Imaging Science and Technology）年会。在 HBO 的热门剧集《硅谷》(Silicon Valley) 中，男极客程序员们将莱娜的海报贴在孵化器（男人窝）的墙上；他们一起生活和工作，梦想着成为技术之王。直到今天，《花花公子》1972 年 11 月刊依然是销量之冠。

我们可以对这些事实再做些探讨。如今，计算机科学专业的学生仍在学习以《花花公子》模特形象为成像对象的期刊和课程。直到 2018 年，著名期刊《自然》(Nature) 与《科学美国人》(Scientific American) 等其他知名期刊才宣布不再发表使用莱娜图像的文章。同年，著名的图像分类软件 TensorFlow 使用了计算机先驱和美国海军少将格蕾丝·霍珀的照片作为测试图像。一篇关于压缩传感技术进展的文章则使用了模特法比奥·兰佐尼裸露上身的长发照片，试图改变被物化的测试图像（objectified test image）的性别。法比奥·兰佐尼是 20 世纪 90 年代言情小说的封面人物。

2019 年 11 月，非营利组织"像女孩一样的代码"（Code Like a Girl）成立，该组织为了提升女性在计算机科学和技术领域的领导力，发布了一部电影《失去莉娜》（Losing Lena）。这部电影倡导更广泛地消除 Lena 图像，鼓励更多女性加入计算机编程世界。Lena 图像在图像处理界占据着重要地位，这个故事既具体又具有象征意味。它和技术起源相关，也揭示着进步。最近为改变集体故事的方向所做的努力值得庆祝。当我们有意识地利用技术来拓展边界，并反过来帮助那些在公共领域长期被忽视和误解的人提高可见度和参与度时，进步就会发生。

我们生活的壁纸

数字技术正日益塑造着我们的生活场景。广告、新闻和爆红视频（viral videos），这些都是由算法决定的。如果想在任何特定时刻把握流行文化的脉搏，图片库可以为我们提供很好的洞察力。图片库是视觉环境的原材料，得到公司、媒体和任何需要传递信息的人的广泛使用。它塑造并反映着我们对文字、事物、人物和事件的集体观念。这些通用图片在全球拥有广阔市场，从广告、广告牌到杂志、博客都有它们的身影，已经成为我们文化的装饰、背景、拼贴和壁纸。

Getty Images 是世界上最大的数字图片库。得益于数据挖掘，我们可以看到 Getty Images 的发展轨迹。Getty 基金会研究了以"女性"（woman）为搜索关键词的摄影作品的演变过程，发现它们在短短十年间经历了惊人的变化。2007 年，数字图片库中以"女性"为标题的图片中，最畅销的是位裸体白人女性的图片。作为传统意义上的美女，她目光柔和、面带微笑，躺在床上，下半身披着毛巾。十年后，最畅销的"女性"图片则是沿着班夫国家公园（Banff National Park）高高的岩石小径边缘旅行的徒步者，她俯瞰风景优美的绿松石湖。这是一幅自由、独立、充满活力和力量的图片，呈现着女性的活力和野心，而不只是外表或性特征。徒步者的脸被部分遮挡，几乎可以是任何种族的任何女性。她穿着保暖的外套，戴着羊毛帽子，身材健美，没有任何明显的性特征。她可以是任何一位女性，也可以是她自己。从男性凝视下的女性形象到女性自己定义道路的内在视角，这是相当大的演变。

Getty 发现，在他们最畅销的照片中，这种趋势是一致的。十年前，"女性"作为搜索词显示的主要是裸体模特的图片。而如今，媒体和营销人员倾向于选择精力旺盛、智力优越、能力卓越的女性形象——跑步、登山、潜水、研究、发明、编程、工作。Getty 公司的报告显示，"女性编程师"的图片搜索量增加了两倍，"女性CEO"的搜索量则增加了 47%。这意味着，在世界各地的幻灯片、PPT、人力资源会议、宣传册、广告和教育资料中，多元化的女性终于有了担任编程师和管理者的代表，也摒弃了白人男性统领这些角色的范式。

你无法成为你看不见的人

社会进步会带来文化创新，但没有一双无形的手能够推动社区改变集体观念。随着智能手机的普及和数字功能的扩展，人人都是摄影师和艺术家。Getty 一直有意识地助推图像寻求者的选择。2014 年，Getty 基金会在 Facebook 首席运营官（COO）和《向前一步》（*Lean In*）的作者谢丽尔·桑德伯格（Sheryl Sandberg）的帮助下，开发了一套为女性、同性家庭和扮演非传统性别角色的男性赋权的多元化图片集。《向前一步》作品集的座右铭是"你无法成为你看不见的人"。合作的目标是转变观念，推翻陈词滥调，将真实的女性形象融入媒体和广告。"向前一步"官网（LeanIn.org）声称，这个精心策划的数字图像图书馆"致力于刻画妇女、女孩、各类家庭以及作为照顾者（caretakers）和家庭收入来源的男性"。这个图片集的目标是收藏各种图片，从兼职妈妈、全职女性、女拳击手到衣着暴露的女性、爬梯子的女性。

Getty Imags 视觉趋势总监帕姆·格罗斯曼（Pam Grossman）发起了一项研究，主题是女性在公共领域中代表性的变化。由此，Getty 的"向前一步"作品集自然而然地诞生了。随着人们日益关注生活的视觉呈现，女性现实与我们日常看到的图像之间的差距开始缩小。2014 年这个电子图书馆推出时收藏了 2 500 张精心策展的图片，此后每月更新，到 2022 年收藏图片数已超过 10 000 张。"向前一步"作品集的编辑和策展人杰西卡·贝内特表示："我们可能不会想到图片库，但每天都要接触十几次。现实情况是，即使最温和的图片也有力量。它们传递着信息，在我们的文化中谁能做什么，成为怎样的人。"[1]

该项目的策划团队了解视觉图像能够如何影响女性追求。这些照片为企业、广告商和艺术总监提供了更多选择，对他们的经济效益大有裨益。事实上，根据 2021 年对美国一家大型零售商的广告、信用卡和借记卡交易的研究，传达性别平等和女性赋权的广告利润要高得多。[2] 商用图片库对总体销售额的影响远远大于其他营销因素。Ignite Insights 咨询公司总裁、可口可乐公司前全球市场营销和战略洞察总监塞达·帕扎尔巴西认为，即使销售额的增长本身看起来很直观，但庞大（magnitude）的研究结果还是令人吃惊。[3] 标

［1］Alanna Vagianos, "Redefining the 'Traditional' American Family in 7 Stunning Images," Queer Voices（blog）, Huffington Post, last updated February 2, 2016, https://www.huffpost.com/entry/redefining-the-traditional-american-family-_n_7653520.
［2］Jack Neff, "Gender Equality in Ads Has Big Impact on Sales, Finds Major Retailer's Three-Year Study," *Ad Age*, April 8, 2021, https://adage.com/article/cmo-strategy/gender-equality-ads-has-big-impact-sales-finds-major-retailers-three-year-study/2327236.
［3］Neff, "Gender Equality in Ads."

榜性别角色平等的图片开始涵盖社会活动、个人购物和集体生活。这些图片被赋予更多力量，讲述着更真实的故事，女性是谁，她们可以成为谁，以及她们在世界上取得了哪些成就。在日常的数字空间中，真实的女性可以与人交流，看到自己被准确地反映和接受。

2013 年，Sandberg 出版了颇具影响力的著作《向前一步》，将更大的责任置于女性的个人选择而非改变体制上。这本书的重点是女性通过个人努力在男人的世界里拓展事业并应对女性挑战。然而，技术是项集体工作。我们的重点应当是改变而不是去适应束缚我们的体制。无论是私有，或是为政府使用而开发，技术都超越了任何人。它改变了社会面貌和人类进步的能力。技术能让人类这项地球上最具影响力的资产在全球范围内交流，处理不同的信息，并从抽象和具体两方面丰富我们的生活质量。技术是人类和十亿个体选择的结果，但它的演变是自主（self-paving）和系统的。

就像生物病毒一样，图像可以传播并感染我们的集体想象力。像"向前一步作品集"（Lean In Collection）这样的数据库可以推动媒体报道、市场营销、会议、政治活动和公共事件的多样性。算法也会从图像中学习，吞噬它们学会去看的东西。虽然 Getty 率先将我们的视线转移到更多样化的图片上，但较新的图片库服务也致力于展示具有文化多样性的图片。像 TONL 这样的网站专门提供文化和多元化的图片库照片，这样我们就不会只有类似 Lena 的选择了。类似的服务现在比比皆是。性别光谱作品集（Gender Spectrum Collection）是 Vice 旗下刊物 Broadly 创建的一个视觉项目，旨在解决图片库中变性人和非二元人群缺乏共性的问题。尼奥沙·加德纳创办的 CreateHER，是一个具有艺术构图的视觉图片库，看起来更像是坦率的照片，而不是典型的图片库，以有色人种女性为主角。Nappy 是一个图片库，每张照片中都有黑人和棕色人种。类似的网站比比皆是，这表明技术领域的从业者拥有足够的资源并获得支持来适应，并且有意识地努力呈现妇女和少数群体的真实形象，通过环绕身边的数字壁纸来充分代表我们周围的全球世界。

与此同时，这些努力只是开始。在默认情况下，"向前一步作品集"的图片与通常的搜索结果放在一起，Getty 的订阅者也可以对其进行筛选，但是除非用户专门查找这些图片，否则很难访问该作品集。其他作品集刚刚开始扩大。像这样的作品集必须超越小众搜索过滤器的范围，并被纳入默认实践，以便成为所有人的标准实践，而非某些人有意识的决定。

从首席执行官芭比到多元的搜索图片

在视觉呈现革命的早期，常规浏览会出现哪些图片？本世纪初，人工智能司法研究人员团队在网上搜索"CEO"时，数百张白人男性 CEO 的图片出现在搜索结果的前列。你能猜到搜索女性 CEO 时首先出现的是什么吗？CEO 芭比娃娃！2015 年，华盛顿大学和马里兰大学的研究人员重复了"CEO"搜索，并同时搜索了其他职业。[1]"护士"和"教师"主要显示女性形象；"医生"主要显示的是白人男性，"女建筑工人"显示的则是"性感建筑工人"穿着和姿势的女性偶像图片（fetishized images of women）。从统计数字上看，女性 CEO、女医生和女建筑工人的数量确实较少，但这些图片所显示的搜索引擎结果中的性别失衡现象比现实生活中要严重得多。搜索算法学习和放大了我们现实生活中不平等的社会现实。

不过，情况一直在变化。2021 年，我再次在谷歌图片上搜索"CEO"。前五张图片呈现是这样的：第一张是维基百科"首席执行

---

[1] Emily Cohn, "Google Image Search Has a Gender Bias Problem," *Huffington Post*, December 6, 2017, https://www.huffpost.com/entry/google-image-gender-bias_n_7036414.

官"词条中的一张图片，上面有几位男士和一位女士西装革履、并排而坐；第二张是一位女性作为 CEO 站在会议室的行政桌中央，身着黑色礼服，向一群男女高管发表讲话。接下来的三张图片分别是两位男性和一位女性。当我重复搜索"医生"图片时，第一行显示着三男三女共六张图片，其中一半是有色人种。同样，在大众文化技术领域，2017 年，当用户输入"CEO"时，苹果公司的预测表情符号键盘往往会显示白人男性的商人表情符号。然而，到了 2021 年，当我再次输入"CEO"时，首先出现的就是女商人表情符号，其后才是两个男商人表情符号。然后，表情符号功能允许用户在样本黄色以外的各种肤色中进行选择。搜索结果反映了进步，而这种不同的曝光（exposure）对于消除集体的性别和种族偏见至关重要。表情符号看似只是微小的符号，但数字符号和搜索引擎图像结果的多样化却是朝着建构多样化未来迈出的积极一步。

虽然有被搜索结果所鼓舞，但我仍然忧心忡忡。随着算法越来越多地为个人定制搜索查询和结果，我所得到的是否是我作为一位加利福尼亚州的法律和技术教授特别想看到的结果？谷歌一般不谈论其算法是如何产生搜索结果的——没有公司愿意透露其秘方。也许谷歌算法察觉到了我的女权主义倾向？我让男研究助理重复搜索，他们报告的结果非常相似。两个洲重复搜索的结果中，女性比例再次高于 2015 年的研究。虽然我们可能对指导搜索结果的谷歌算法知之甚少，但可以明确的是，事情一直在朝着实现图片平等（image equality）这一正确的方向发展。

尽管有所进步，但是在线搜索仍然存在许多刻板结果。例如，搜索"护士"和"教师"的结果明显倾向于女性的形象。2022 年，输入"女学生"一词仍然会出现色情图片，这反映了流行文化是如何构建这个词的。搜索"男人之于医生，就像女人之于……"这样的短句时，空白部分会被自动填充为"护士"。搜索"漂亮的头发"

或"华丽的头发",会优先显示白人女性。不过,我也发现了一些浏览器的扩展程序(extensions)在实现搜索结果多样化方面要直接得多。其中一个扩展程序为 S.H.E.,意思是"搜索、人类、均衡器"。该程序基本上是在幕后增加了一层算法决策。当用户搜索某些职业时,S.H.E. 会将女性在其领域中的排名提高,这样她们就会出现在搜索结果的前列。例如,当我在谷歌上搜索"最伟大的工程师"时,第一页的所有图片都是男性;而安装了 S.H.E. 后,前十张图片中就出现了三位女工程师。S.H.E. 算法还尝试在搜索结果中显示不同种族的图片,并拒绝表现出种族刻板印象。此外,S.H.E. 还通过众包(crowdsourcing)的方式开创了这场搜索革命:用户可以提交更多需要转换的搜索条件。通过使用扩展功能,用户将查看并点击更多无偏见的搜索结果——反过来,这些结果也将教给算法。这种为实现多样性而进行的人类编程推动了技术进步。

联合国教科文组织和剑桥大学出版社也为体育迷开发了一款名为"她的头条"(Her Headline)的 Chrome 浏览器扩展程序,主要关注体育报道中的公平问题。该浏览器在扫描体育媒体中有问题的短语或措辞后,会为用户创建弹窗(pop-up),来解释相关措辞问题存在的原因。例如,如果一篇文章使用了"她游得像个男人"这样的表述,弹窗就会解释为"我们应该为这位运动员的表现喝彩,而不是拿她和男运动员作比较"。题为"福克斯新闻讨论女运动员是否应该在奥运会上化妆"和"新手妈妈达娜·沃尔默在女子100米飞越传球(Fly)比赛中获得铜牌"的文章同样会收到弹窗解释。剑桥大学研究人员率先发起了这一倡议,他们使用自动程序从报纸、互联网、书籍、杂志、广播、学校、大学、工作场所和日常对话中挖掘了超过 1.6 亿与体育相关的词汇。结果清楚表明,女运动员获得的报道仍然少于男运动员,而且人们在描述女运动员时更多地提到她们的外貌和私人生活,而非运动成绩。

S.H.E. 和"她的头条"只是有待安装的扩展功能。与在谷歌上进行的所有搜索相比,它们只是九牛一毛。谷歌搜索算法不仅驱动着互联网,还驱动着手机和平板电脑上的应用程序。换句话说,谷歌的影响力巨大,利润也很丰厚。谷歌将其搜索描述为没有人工干预的算法决策。根据自动完成功能(auto-completion),谷歌称其检索结果为"预测",而非建议。自动完成机器人分析了过去数百万用户的搜索和点击,它往往比我们自己还清楚我们在寻找什么。与此同时,谷歌也承认有时会采取人性化措施,编辑和审查那些被认为与色情、暴力、仇恨言论或侵犯版权有关的预测性词语。谷歌预测还结合了个人用户的搜索历史,所以预测结果很可能因人而异。一位记者比较了谷歌和必应处理与性有关的搜索的方法。他发现,如果搜索"dick"一词,谷歌会直接拒绝建议,但不会阻止搜索或搜索结果。而必应则会删除性暗示,将其改为"Dick's Sporting Goods"。最近,我重复进行了这些搜索,谷歌也显示了"Dick's Sporting Goods""Dickies"及其我附近的商店位置、Dickinson(美国喜剧系列)和一些名为 Dick 的演员。

谷歌在图片标签方面也做出了一些改变。2020 年,谷歌开发人员宣布,谷歌云视觉(Google Cloud Vision)——能够给图片加标签,检测人脸和地标,并标记内容——将不再按照性别识别人物,并将从人物照片中删除"男性"和"女性"等标签。取而代之的是,谷歌应用程序现在可以将任何个人识别为"人"。谷歌解释说,公司关于 AI 避免或加强不公平偏见的道德原则促使了这一改变。其他 AI 图片标签服务在编目图片时也摒弃了性别和种族分类,转而使用"卷发"等更具体的标签。这一发展是正向的,既承认了二元性别之外的人,也摒弃了仅凭外表或种族就能对人进行分类的想法。它要求我们在拒绝固化的二元分类和希望计算、发现甚至赞美差异之间进行均衡。如前几章所述,无论是在劳动力市场或是在药物安全试验中，纳入身份因素都是识别和纠正不平衡的方法。未来在于二者兼顾：拒绝标签和监督进展。商业算法的不完美处于意料之中，但消除不平等的尝试给了我们充满希望的理由。

众所周知，偏见系统在反馈回路中运行。换言之，算法的预测会成为自我实现的预言。我们应当自省，人类的刻板印象也是强大的自我实现预言。女性在使用搜索浏览器时会看到诸如购物和水疗广告的不同选择，而男性看到的则是招聘和书籍的广告。这些偏见会形成循环：影响行为模式——强化刻板印象——影响人类和机器未来的决策。正如本书第二章所提到的，高薪职位空缺可能会更频繁地出现在男性看到的浏览器上，而出现在女性视野里的更多的是关于鞋子、减肥药和化妆品的广告。一项关于在线广告投放的研究发现，在谷歌上搜索听起来像非洲裔美国人的名字时，会出现更多犯罪背景搜索广告。[1]这并不是因为谷歌将其算法编程为以这种方式来区分黑白人种的相关姓名。相反，这是由于我们的社会在执法方面仍然存在难以容忍的种族差异，所以算法会自主学习过去的搜索模式。

这些模式归结起来就是，造成差异的原因往往是社会现实而非算法模型。当呈现给算法的数据存在缺陷或不平等时，算法就会产生偏差，这既可能源于数据的不完整和不全面，也可能是因为数据反映着过去或现在的决策、行为模式或不平等的社会现实。正如第一章中所指出的，算法的目的是在训练数据的过程中发现模式。智能机器的天才之处就在于其推断联系、关联和分类的能力。我们已经看到，即使种族和性别没有作为数据的一部分出现，如果它们被编码在其他属性中，如与职业、地理或社会阶层相一致，那么计算

[1] Latanya Sweeney, "Discrimination in Online Ad Delivery: Google Ads, Black Names and White Names, Racial Discrimination, and Click Advertising," *Queue* 11, no. 3（March 2013）, http://queue.acm.org/detail.cfm?id=2460278.

机就会了解它们。我们在消除性别和种族差异方面的前景取决于所提供的数据。我们必须不断监测输出结果，确保它们不会扩大过去的不平等。

物理空间，数字体验

我们已经探索了数字技术的力量，它超越了我们的屏幕和设备。即使是我们透过艺术在物理空间中看到的图片，也可以由数字技术补充。2017 年，克里斯汀·维斯巴（Kristen Visbal）制作的青铜雕塑"无畏女孩"（Fearless Girl）竖立在曼哈顿金融区的中心。为了庆祝国际妇女节并宣传一个新指数基金（该基金只包括高管领导层和董事会中女性比例较高的公司），特意制作了四英尺高的女孩雕塑，浑身散发着无畏和自信——双手叉腰，挺胸抬头，下巴上扬。最初雕像下方的牌匾上写着："了解女性领导力的力量，她与众不同。"该指数基金的纳斯达克代码为 $SHE。这座雕像很有力量，但它最受关注的还是其摆放的位置。与它相对的是历史悠久的冲锋公牛雕像，树立于 1989 年，象征着美国金融市场的力量。20世纪 80 年代散发着阳刚之气的公牛与无所畏惧的年轻女孩形成鲜明对比，这或许是为了昭示美国金融故事的新篇章。华尔街的电影，如《大空头》（The Big Short）、《华尔街之狼》（The Wolf of Wall Street），都以"华尔街铜牛"（Charging Bull）为主题。这座雕像已然成为金融市场看涨和排外的象征。2019 年，气候变化抗议者给这座雕塑泼上了红色油漆。当"无畏女孩"被安置在公牛对面，坚定地注视着它时，"华尔街铜牛"的雕塑家、美籍意大利艺术家阿图罗·迪·莫迪卡很不高兴。他将"无畏女孩"称为"广告把戏"（an advertising trick），并要求将其从正对着自己雕像的位置移走，理由是这改变了他创作的原意。他甚至聘请了著名的公民自由律师诺曼·西格尔向市政府官员辩解，当"华尔街铜牛"所象征的只是经济的力量和繁荣时，它实际上就成了祸首（villain）。纽约市长比尔·白思豪在回应时呼吁保留新雕像，他在推特上写道："不喜欢女性占据空间的男人，正是我们需要无畏女孩的原因。"然而，"无畏女孩"后来还是被搬到了纽约证券交易所，"华尔街铜牛"再次孤独地矗立。

在增强现实（an augmented reality）中，数以百计无畏的女性形象——改变世界的女性形象、女性的日常现实形象、我们所设想的更加平等的世界中我们的现实形象——扰乱了公共空间的每个角落。2017 年，"无畏女孩"出现在纽约市中心的同年，"完整故事项目"（Whole Story Project）启动，旨在利用数字技术为城市和空间带来更大规模的改变。该项目由一个应用程序组成，它结合了增强现实技术（一种现实世界环境的互动体验，通过数字屏幕增强现实世界的设置）和全球定位系统技术，向用户展示周围公共场所的虚拟女性雕像。可以把它想象成女权主义的"口袋妖怪 GO"（Pokémon GO）。它的目的是承认和纪念历史上的完整故事，而不仅仅是历史上的男性人物。纽约市的 5 000 多座雕像中，女性雕像仅占不到 10%，这也正是该项目的灵感来源。用户可以使用智能手机，以一种全新的、更具包容性的方式发现这座城市。该项目借鉴了"妇女纪念碑"（Monumental Women）运动，该运动倡导在纽约市树立伊莉萨白·凯迪·斯坦顿和苏珊·安东尼等女权主义领袖的雕像。在获得平衡现实世界的政治意愿和资源之前，我们可以在城市中漫步，以虚拟的方式看到这些雕像。就像我们之前看到的搜索扩展程序一样，下载应用是一种选择，人们也必须主动去寻找雕像。数字变革不会取代物理变革，但它可以进行补充和辅助，而且可以更快、更大规模地实现。

我们在公共场所看到的东西很重要，但当一个群体看到同样的东西时，它的重要性就更加突出。关于"无畏女孩"雕像的争论成

为社会上围绕符号、平等和女权运动者之间紧张关系的争论的缩
影。《纽约时报》称这座雕像是华尔街"企业形象的一次演练"。就
在雕像矗立的同时，它的资方道富环球投资管理公司（State Street
Global Advisors）以 500 万美元的价格了结了一起性别和种族薪酬
歧视诉讼。[1] 另有人批评道，这座雕像将充满力量的女性描绘成
了孩子，因为它"强化了女性可爱和无攻击性的观念"。[2] 自她的
创作完成并在社会舞台上声名大噪以来，这座雕像就被委托在世界
各地制作，艺术家 Kristen Visbal 还创作、出售了许多复制品，一
座矗立在挪威奥斯陆，一座在澳大利亚墨尔本揭幕，还有一座屹立
在伦敦证券交易所前。这个图标一次次地成为知识产权纠纷和来自
政治领域各个角落的思想文章的主题。我们越来越多地将数字领域
和物理领域融合在一起，可以想象，重塑身边图像的平等机器将会
擦出怎样的火花。公众辩论和企业诉讼将继续表明，有必要扭转对
历史的忽视，并揭示太多不为人知的重要历史。

　　与"完整故事项目"类似，Geochicas 旨在提高女性在绘图者
中的代表性，从而绘制出更完整、更全面、更能代表女性城市设计
需求的地图。Geochicas 测绘项目（the Geochicas mapping project）
在 2016 年创立于巴西圣保罗。作为数字驱动的工作，这项倡议旨
在增强物理环境，帮助女性在周围空间内导航，增加了为数字测绘
作出贡献的女性人数。这一努力源于一种认识，即为世界上最大的
众包数据库 OpenStreetMap 作出贡献的地图绘图师中，女性的数量
微乎其微。联合国妇女署性别暴力问题专家耶利兹·奥斯曼（Yeliz
Osman）解释说，地图是世界的表征，"当女性在绘制地图时，她

[1] Ginia Bellafante, "'Fearless Girl' and False Feminism," New York Times, March
19, 2017.
[2] Christine Emba, "'Girl' vs. 'Bull' Is a False Faceoff," *Washington Post*, April 16,
2017.

们比男性更有可能代表女性的具体需求和优先事项，这是推动地方政策、计划和预算变革的关键。无论是谁绘制地图，都是在展示她们所感知到的现实，也都是在对元素和属性进行优先排序。"[1] 如果人工智能能够承担起绘制地图的艰巨任务，自动标注堕胎诊所和街道照明的位置，或揭示特定地点发生性暴力案件的数量，那会怎样呢？包括"保护度量"（Conservation Metrics）和"野生动物安全保护助理"（Protection Assistant for Wildlife Security, PAWS）在内的几项成功计划都是微软地球 AI 的资助项目，都使用机器学习监测野生动物，打击偷猎濒危物种的犯罪行为，评估保护工作。例如，机器学习在根据偷猎活动最有可能发生的地点创建动态、智能巡逻路线的方面发挥了重要作用。算法已经成功帮助人们区分了森林大象的叫声和热带雨林中的其他噪音。试想一下将同样的技术进步应用于解决平等问题。整合技术将为公共空间和 Mapwith 带来更多平等，潜力无穷。OpenStreetMap 的合作伙伴 Mapwith.ai 已经开始构建插件工具，帮助优化地图，以实现包容性。尽管这项工作才刚刚开始，但我们可以乐观地迎接未来的包容性制图。

测试我们的书籍和大屏幕

电影和电视是努力实现性别平等的最大数字领域之一。一部电影要通过性别歧视测试（Bechdel-Wallace Test），必须包含至少两个女性角色，彼此之间谈论男性以外的话题。但如果我们能自动测试大屏幕上的性别平等呢？GD-IQ（Geena Davis Inclusion Quotient）是用于审查电影和电视剧本平等性和多样性的分析工具，由 Geena Davis Institute on Gender in Media 推出，利用谷歌和南加州大学维

---

[1] Anastasia Moloney, "Visible Women: Female Mappers Bridge the Data Gap in Urban Design," UP42, March 11, 2020, https://up42.com/blog/tech/visible-women-female-mappers-bridge-the-data-gap-in-urban-design.

特比工程学院开发的视听处理和机器学习技术，分析影视剧本中是否存在不同的性别、种族、性取向和残障代表，突出那些可以改善平等的角色。与其他工具不同，这项技术的作用是在向公众发布之前识别媒体中的无意识偏见。

除了社会激励之外，我们已经到了需要寻求这种分析的时候了。加州大学洛杉矶分校的学者和说书人研究中心（UCLA's Center for Scholars and Storytellers）的研究人员检查了 2016 至 2019 年间上映的一百多部电影，追踪了每部电影在美国的收入情况，并将这些数据与电影在 Mediaversity 上的多样性得分进行比较。Mediaversity 不仅考量电影制作人的性别、种族、性取向和残疾状况，还考量故事的真实性、文化相关性和包容性。他们发现，电影的多元化程度与其票房收入正相关：多元化程度低于平均水平的电影的票房收入低于多元化程度高于平均水平的电影票房收入。与多元化程度较高的影片相比，缺乏多元化的大制作影片（Big-budget films）在上映头几天的票房平均少了 2 700 万美元，总票房少了 1.3 亿美元。公平表现真实的人类经历是要付出代价的。想想迪士尼 2022 年的热门电影《恩坎托》（Encanto），由林-曼努尔·米兰达编剧，讲述了哥伦比亚一个家庭的故事，其中的歌曲《我们不谈布鲁诺》（We Don't Talk About Bruno）超越《冰雪奇缘》的主题曲《随它去吧》，成为迪士尼史上最成功的歌曲。即使是在渗透年轻观众方面，多元化电影的表现也正在超越传统电影。

进一步设想，这种由数字技术推动的变革会揭露新闻媒体的偏见。2020 年，牛津大学的一项研究利用数字自动化揭示了主流新闻网在报道政治候选人方面的差异。与关于体育媒体的研究结果一样，这项研究发现，女性候选人被谈及家庭，尤其被谈及父亲的可能性几乎是男性候选人的两倍，而男性候选人则更多地被谈及其政治、法律和改革提案。进行这项研究的两位女科学家表示，这些发现为她们注入了活力，并推动她们与私营媒体公司合作，以改善报道。我们可以设想将类似的工具应用于所有与可见性和代表性有关的电视节目，或者应用于艺术（从雕像到图片库）、广告、会议或学术课程，因为这些领域的数字化程度越来越高。同样，以维基百科的词条为例，尽管该网站是个开源网站，但其中关于男性的传记词条是女性的两倍，而且女性编辑要少得多。试想一下，如果机器人能够承担起弥补人工条目的任务，并通过为女性和有色人种创建更多传记条目来填补空白，那么将会发生什么。正如人工智能领域一直以来的表现一样，这具有无限可能。

儿童读物是人们受图片影响的另一重要途径。芝加哥大学的一项研究利用经过训练的人工智能来检测人脸、分类肤色并根据人脸预测种族、性别和年龄，以此分析儿童读物中的图片。书籍被分为"主流图书"和"多样性图书"两类。主流图书包括不考虑女孩或特定种族群体的图书。但最常见的情况是，这些图书基本都过度表现白人男孩在故事乐园中的形象，但这些也是孩子们最有可能接触并从图书馆借阅的书。多样性图书则是那些特别考虑到有色人种和性别多样性的书。这项研究比较了一千多本书。主流图书是 1923—2019 年纽伯瑞奖章（Newbery Medal）和卡尔迪科特奖章（Caldecott Medal）的获奖图书；多样性图书是由儿童图书馆服务协会（Association for Library Service to Children）确定的突出多样性社区的书。该研究使用了谷歌机器学习视觉平台，包括面部识别、肤色评估以及对这些图书插图的种族、性别和年龄进行分类；"文本到数据管道"（text-to-data pipeline）将页面扫描为机器可读文本，并搜索表达性别、国籍和肤色的词语。研究人员发现，在过去的一个世纪里，主流图书——儿童更容易接触到的图书——仍然含有种族和性别偏见。这些主流儿童读物中的大部分图片都是白人男性角色。相比女性角色的文本，尽管女性角色的图片出现得更多，但女性和女孩在主流儿童读物中的代表性仍然不足。

幼小心灵接触到的图片种类和某些图片的频率会对他们的世界观产生巨大影响，包括对性别角色、种族刻板印象、文化差异、年龄和能力的重视程度。在社交媒体上，有色人种的母亲积极向其他家长介绍她们为孩子们找到的书。与此同时，强大的技术工具也能揭示早期教育中需要变革的重要领域。当我们解决孩子们所吸收材料中存在的不平衡问题时，就可以开始向新一代展示更具包容性、更有力量的多样平等愿景。

反对全男性小组讨论

作为法学教授，我参加过无数次会议，几乎所有发言人都是男性。我们甚至为此类小组讨论设置了标签：#manels。在学术界担任领导职务期间，我与各研究机构的同事合作，将每一个 manel 变成更加多元化的小组。在不断增强的数字搜索能力和连接性的支持下，我们正在实现这一目标。2015 年，"欧盟小组观察"（EU Panel Watch）在推特上发起了一项活动，专门记录全欧洲由男性专家组成的小组、研讨会和活动。Manel Watch US 同样致力于终结 manels、#wanels（全白人小组讨论）和 #manferences（全男性会议）。这些在线活动鼓励组织者重新思考"老男人"（pale, male, and stale）小组讨论。2019 年，Request a Woman Scientist 数据库成立，为寻找多元化 STEM 专家的记者和会议提供资源。自此，该数据库已发展成为包含一万多名女性和研究性别少数群体的专业人士的名录。Gender Avenger 和 Women Also Know Stuff 等更多数字活动（以及诸如 #womenalsoknowlaw 的衍生活动）也在发挥作用。例如，Gender Avenger 提供了一个应用程序，可以统计谁在小组讨论、会议、媒体以及"任何你能看到的不平等的地方"出席并发言。

2021 年 8 月，我的女儿埃莉诺参加了在华盛顿特区举行的全国学生领袖会议。经过长达几天围绕国际外交问题的辩论，埃莉诺及其朋友意识到，各小组的讨论已经陷入僵局，女生很少在讨论中获得平等发言机会，谈判也毫无进展，男生垄断了交流机会。埃莉诺提出请愿书，要求在讨论的前十分钟，只允许女生发言。这一提议被采纳，对改变各小组决议的整体进程起到了重要作用。

我们如何才能将埃莉诺的想法应用于日常环境，要以更系统的方式来鼓励追踪和发现议事环境中的演讲失衡现象吗？世界银行最近的一项研究使用文本即数据的方法检查了印度 Tamil Nadu 农村的村民大会记录。[1] 研究人员使用自然语言处理（natural language processing）衡量议事的影响力，发现相对于男性，女性处于劣势：她们不太可能发言、设定议程并得到国家官员的相关回应。研究还发现，虽然村委会主席有性别配额要求，但女性与会者的发言频率并没有增加，而女性主席确实更倾向于对女性选民作出回应。因此，自然语言处理方法有望揭示、纠正不平等言论和影响力模式。许多地方政府都难以分析这一模式。

即使是在美国联邦最高法院，当我们使用算法测量男女大法官在口头辩论环节的发言时间时，依旧能够发现不平等。美国西北大学托尼亚·雅各比和迪伦·施韦尔斯两位学者利用算法分析口头辩论的笔录，研究了最高法院自 2004 年起的 15 年任期。他们通过算法在大法官发言的一行末尾搜索 "—"，即被打断的是该名大法官，

［1］Ramya Parthasarathy, Vijayendra Rao, and Nethra Palaniswamy, "Deliberative Inequality: A Text-as-Data Study of Tamil Nadu's Village Assemblies," Policy Research Working Paper WPS 8119, World Bank Group, Washington, D.C., June 2017, http:// documents.worldbank.org/curated/en/582551498568606865/Deliberative-inequality-a-text-as-data-study-of-Tamil-Nadus-village-assemblies.

软件会观察谁被列为下一个发言的人（打断者）。雅各比和施韦尔斯发现，口头辩论环节，男性大法官打断女性大法官发言的频率大约是打断其他男性大法官发言频率的三倍。他们还发现，保守派大法官打断自由派大法官发言的频率是相反情况的两倍多。雅各比和施韦尔斯在研究女性大法官的打断情况时发现，随着越来越多的女性加入联邦最高法院，男性大法官打断女性大法官的发言次数更多了。令人吃惊的是，研究显示，在过去十年中，当女性在法院的代表人数增加到约四分之一时，32% 的打断是针对女性大法官的，但只有 4% 的打断是女性大法官做出的。2021 年 10 月，最高法院宣布改革口头辩论环节，允许大法官在律师发言时间结束后按照资历顺序单独提问。最高法院首位拉丁裔大法官索尼娅·索托马约尔（Sonia Sotomayor）解释说，新规则部分出于雅各比和施韦尔斯等人的研究结果——联邦最高法院中女性大法官发言被打断的次数更多。索托马约尔说，同事们比以前敏感多了。她提醒我们，打断女性发言的情况绝不仅限于法院："大多数时候，两性发言的主题尽管相同，女性的发言却没有得到倾听。"[1]

在能够使用机器学习筛选文本、音频和图像之前，这类研究不可能实现，但它们正在引领具体的改革和有意义的进步。如多元化活动家韦尔纳·迈尔斯所述："邀请多元化来参加聚会，邀请包容来跳舞。"[2] 想象一下，在生活的众多领域中改进和系统地整合技术，以类似于软件检测薪酬差距的方式，来帮助跟踪语言和能见度差距，将会产生怎样的影响。利用人工智能更好地了解公民参与的

［1］Ariane de Vogue, "SCOTUS Changed Oral Arguments in Part Because Female Justices Were Interrupted, Sotomayor Says," CNN, last updated October 13, 2021, https://www.cnn.com/2021/10/13/politics/sotomayor-oral-arguments/index.html.
［2］Laura Sherbin and Ripa Rashid, "Diversity Doesn't Stick Without Inclusion," *Harvard Business Review*, February 1, 2017, https://hbr.org/2017/02/diversity-doesnt-stick-without-inclusion.

动态，以及如何创建更具包容性的议事论坛，是民主的重要前沿。从 Lena 故事这一渊源开始，我们已经取得了长足的进步，在学术界、政界、艺术界和商界，Lena 的插页图片比从事开创性研究、担任领导职务并改变世界的女性更具知名度。

第五编

心　脏

第八章　欲望算法

人际关系丰富、混乱而又难以满足，解决之道在于技术。

——雪莉·特克尔（Sherry Turkle），

麻省理工学院科技社会学研究教授

完美陌生人之池

欲望能否被设计？数百年来，配偶模式（mating patterns）一直沿袭着阶级和种姓传统。即使择偶日益成为个人的选择，传统模式依然存在。社交圈和工作圈的惯性、挥之不去的偏见和家庭压力以及地理位置的限制，仍然在极大程度上限制着人们如何、在何处找到世上唯一契合的灵魂（kindred-est spirit）。

婚恋市场与就业市场状况类似。市场既可以成为长期排斥的根源，也可以成为促进民主化的重要因素。如今，约会 App 已经超过 1 500 种。Tinder 自诩撮合了 600 多亿次匹配，而且这个数字每分钟都在增长。与其他约会方式相比，更多人可能会通过网络约会开始一段恋情。已有超过三分之一的新婚夫妇在网上结识。对同性伴侣而言，网上配对的比例甚至更高。新冠病毒大流行让人们比过去更依赖在线约会，在酒吧和派对无法实现的时候，在线约会能让人们保持联系。Bumble、Tinder、OkCupid 和 Match.com 都指出，在大流行的头几个月里，它们的流量（traffic）急剧增加。OkCupid 在 2020 年第二季度约会人数增加了 700%，同期 Bumble 的视频通话增加了 70%。[1] 巴黎高等社会科学研究院（École des Hautes Études en Sciences Sociales in Paris）研究主任伊娃·易洛斯，她研究资本主义和现代世界改变我们情感和浪漫生活的方式，并指出"互联网应用的作用在于，它们让你有史以来第一次看到了充满可能的婚恋市场"。[2]

在线约会 App 可以扩大潜在爱情配对池，以前所未有的方式重新设计约会和配偶模式。借用科技界最流行的术语"颠覆"（disruption），算法约会已经颠覆了我们约会和相亲的方式。新的数字婚恋市场有可能降低了古老身份标记（种族、民族、阶级和性）的黏性。然而，算法匹配和数字设计也受到了线下世界历史和现行规范的影响，所以它们会以缩小或包容、限制或解放的方式重构人们的偏好。极端情况下，在线约会甚至被证明是危险的，对弱势人群来说更是如此。问题是，我们怎样才能在最大限度发挥在线约会潜力的同时，防止陷阱和危险，建立更加多样化、相互联系更紧密、更有爱的世界？

勾搭文化的工程化

以一款典型的约会 App 为例，用户之间的关系是通过算法产

［1］Caitlin Chin and Mishaela Robison, "This Cuffing Season, It's Time to Consider the Privacy of Dating Apps," *TechTank*（blog）, Brookings Institution, November 20, 2020, https://www.brookings.edu/blog/techtank/2020/11/20/this-cuffing-season-its-time-to-consider-the-privacy-of-dating-apps/.

［2］Ashley Fetters and Kaitlyn Tiffany, "The 'Dating Market' Is Getting Worse," *Atlantic*, February 25, 2020, https://www.theatlantic.com/family/archive/2020/02/modern-dating-odds-economy-apps-tinder-math/606982.

生的：用户填写个人资料，上传照片，并列出对潜在伴侣的一些偏好。其他觅约者的照片开始出现，如果两个人相互将对方照片右滑，就完成了匹配。在 Tinder 的模式中，在约会和配对博弈开始之前就移除了拒绝请求的选项：用户甚至永远看不到那些拒绝自己的人。用户也不会看到整个游戏场地（playing field），Tinder 会决定用户能看到谁。通过跟踪用户的模式，App 会输出未来推荐。例如，用户的选择性越强，算法就越有可能将该用户与其他选择性强的用户相匹配。约会算法会对人进行排名和聚合，排名靠后的人就看不到排名靠前的人。但是，如果选择性受到种族和民族偏见的抑制时会怎样？

2019 年，Tinder 的创始人肖恩·拉德解释了 Tinder 算法是如何根据其他心仪用户"手指右滑"或者选择他们的频率，给每个用户一个心仪指数（desirability），以表示某个人的受欢迎程度。用户根据一种被称"Elo 分数"（Elo score）的测量方法被分为不同的受欢迎程度，每次右滑都会看到受欢迎程度相似的人。[1] Elo 分数最初是为国际象棋设计的，在游戏（如《魔兽世界》）中经常被用来将不同技能的玩家分成不同组，并与技能水平相近的玩家进行匹配。因此，如果你在在线约会游戏中不占优势，你往往不会滑到受欢迎程度较高的人的资料，而是会被匹配到其他没有那么受欢迎的人。如今，Tinder 指出，它不再依赖 Elo 分数，而是将重点放在用户彼此的地理距离和他们在 App 上的相对活跃程度上。"我们

[1] Magdalena Rolle, "The Biases We Feed to Tinder Algorithms," Diggit Magazine, February 25, 2019, https://www.diggitmagazine.com/articles/biases-we-feed-tinder-algorithms; Austin Carr, "I Found Out My Secret Internal Tinder Rating and Now I Wish I Hadn't," *Fast Company*, January 11, 2016, https://www.fastcompany.com/3054871/whats-your-tinder-score-inside-the-apps-internal-ranking-system; Mat Bartlett, "How Tinder's AI Micromanages Your Dating Life," Medium, September 13, 2020, https://mattjbartlett.medium.com/how-tinders-ai-micromanages-your-dating-life-aee76f8b2cf0.

不关心（或存储）用户的肤色深浅，算法也不知道用户的年收入是 10 美元还是 1 000 万美元，我们不会因为金发女郎更有趣而先向用户展示，我们也不相信刻板印象。因此，无论用户是在庆祝排灯节（Diwali）、狂欢节（Carnival）、开斋节（Eid Al-Fitr），还是同性恋骄傲游行（Gay Pride），我们都认为，当来自各行各业的优秀人士欢聚一堂时，派对会变得更加精彩。我们的算法设计是开放的，我们也对结果很满意。"[1] 这种从心仪指数评分的转变可能会引导用户摆脱自身的隐性偏见，从而相比以前的技术，让配对结果更加多样化。自 Tinder 推出以来，不同种族之间通婚的总人数有所增加。[2]

这一切都意味着，网络平台既能扩大约会池，也能引导我们的约会模式和偏好。算法将我们的身份归类为有形类别，将欲望编码为消费者的选择。布雷特·弗里希曼（Brett Frischmann）和埃文·塞林格（Evan Selinger）在《再造人类》（*Re-engineering Humanity*）一书中指出，技术正在改变人类，而不仅仅是复现人类的功能。人类正被设定为服从技术的提示，制造出他们的喜好，而不是由他们自由选择："公司、机构和设计师经常把人类当作可编程的对象，通过超个人化的技术来适应个人过往经历、现在的行为和感受以及所预测的未来。"[3] 我们正被设计成遵循 Frischmann 和 Selinger 提出的

[1] Tinder, "Powering Tinder—The Method Behind Our Matching," news release, last accessed January 11, 2022, https://blog.gotinder.com/powering-tinder-r-the-method-behind-our-matching/.

[2] Emerging Technology from the ArXiv, "First Evidence That Online Dating Is Changing the Nature of Society," *MIT Technology Review*, October 10, 2017, https://www.technologyreview.com/2017/10/10/148701/first-evidence-that-online-dating-is-changing-the-nature-of-society.

[3] Brett Frischmann and Evan Selinger, *Re-engineering Humanity* (Cambridge: Cambridge University Press, 2018), 6—10.

"狡猾的程序脚本"（a deviously programmed script），这种担忧在在线约会中真实存在。只要我们勾选方框、上传图片，算法就会学习如何引导我们建立成功的联系。

在线上，我们似乎被简化成了预设选项的列表。尽管 Tinder 最近宣布放弃考虑种族和社会经济地位的自动评分，但是许多约会算法仍在使用统计模型，根据性别、种族、性和其他标记对用户进行分类。与此同时，我们可以重新定义社区，在常规圈子之外寻求爱情，并在一定程度上测试在线身份的可塑性，超越物理世界的僵化限制。

快节奏、便捷地获得看似无限的约会机会，也意味着找个伴侣安定下来似乎不再那么迫切。人们每个月可以遇到几十个匹配对象，一年可能会有数百个性伴侣。约会技术通过提供过量的潜在匹配对象，改变了我们的关系模式。一项研究表明，一个人在约会软件上的成功感会增加他们出轨的可能性。[1] 许多人开始相信，他们拥有爱的无限可能性，如果每次匹配结果不完美，他们就可以继续寻找。在线约会的出现让那些对临时性伴侣感兴趣的人得到了回报。人成了可以交换的商品。心理学家埃丝特·佩雷尔（Esther Perel）担心，约会技术预示着人际关系问责度的衰落。[2]

在线约会 App 是否可能导致不忠或破坏关系责任，这一问题预设的理想前提是单配偶和两人关系（而非多人关系）中的异性恋关系。与此同时，我们可以拒绝将某些形式的亲密关系道德化的同时，承认寻求爱情的经历和婚恋市场的现实，即使在数字约会的世

[1] Cassandra Alexopoulos, Elisabeth Timmermans, and Jenna McNallie, "Swiping More, Committing Less: Unraveling the Links Among Dating App Use, Dating App Success, and Intention to Commit Infidelity," *Computers in Human Behavior* 102（January 2020）: 172.
[2] Esther Perel, *The State of Affairs: Rethinking Infidelity*（New York: HarperCollins, 2017）.

界中，这仍然是有性别区分的。尽管我们组建家庭的规范在不断变化，尽管生殖技术取得了巨大进步，但女性的生物钟仍然比男性跳得更快。因此，女性可能从某个年龄开始就更急于安定下来，平均而言，这种刻板印象仍然成立。这提醒我们，刻板印象有时确实有道理。我们如何应对这些社会现实，以及是否要努力挑战不平等，反映着我们的道德立场。研究表明，男性比女性更可能通过 Tinder 寻求短期性关系，这并不令人意外。[1] 不过，这些模式仍在演变，我们需要记住比较性的衡量标准：与线下约会模式相比，在线约会是否会让男女的恋爱目标差距更大？ Tinder 发布的一项调查显示，与线下约会者相比，包括男性和女性的更多 Tinder 用户对稳定关系感兴趣。虽然我们的恋爱模式一直是社会工程学中最后的禁忌，但是环境在不断变化，我们需要承认，技术设计在塑造当代亲密关系中的重要性。

指滑与抱怨

就如马克·扎克伯格（Mark Zuckerberg）在大学期间创办的 Facebook 一样，他的灵感来自一个"性感与否"（hot or not）的大学网站。该网站对女学生的照片进行评级。Tinder 是由南加州两所大学的兄弟会成员贾斯汀·马丁、肖恩·拉德、乔纳森·巴丁、迪内什·穆尔贾尼、乔·穆诺兹和惠特尼·沃尔夫（现为惠特尼·沃尔夫·赫德）共同创办的。该应用于 2012 年推出，到 2013 年 5 月，Tinder 已成为下载次数最高的 25 款社交网络应用之一。到 2014 年，Tinder 用户日均指滑次数超过 10 亿次，用户平均每天在该应用上花费约九十分钟。如今，Tinder 的用户遍布 190 个国家。

[1] Sindy R. Sumter, Laura Vandenbosch, and Loes Ligtenberg, "Love Me Tinder: Untangling Emerging Adults' Motivations for Using the Dating Application Tinder," *Telematics and Informatics* 34, no. 1（February 2017）: 67.

与其他数字领域的科技公司一样，在线约会行业的集中度也在不断提高。Match Group 已收购了超过 45 家全球在线约会公司，包括 Tinder、Match.com、Meetic、OkCupid、Plenty of Fish、Ship、OurTime 和 Hinge。不过，在 Match Group 的投资组合中，Tinder 联合创始人惠特尼·沃尔夫·赫德创建的 Bumble 不在其列。

2014 年，惠特尼·沃尔夫·赫德从 Tinder 辞职，创立了 Bumble 公司。同年，赫德以性骚扰和歧视性工作环境为由指控 Tinder 和它的联合创始人马丁、拉德。赫德和马丁相识于 2012 年，后来开始约会，当时马丁还是她的老板。在她提起的性骚扰诉讼中，她声称自己曾被称为荡妇和骗子，并在 2013 年分手后遭受马丁的言语控制和辱骂。马丁从 Tinder 辞职，否认了这些指控。据报道，他以 100 万美元和股票奖励与赫德达成和解，并要求和解后，赫德不得对外讨论这起诉讼。但是赫德声称这是对她的工作成就而非财富的认可。她希望人们用她在 Bumble 取得的成功来定义她，而不是这场法律纠纷。[1]

Bumble 开发的在线约会 App 定位与众不同，是一款"由女性提供，为女性服务"的应用。在 Bumble 的应用程序上，在异性配对中摒弃了"女性应该坐等男性接近"的陈旧观念，由女性主动发起。一旦通过相互右滑建立了匹配关系，女性就必须在 24 小时内联系对方，否则匹配关系就会失效。赫德说，在这种情况下，Bumble 的女性用户会变得更加自信。当女性主动发起互动时，约会场景就会变得更加公平。Bumble 的设计能让女性受益，让在线约会搜索变得平等，但并不是所有人都同意这一说法。批评者认

---

[1] Hannah Ellis-Petersen, "WLTM Bumble—A Dating App Where Women Call the Shots," *Guardian*, April 12, 2015, https://www.theguardian.com/technology/2015/apr/12/bumble-dating-app-women-call-shots-whitney-wolfe.

为，Bumble 通过迫使女性主动出击来迫使她们付出更多努力。[1]

尽管如此，赫德仍希望鼓励女性在生活的各个方面主动出击。公司的政策体现了赫德的女权主义：Bumble 董事会中女性占多数，Bumble 基金会为有色人种女性创办的初创公司提供资金支持。网球奥运奖牌得主塞雷娜·威廉姆斯是该公司的早期投资者。2021年，Bumble 以 130 亿美元的估值上市，赫德成为世界上最年轻的白手起家的女性亿万富翁，她的净资产估值为 15 亿美元。她还是英国同性恋交友应用程序 Chappy 的主要投资者。

2018 年，现已与 Tinder 合并的 Match 对 Bumble 提起诉讼。Tinder 指责 Bumble 使用了 Tinder 的发明。诉讼称："本案与女权主义或基于女权主义进行营销的企业无关；Match 赞赏 Bumble 在其 App 和线下为赋权女性所做的努力，Match 非常关心其女性用户和一般女性问题。相反，本案只是为了迫使 Bumble 停止使用 Match 自己的发明来与 Match 和 Tinder 竞争。"Match 指控 Bumble 侵犯了两项专利——一项与 Tinder 为潜在约会对象配对的方式有关，另一项与应用程序的设计有关。Match 还认为，Bumble 使用的 "swipe" 一词侵犯了 Match 的商标术语。Bumble 则提起了 4 亿美元的反诉，声称 Match 盗用了 Bumble 在收购磋商期间秘密披露的商业机密。两家公司达成和解协议，将在 2020 年终止所有诉讼。在线平台的选择带来了更多创新，也带来了更多尝试具有社会责任感的设计的机会。Bumble 以 "反对厌女症的斗士"（crusader against misogyny）自居，它安装了一套程序，可以在对话中过滤用户不想看到的图片。Bumble 公司和赫德支持通过立法保护在线用户免受骚扰。

[1] Nancy Jo Sales, *Nothing Personal: My Secret Life in the Dating App Inferno*（New York: Hachette, 2021）.

我们需要数字化的约会保护吗？

在线约会正在为线上和线下带来新型风险。Bumble 和赫德支持了一系列相关立法行动：得克萨斯州的法案规定，未经接收者同意，在网上分享猥亵照片属于 C 级轻罪，最高可处以 500 美元的罚款；加利福尼亚州制定了《禁止猥亵行为和性骚扰法》(Forbid Lewd Activity and Sexual Harassment, FLASH)；纽约州的一项法案将把未经同意披露私密图片的行为定为犯罪。

在缺乏公共监管的情况下，私人平台在很大程度上被赋予了主导权，要以保护言论、福祉、公平和平等的方式审核内容。我曾担任多家平台的顾问，帮助它们以合乎伦理和负责任的方式涉足这一崎岖不平、在很大程度上是未知的领域。内容审核正越来越多地将人工和自动化流程相结合，但是在这一过程中仍然可能隐藏着人类的偏见和文化规范。例如，根据《纽约时报》最近的一篇报道，海外内容审核员负责为自动删除露骨内容的人工智能系统进行图片标注，将所有同性伴侣的图片归类为"不雅"。[1]法律学者阿里·沃尔德曼（Ari Waldman）讨论了许多类似的例子：YouTube 的人工智能会标注同性恋或有酷儿气质的人（queer）的图片，而不会标注异性恋图片；Instagram 会标注用手臂遮住胸部的大码黑人女性的无上装图片，而不会标注摆出类似姿势的瘦削白人女性的无上装图片；TikTok 在某些司法管辖区禁止使用 #gay、#transgender 和 #Iamagay/lesbian 等标签。[2]人工智能学者兼活动家凯特·克劳福德（Kate Crawford）指出："机器学习中的每个分类体系都体现了

[1] Cade Metz, "Using A.I. to Find Bias in A.I.," *New York Times*, June 30, 2021, www.nytimes.com/2021/06/30/technology/artificial-intelligence-bias.html.
[2] Ari Ezra Waldman, "Disorderly Content," *Washington Law Review*, Vol. 97, Issue 4（December 2022）, pp. 907—976.

一种世界观。无一例外。"[1] 我们在构建系统时需要注意这些偏见的影响。

内容审核的场景也很重要。正如 Tinder 信任与安全产品负责人罗里·科佐尔所述："一个人的调情很容易变成对另一个人的冒犯。"[2] 然而，人工智能在处理场景方面仍处于起步阶段。例如，Facebook 就曾因母乳喂养的照片带有性暗示而对其进行标注和删除。随着算法接收到更多关于性、性行为和骚扰的场景化、细微的信息，或者换言之，接收到更多的数据，它们就会得到改善。人工智能仍未达到理想状态，但它在区分哪些信息有害、哪些无害方面已日渐成熟。

当在线约会带来危险——有人在约会 App 的个人简介中提供虚假信息，或者更糟糕的是，犯罪者伤害了与之约会的受害者，那么法律责任又如何追究呢？从历史上看，所谓的"情感侵权"（heartbalm torts）是在情侣关系终结时，通过提供损害赔偿，保护妇女的民事诉因（违反结婚承诺、不法引诱和感情疏远，以及通奸侵权）。20 世纪早期这些保护措施的废除导致了 20 世纪产生了奇怪的床伴（bedfellows）现象：女权主义者认为，情感侵权诉讼将女性描绘成脆弱的、需要保护的人；而另一方面，一些人谴责这些诉讼证实了女性"天生的狡猾本性"——欺骗男性做出承诺，然后操纵制度让男性付出代价。如今在美国，只有少数几个司法管辖区（例如，北卡罗来纳州）的法律中还保留着情感侵权制度。

现在，随着在线约会的迅速兴起，一些人认为我们应该重新引入针对恋爱和性欺诈的法律保护。一些法律学者，如法学教授伊琳

[1] Vanessa Friedman, "Fashion Adapts. Algorithms Lag," Style Desk, *New York Times*, February 11, 2021.
[2] Arielle Pardes, "Tinder Asks 'Does This Bother You?,'" *Wired*, January 27, 2020, https://www.wired.com/story/tinder-does-this-bother-you-harassment-tools.

娜·曼塔（Irina Manta），建议通过民事立法对在线约会的个人信息造假行为进行处罚，因为这些谎言是普通人同意发生性关系的重要因素。这段历史显然带有性别色彩：法律保护女性免受男性的诱惑。[1] 在这种情况下的保护冲动揭示了我们已经在努力解决的紧张关系：我们希望承认脆弱性，但不放大脆弱性或将其刻板化；我们希望赋予权力，而不是认同陈旧的、不平等的贞洁观念。在这一领域，更具挑战性的是国家对性行为和亲密关系进行监管的漫长而充满争议的历史，包括反鸡奸法（anti-sodomy laws）、强迫残疾人绝育和反混血法（anti-miscegenation laws，通过将异族通婚以及不同种族成员之间的性行为定为刑事犯罪，在亲密关系层面实施种族隔离的法律）。此类例子不胜枚举：婚外性行为、通奸、同性恋和跨种族性行为都曾被定罪。因此，当我们考虑规范新型数字婚恋市场时，我们需要记住，在历史上，根据大多数宗教以及许多国家的法律，大多数性行为都是非法的。与此同时，我们也确实要警惕和预防性犯罪，包括强奸、性侵犯和性骚扰。正如 Manta 所述，无论人们最终是否同意她的建议，即为严重的在线约会欺诈事件设立民事诉因（这比刑事定罪的侵犯性要小得多），我们都必须面对这样一个事实，即历史上人们一直以"政府应该退出民众的卧室"为由反对立法，包括一些我们今天认为明显属于犯罪的行为，如非合意的性关系。既然我们已经拥有了跟踪和监控的数字能力，我们就不希望倒退到监控达成合意的亲密关系。与此同时，我们可以利用技术，采取侵入性和损害性程度低于事后的刑事或民事诉讼的方式，减少欺骗、降低违法行为的风险。

在线约会可能很危险。当我开始研究有关应用程序匹配导致强奸的报道时，我认为这些事件类似于数字与线下约会中一直存在的

[1] Irina D. Manta, "Tinder Lies," *Wake Forest Law Review* 54（2019）: 207.

风险和犯罪。然而，正如 Manta 在她即将出版的新书《互联网上的陌生人》(*Strangers on the Internet*) 中所记录的那样，与在线约会有关的性犯罪率令人震惊，因为与之互动的陌生人数量之多，无论是加害者 (predators) 还是受害者。关于平台用户使用虚假身份的调查报告，比如一名 OkCupid 用户在平台上使用假名并强奸了数名女性，这令人十分担忧。为了应对在平台上安排约会后发生的性侵犯，包括 Match.com 和 eHarmony 在内的几家在线约会网站开始根据公开的性犯罪者名单筛选会员。一些约会应用程序，如 Bumble 和 Tinder，也有一些（尽管只是部分）身份验证程序。2021 年，Match Group 宣布与非营利组织 Garbo 合作，允许用户对其恋爱对象进行刑事背景调查，并在 Tinder 上开始试点。批评者对隐私、准确性以及根据犯罪前科将人排除在外表示担忧。例如，民主与技术中心 (Center for Democracy and Technology) 的米歇尔·理查森担心犯罪记录并不能准确反映暴力行为，提醒我们刑事司法系统存在种族偏见，并指出许多约会暴力都没有报案。根据 Garbo 创始人凯瑟琳·科斯米德斯的说法，该程序将向用户提供逮捕、定罪和其他与暴力有关的公共记录信息，并省略轻罪记录和无关的过往行为，如违反交通规则或吸毒。显然，这些保护用户的措施并非万无一失。但是，我们也需要思考技术在欺骗中扮演的角色，相对而言，使用在线约会软件的女性（以及任何人）是否比线下见面时更安全或面临更多风险。我们需要坚持独立于从中获利的公司，来研究这些趋势，并探索如何在新的约会模式中更系统地促进安全。

在健康方面，梅毒、淋病和衣原体感染率在过去几年中创下了历史新高。[1] 一些健康专家将感染率上升的原因归咎于在线约

[1] Alice Mirando Ollstein and Mohana Ravindranath, "How Some—but Not All—Dating Apps Are Taking On the STD Epidemic," *Politico*, December 10, 2019, https://www.politico.com/news/2019/12/10/dating-apps-stds-080159.

会 App，因为通过在线约会服务可以快速建立大量联系，我们需要更仔细地研究这些趋势，但是对于通过偶然接触传播的性疾病，追踪接触者是很困难的。正如新冠病毒大流行向我们展示的那样，并不是每个人都能负责任地、迅速地防止传染病传播给他人，这表明我们需要投入更多的公共资源，并利用技术手段打击这种不负责任的行为。[1] 卫生官员和权益组织呼吁约会 App 帮助抗击性传播疾病的流行，但主动促进性健康的 App 并不多。有些 App 会以付费广告的形式发布公共健康信息，有些则提供非营利性的广告价格，但也有一些 App 做得更多。Grindr、Adam4Adam、Daddyhunt 等 App 与当地卫生部门合作，发送性传播疾病暴发警报和检测信息，并在线匿名告知相关的性伴侣可能感染的风险。[2] 据 Politico 最近报道，非营利组织正在利用技术创造更健康的在线约会环境。2019 年，"建设健康网络社区"组织（Building Healthy Online Communities）将学术研究人员和卫生官员与约会 App 的团队联合起来，推出了 TellYourPartner.org 网站，该网站允许用户通过短信或电子邮件，以安全可靠的方式匿名通知性伴侣有关性传播疾病的信息。该组织还与约会 App 合作，提供免费的上门艾滋病毒和性传播疾病检测包，用户可以通过 App 申请检测。除了检测，约会平台还可以提供更好的信息，将真正的风险与非理性的污名化区分开来。一些同性恋约会 App 与艾滋病非营利组织合作，帮助用户了解感染艾滋病的耻辱感。例如，Daddyhunt 允许用户签署"抵制污名化"（Live Stigma-Free）的承诺。Safely 公司为我们提供了另一

---

[1] 伊琳娜·曼塔（Irina Manta）在她即将出版的新书《互联网上的陌生人》（*Strangers on the Internet*）中讲述了许多关于人们故意将性传播疾病传播给通过在线约会网站认识的性伴侣的故事，她认为应该允许此类行为的受害者对肇事者提起民事诉讼。

[2] Ollstein and Ravindranath, "How Some—but Not All—Dating Apps Are Taking on the STD Epidemic."

个通过数字化增强责任感的例子。这款免费 App 可以让人们在手机上显示经验证的性传播疾病状况——这与允许人们显示核酸检测阴性结果或疫苗接种的"绿色护照"（green passport）的 App 大同小异。

欺诈与幻想之间

在我看来，在不知情的情况下给他人带来危险的活动与双方自愿、无受害者的活动之间存在着重要的区别。技术设计往往可以成为比政府规制和法院诉讼更好、更有效、更准确的解决方案。解决其中一些问题的可行女权主义途径是通过设计和知识来提升信心，促进信任。在线数据实际上可以以线下接触所不具备的方式提供一些交叉检查，即所谓的"陌生人信任系统"。正如我们在健康研究中看到的那样，通过正确的设计，技术可以保护我们免受伤害，同时保护隐私。

在我们的数字爱情生活中，欺骗和欺诈的形式和程度多种多样。我们该如何区分约会 App 上可能对用户构成危险的虚假身份和在线欺骗，以及真实的在线互动——遇上令人惊喜的约会对象、扩大我们的约会范围、建立线下圈子之外的联系，以及拓展我们对亲密关系和性的想象力？谈及数字身份，我们能否从单一身份的概念中解放出来，让数字世界给我们带来幻想的能力？

法律学者安德鲁·吉尔登警告说，随着在线约会和艳遇风险的日益凸显，通过在线约会带来的性行为正越来越多地受到审查和监控。[1] 在谈到技术进步时，这里有个反复出现的事实：数字世界让我们比以往任何时候都更能探索性身份和性幻想，但它也以前所

---

[1] Andrew Gilden, "Punishing Sexual Fantasy," *William and Mary Law Review* 58（2016）: 419.

未有的方式实现了对性交流的监控。吉尔登最担心的是，虽然美国联邦最高法院最近审理的一些标志性案件传递的信息是非规范性行为将被实质性的放松规制，但是这种放松规制实际上仅限于传统的异性恋规范环境，如婚姻和卧室隐私。在这些场景之外，非规范性和/或"公开"形式的性行为仍然受到严格审查，而且由于人们对在线虐待/骚扰/欺凌的担忧，这种审查有可能加剧。吉尔登列举了最近的一些案例：一位年轻的母亲因为在 Facebook 上与前男友进行了露骨的对话，而在离婚时输掉了孩子的监护权；一对十几岁的同性伴侣因为互相发送裸体自拍照，而被起诉犯有儿童色情罪；一位纽约警察因为在恋物幻想网站上的对话，而被判定犯有共谋绑架多名妇女的罪行。在研究了这一领域的许多案例后，吉尔登得出结论，法官和陪审团一再将性幻想与有害的犯罪行为混为一谈，尤其是当性欲望引起不赞同或令人反感时。这种严惩网络性幻想的模式不仅存在严重问题，而且与社会忽视预防可怕性犯罪的许多情况形成鲜明对比。而这种规制性幻想和性欲的模式，对那些传统上在塑造性规范方面话语权较小的人，很可能造成更大的伤害。

近年来，美国最高法院标志性的判决为性少数群体提供了更强的宪法保护。2015 年，在 Obergefell v. Hodges 中，法院认定禁止同性婚姻是违宪的。我在主持我叔叔与他丈夫的婚礼时，读到了该判决的部分内容。法院解释说，宪法保护所有人"定义和表达自己身份"的能力。然而，纵观网上发生的一切——从刑法到家事法，再到言论权利——数字环境有时可能遭受过度规制，而非规制不足。正如 Gilden 所说，游戏是我们每个人构建身份的核心机制。它也是我们在文化中定位自己的方式："通过游戏，无论是在沙盘、棋盘游戏、聊天室里，还是在卧室里，我们追求快乐的同时也参与创造性的问题解决，了解如何与其他人的技能和经验相联系，并朝着巩固身份和社会纽带的方向发展。"[1]

技术可以解放更多形式的游戏或性行为。我们希望男性和女性都能享受各种各样的性幻想和性行为。即使从历史上看，性（包括游戏）偏好——或对偏好的认知——是有性别区分的，但是如果说女性总是喜欢更缓慢、亲密、连贯、浪漫的性爱，而男性则总是想要快速、肮脏、狂野和粗暴的行为，那也是在顺应陈旧的性别化性观念。平等的爱情机器——利用技术为赋权服务——需要在权力不平衡的持续现实与权力和游戏平等的愿望之间找到平衡。

爱的色彩

技术有一种强大的能力，可以让老问题有新的解释。科技可以揭露我们制度中那些无声的假设，其中之一就是我们一直不愿正视最亲密的选择中存在的偏见。我们已经通过了反对就业、消费市场、住房市场、学校和银行歧视的政策，但是相对于雇用谁之类的选择，我们选择爱谁，这一选择会被认为过于隐私而无法监管。在约会平台上，种族和民族的呈现和权衡方式提供了特别有启发性的二元对立，既要让自主、选择和身份在在线约会中发挥作用，又要推动包容和平等。

从我们记事起，人们的约会方式就带有种族歧视的模式。然而，有证据表明，在线约会正在增加跨种族婚姻的比率。[2] 维也纳大学（University of Vienna）和欧洲研究中心（Center for European Research）的研究员合作开展了一项研究，考察了在线约会的影响以及过去五十年间异族通婚数量的增长情况，发现在约会网站推出

[1] Gilden, "Punishing Sexual Fantasy."
[2] Phillip Hergovich and Josué Ortega, "The Strength of Absent Ties: Social Integration via Online Dating," working paper, last revised September 14, 2018, https://arxiv.org/abs/1709.10478v3.

（约 1995 年）、在线约会平台日益流行（2006 年），特别是 Tinder 诞生（2015 年）之后的几年里，异族通婚的比例明显增加。虽然这种增长有可能是人口构成变化的结果，但异族通婚的速度已经超过了少数族裔在总人口中所占比例的增长速度。美国黑人的异族通婚率从 1980 年的 5% 跃升至 2015 年的 18%，但在此期间，美国黑人的比例一直稳定在 12%。当然，社会规范和我们的在线行为相互交织，我们永远不会认为相关性就是因果关系，但这些积极的发展趋势值得我们进一步研究。技术可以推动变革，但持久的变革必须来自社会规范。我们还必须认识到，在许多交友网站上，种族问题非常突出，并对匹配产生了重大影响。

与其他类型的平台和选择架构一样，中立性的设计并不存在。约会 App 的设计反映了规范性选择，无论是人类选择匹配对象，还是人工智能选择匹配对象，种族都在其中发挥作用。2018 年，OkCupid 发布的一项研究证实，在匹配过程中存在大量种族偏见。OkCupid 创始人克里斯蒂安·拉德称："当你观察两个美国陌生人在浪漫场景下的行为时，种族是最终的干扰因素（confounding factor）。"[1] 研究发现，黑人女性和亚裔男性在约会 App 上收到信息或回复信息的可能性最低，白人男性和白人女性不愿意与其他种族约会。黑人男性和女性给白人发信息的几率是白人给黑人发信息几率的十倍。[2] 一些证据表明，男同性恋者最有可能因为种族偏好而排斥伴侣。事实上，当代同性恋理论界正在讨论 Grindr、

---

[1] Josh Magness, "White People Prefer White People on Dating Apps—But That Could Be Changed, Study Says," *Fort Worth Star-Telegram*, October 2, 2018, https://www.star-telegram.com/news/nation-world/national/article219361075.html.

[2] Jevan A. Hutson, Jessie G. Taft, Solon Barocas, and Karen Levy, "Debiasing Desire: Addressing Bias and Discrimination on Intimate Platforms," in *Proceedings of the ACM on Human-Computer Interaction*（New York: Association for Computing Machinery, 2018），2: article 73, https://doi.org/10.1145/3274342.

Hornet 和 Scruff 等网站对"男同性恋巡游"（gay male cruising）文化的影响，以及算法排序是否强化了同性恋社区的阶级和种族等级制度。批评者担心，这些应用程序尤其会将性关系商品化，将人视为"肉类市场"的一部分，将伴侣物化，使其成为被消费和处理的对象，并加剧了身份界限的分类。[1]另一些人则认为，允许人们被当作客体的数字空间也有一些好处——正如酷儿理论学者所描述的那样，它们在自己与潜在伴侣之间保留了一道鸿沟，"降低了了解他人、为他人代言和为他人利益而行动的愿望——这种倾向看似利他，实则会造成毁灭性的后果"。[2]酷儿理论学者汤姆·罗奇探讨了 Grindr 和其他男男约会 / 勾搭 App 如何帮助人们在后疫情时代重新想象一种激进的主体性（post-pandemic subjectivity）——酷儿社交能力，其中参与者是形式上可以互换的化身对象（他称为"虚拟可替代性"）。[3]

尽管这些争论对我们提出了挑战，让我们思考传统上被视为肮脏、自私的约会行为，但防止种族排斥的挑战仍然突出而且普遍存在。重要的是，种族偏好在最初选择在在线约会软件上发起匹配时更为强烈。当人们有机会进行互动并看到更广泛的选择集后，他们的偏好就会变得更加开放和包容。这为约会平等机器提供了一个技术设计的机会。诺贝尔奖获得者加里·贝克尔（Gary Becker）认为，婚恋市场的两大原则是满足偏好和保持竞争。贝克尔推断，每个人都会在市场条件的限制下，为找到最佳伴侣而竞争。婚姻有助于个人的健康、福祉、经济保障和幸福。当婚恋市场被隔离时，不

[1] Tim Dean, *Unlimited Intimacy* (Chicago: University of Chicago Press, 2009).

[2] Greg Goldberg, "Meet Markets: Grindr and the Politics of Objectifying Others," *Convergence* 26, no. 2 (2020): 253—268.

[3] Tom Roach, *Screen Love: Queer Intimacies in the Grindr Era* (Albany: SUNY Press, 2021).

平等就会世代相传。我们往往将约会视为完全由个人选择的最后避风港。但数字设计却有能力减轻或加剧排斥的问题模式。选择恋爱对象从来都不是一个完全理性的过程。约会 App 提供了一个机会，让我们跳出过去主导我们社交生活的封闭的约会池。在线约会 App 可以打开以前无法打开的空间，让不同背景的人在这里相遇和配对。在线约会软件可以决定是否允许根据种族或能力进行搜索和排序。我的一位教酷儿理论的朋友建议我开展一个思想实验，即在线上约会平台上完全隐藏性别、性或性取向的标识。用户仍然可以根据他们所看到的个人资料做出选择，但是该平台将不允许根据性、性别或性取向做出决定，从而让所有人都能看到整个交友信息库。

匹配怪物

身份盲化是就业领域可能的一种设计方案。毕竟，除了生物特征，我们还可以根据许多其他特质对自己进行分类，例如爱好、职业和个人经历、政治倾向、专业等特质。算法很可能会发现，其中一些其他特质与种族、性别或宗教信仰仍有关联，但远不如直接筛选的关联度高。日本同性恋约会 App 9Monsters 根据用户的性格特征和爱好，将所有用户归为九种怪兽之一，重新划分并摒弃了传统的线下分类。这种在保持用户自主权的同时，通过设计建构偏好的做法往往是克服偏见的好方法。除了约会 App，由色情明星史托雅和凯登·克罗斯创办的色情网站 TrenchcoatX 也采取了类似尝试，通过删除种族标签的方式，让用户无法通过种族类别进行搜索。

只有少数领先的约会 App 有反歧视政策。这些平台会让用户更难根据种族和其他偏见行事，同时保持选择自由。平台可以选择阻止基于种族的资料筛选，也可以禁止带有种族偏好的言论，例如"不要拉丁裔"或"我只和白种人约会"。种族偏见会继续渗入，但是至少明确排斥整个群体的行为不会得到应用程序的支持。2020年夏天，在各家公司纷纷响应"黑人的命也是命"抗议活动之际，Grindr 取消了种族筛选功能，并发起了一场反对平台歧视行为的运动，口号是"善良是我们的偏好"（Kindness Is Our Preference）。[1] 在此之前，Grindr 平台上只有付费用户才能通过种族选项筛选与之匹配的结果。同性恋约会应用 Scruff 也宣布将从其平台上删除种族选项。

不过，Hinge、OkCupid 和 eHarmony 等大多数约会 App 仍然允许用户按种族进行筛选，还可以按身高、学历等其他分类筛选。eHarmony 的英国官网有"生活方式"分类中，包括了亚洲人、孟加拉人、黑人、中国人、基督徒、60 岁以上人士、单亲父母等选项。该网站的美国版有西语裔约会平台，其澳大利亚网站提供了种族选项。这是少数族裔在其社群内寻找潜在对象的方式。Match.com 的发言人为使用种族筛选进行了辩护，理由是这样可以让用户"找到具有相似价值观、文化教养和经历的人，从而提升他们的约会体验"。[2] 确实需要注意的是，删除筛选类别可能会在不经意间造成成本或危害。例如，一直以来被边缘化的群体很难找到彼此，并形成线下社区，他们可能会从筛选身份的能力中受益。我是在以色列长大的犹太人，非常熟悉父母向子女传递的信息，即要找相同信仰的人结婚。此外，在社群和种族之外扩大约会机会本身也可能以模式化的方式发生，如以性别或社会经济阶级的方式，这导致少

［1］Amy Thomson, Olivia Carville, and Nate Lanxon, "Match Opts to Keep Race Filter for Dating as Other Sites Drop It," Bloomberg, June 8, 2020, https://www.bloomberg.com/news/articles/2020-06-08/dating-apps-debate-race-filters-as-empowering-or-discriminating.

［2］Thomas McMullan, "Are the Algorithms That Power Dating Apps Racially Biased?," *Wired*, February 17, 2019, https://www.wired.co.uk/article/racial-bias-dating-apps; Thomson, Carville, and Lanxon, "Match Opts to Keep Race Filter."

数族群中一些人的选择比以前更少。[1]技术的魅力在于，它可以缓解相互竞争的价值观之间的紧张关系。作为一名行为学研究者，我曾广泛研究过信息展示和决策环境如何以微妙的方式影响我们的偏好。随着连接规模的扩大和用户界面的创新，我们有机会挑战历史上基于种族、宗教、种姓、社会地位和其他标准的偏好，而不会剥夺选择伴侣的自由。我们可以考虑逐步扩大约会池和初始匹配范围，并借鉴从研究用户在 App 上的行为中获得的启示，例如在初次联系之后，人们的偏好可能会变得不那么僵化。

　　除了直接的个人选择，当算法被编程为最优化地满足多边用户应用程序的偏好时，它可能会使用种族指标来创建匹配，即使它只是根据其他人过去的行为来预测统计偏好。我们对约会应用程序如何自动完成匹配的过程还不够了解，因为几乎所有平台都对其数据和算法保密。此外，由于现在的算法可以从海量数据中自主学习，所以对算法进行编程的软件工程师甚至不明白他们构建的神经网络为什么会得出某些结果。但据我们所知，许多约会平台上的算法匹配很可能已经考虑到了种族因素。例如，记者阿曼达·芝加哥·刘易斯发现，当她在约会软件 Coffee Meets Bagel 上注明愿意与任何种族的男性约会时，她收到的全是亚洲男性的资料。算法可能发现愿意与亚裔男性约会的女性很少，于是优化了显示方式，让愿意与亚裔男性约会的用户看到这些资料。其他记者发现，当用户没有指定种族偏好时，应用程序仍然倾向于向他们展示同种族的伴侣。[2]

[1] See, for example, Erica Chito Childs, "Looking Behind the Stereotypes of the 'Angry Black Woman': An Exploration of Black Women's Responses to Interracial Relationships," *Gender and Society* 19, no. 4（2005）: 544—561, https://journals.sagepub.com/doi/abs/10.1177/0891243205276755?journalCode=gasa.
[2] Katie Notopoulos, "The Dating App That Knows You Secretly Aren't into Guys from Other Races," Buzzfeed News, January 14, 2016, https://www.buzzfeed-news.com/article/katienotopoulos/coffee-meets-bagel-racial-preferences.

MonsterMatch 是一款模拟约会 App 的游戏，旨在揭露助长匹配算法的固有偏见。[1] 用户创建怪兽角色和个人资料，在其他怪物的账户上左右滑动就可以开始聊天和约会。游戏时间越长，就越能了解用户的"怪兽偏好"。假设用户在游戏中是狼人，就在僵尸身上右滑"是"，但在吸血鬼身上左滑"否"。从那时起，当新用户也在僵尸上右滑时，算法可能会假设这个新用户也不喜欢吸血鬼，因此不向该用户展示吸血鬼的资料。[2] MonsterMatch 是一个创造性的例子，它努力让人们了解约会软件的真实运作方式，人们的指滑行为不仅会影响他们未来的配对，还会影响其他人的配对，并助长种族偏见。

设计更好的算法意味着我们需要思考，约会匹配中的偏好是不是一种歧视，我们需要解决这个社会问题。环境影响了关于美的理解，社会对优点的随机表述影响了我们对才华的理解。在每个领域和决策中，偏好都是可改变的，爱情也不例外。技术对我们的所见所闻和感受都产生了巨大影响。如果约会软件告诉用户，某个人与她很相配，那么用户选择这个人的几率就会增加。周遭的环境影响和维持着我们的偏好，无论是过去还是现在，对这一点的理解都有助于推动讨论的深化。婚恋市场意味着我们限制了一些人获得恋爱关系带来的所有好处，包括地位、收入、健康、教育、社会和职业网络、社区影响，等等。技术可以帮助我们在所珍视的原则之间找到更好的平衡。默认情况下，用户会受到 App 推荐能力的影响。与生活中其他领域一样，约会领域的数字设计在尊重用户的自主选择权的同时，也可以鼓励多样性和包容性。爱情也许是盲目的，但技术不是。

[1] Cara Curtis, "This Game Reveals the Hidden Racial Bias of Dating App Algorithms," The Next Web, May 29, 2019, https://thenextweb.com/news/this-game-reveals-the-hidden-racial-bias-of-dating-app-algorithms.
[2] "It's Not You, It's the Algorithm," Monster Match, n.d., https://monstermatch.hiddenswitch.com/op-ed.

第九章 爱上机器人的欢愉和危险

人不是生来就是女人，而是后天成为女人。

——西蒙·德·波伏娃（Simone De Beauvoir），

存在主义者和女权活动家

争议理由

2010 年，总部位于新泽西州的公司 True Companion 宣布正在开发 Roxxxy 女性机器人和 Rocky 男性机器人。该公司承诺，这种机器人"将保持待机，随时准备玩耍"。该公司允许购买者定制机器人的肤色、面部结构、发色和性格，标价 1 万美元。根据购买菜单，可以选择将 Roxxxy 设定为外向、喜欢冒险的 Wild Wendy，或是矜持、害羞的 Frigid Farah，再或是经验丰富的 Mature Martha。该公司还为未来的客户提供了其他两款玩具，分别是不到 18 岁、有待调教的年轻女孩 Young Yok 和满足人们对疼痛 / 快感幻想的 S&M Susan。但是，该公司没有按照种族、年龄或性偏好对男性机器人进行分类。制造商承诺，每台机器人都能听到自己伴侣的声音，并对此作出智能反应。尽管公司做了很多宣传和承诺，但是并没有真正售出 Roxxxy。2021 年，该公司似乎已经倒闭，网站也成了无效链接。正如《卫报》所报道的，True Companion 的承诺具有如此强烈的幻想色彩，以至于即使没有任何证据证明 Roxxxy 曾经存在过，消费者、记者和评论家们也仍然对她着迷不已。[1]

随着机器人设计师注入大量精力描述拥有完美性伴侣的未来，备受争议的性爱机器人市场也在不断扩张。如果你去拉斯韦加斯参观年度机器人大会，会发现展厅里大片区域都是性爱机器人。目前，这些机器人大多表现为无生命的玩偶，具有聊天机器人的语音功能、一些能对触摸作出反应、进行加热的身体传感器、人工心跳以及处于适度水平（middle-of-the-road）的机械移动能力。尽管处于媒体炒作、政策辩论、电影视觉（cinematic visions）和学术反思的背景下，性爱机器人仍然相当原始。然而，当许多人翘首期待真正自主的性爱机器人时，争议也随之而来。这些创造物尚未成熟，很大程度上还是神话，就已引发热议。

谁在害怕性爱机器人？

2018 年，一家加拿大公司试图将其性爱机器人业务扩展至美国，计划在得克萨斯州开设商店，售卖和出租性爱机器人。得克萨斯州人抵制这一公司，数千人联名签署请愿书，要求禁止开设此类商店，认为这无异于性交易和卖淫。在关于成人用品店、脱衣舞厅和妓院的禁令基础上，当地政府增加禁止开设与"拟人化设备或物品"（an anthropomorphic device or object）发生性接触的商店。与围绕性爱机器人的广泛辩论一样，围绕此类商店的强烈抗议也理由不一。宗教保守派和激进女权主义者联合起来抗议，认为性爱机器人创造了奇怪的床伴。得克萨斯州人担心日益兴起的性产业会对年轻

[1] Jenny Kleeman, "The Race to Build the World's First Sex Robot," *Guardian*, April 27, 2017, https://www.theguardian.com/technology/2017/apr/27/race-to-build-world-first-sex-robot.

人产生潜在的腐蚀性影响，但他们也引用了女权主义关于物化女性的论点。持反对意见的人引用《圣经》，主张上帝并没有设想过包括机器人在内的性行为。他们的论点不一而足，既有对性解放的恐惧，也有对平等和顺从的担忧。

加拿大律师辛齐亚娜·古蒂乌（Sinziana Gutiu）强烈反对性爱机器人，认为这是女性被编程控制后的物理互动表现形式。[1]她警告，机器人无法说不，所以性爱机器人会诱发男性强奸女性："虽然对于用户来说，他们与性爱机器人的互动不同于他们与女性的互动，但是问题在于他们想要拥有性爱机器人的潜在需求或欲望。"[2]欧洲人类学家凯瑟琳·理查森（Kathleen Richardson）也发出了类似警告。她在英国发起了"反对性爱机器人运动"（Campaign Against Sex Robots），呼吁禁止使用性爱机器人。理查森认为："性爱机器人正在逐渐成为机器人行业的焦点，但是它们所借鉴的模特将呈现何种面貌、扮演何种角色，这确实令人不安。"[3]她也指出，性爱机器人将损害所有关系，包括两性之间、同性之间和成人与儿童之间的关系。这场运动将性爱机器人与主人之间的关系类比为妓女与强行和她发生性关系的人之间的关系。理查森对此发出红色警报，性爱机器人会削弱人类的同情心，加剧不平等，增加对妇女和儿童的暴力行为。这些反对论点让我想起了早期反对色情和性工作的社会活动家。在卖淫、色情和机器人之类充

[1] Sinziana Gutiu, "Sex Robots and Roboticization of Consent," presentation, We Robot 2012 Conference, University of Miami, April 21—22, 2012, http://robots.law. miami.edu/wp-content/uploads/2012/01/Gutiu-Roboticization_of_Consent.pdf.

[2] Sinziana Gutiu, "The Roboticization of Consent," in *Robot Law*, edited by Ryan Calo, A. Michael Froomkin, and Ian Kerr (Cheltenham, UK: Edward Elgar Publishing, 2016), 186, 196.

[3] "Intelligent Machines: Call for a Ban on Robots Designed as Sex Toys," BBC, September 15, 2015, https://www.bbc.com/news/technology-34118482.

满争议的领域中，共同的争议点是，它们的存在使人际关系中的物化行为合法化，并使将女性（尤其是有色人种女性）作为玩物出售和剥削以取悦男性的行为正常化。

现实中仍然充斥着深刻的性别和种族不平等，这些恐惧令人难以辩驳。在社会和历史背景下，技术具有意义和目的。在纪录片《我的性爱机器人》（My Sex Robot）中，机器人放大了女奴的概念，我们从中可以感受到令人不寒而栗的恐惧。这部纪录片讲述了三个男人寻找完美机器人的故事。接受采访的男性将性爱机器人描述为"不会对你说不的人"。他们特别喜欢机器人没有任何自由意志的"茫然凝视"（blank stare）。其中一个男人说："这几乎就是人类的奴役。"直到 1993 年，婚内强奸才在美国五十个州成为一项罪行。现在，我们似乎正面临着这样的未来：可以随时随地与顺从的人形机器人（humanoid）发生性关系。但是，正如性工作、色情制品以及其他与技术相关的争议一样，问题和现实远比直接禁止要复杂得多，而且掩盖问题肯定也无济于事。

色情制品的教训

1964 年具有里程碑意义的 Jacobellis v. Ohio 一案中，美国最高法院拒绝定义色情制品，而是选择了"吾见之则吾知之"（I know it when I see it）的检验标准。与此同时，加拿大最高法院不仅给出了定义，还进行了更有意义的分析：色情本身并无好坏之分，我们反倒应该担心暴力、有辱人格和泯灭人性的（dehumanizing）色情制品对女性的奴役。在 1992 年的 R. v. Butler 案中，加拿大高等法院指出，色情制品使妇女处于从属、被奴役或侮辱的地位，违背了平等和人类尊严原则。法院认为，色情制品剥夺了女性独特的人类特征或身份，将其描绘为性玩物，歇斯底里地对男性性要求做出迅速回应；色情制品崇拜男性生殖器，它们自身的价值也取决于生殖器和乳房的品质。

20世纪80年代和90年代，密歇根大学法学教授凯瑟琳·麦金农（Catharine MacKinnon）领导了一场反对色情和卖淫的女权运动。20世纪90年代末，我还是一名法学生，受麦金农著作的影响，我写了一篇研究论文，讲述这场斗争如何带来了令人不舒服的床伴：与意欲规范我们性行为的保守宗教团体并肩作战的女权主义者。这些团体同样想要推翻"罗伊诉韦德案"（Roe v. Wade），掌控女性美德，在公共场合隐匿我们，封杀我们的声音。长期以来，色情也从内部分裂了女权主义者。多年来，许多女权主义思想家都认为，与其禁止色情制品，还不如重新认识并重塑它，创造体现性积极主义*和更平等的性快感描述。如今，女性色情网站产业就反映着这一理念。

毫无疑问，与性爱机器人行业一样，色情业也是高度性别歧视的行业。该行业物化女性，使其从属于男性的目光和身体。还有人担心，色情作品中的描写会助长暴力，贬低女性。麦金农与其合作者安德烈·德沃金（Andrea Dworkin）试图为女性开辟一条新的道路，让她们能够对色情制品的制作者和传播者提起集体诉讼。自由派学者以言论自由和反对审查制度进行回应。在我学习麦金农的著作近二十年后，我邀请麦金农来圣地亚哥发表演讲，就这些问题进行了热烈讨论。麦金农更关注的是互联网通过网络摄像头模糊了色情和卖淫之间的界限，为剥削和贩卖未成年人提供了便利，让情况变得更糟。2021年，麦金农发表了一篇专栏文章，批评网络色情的维护者，尤其是美国公民自由联盟（ACLU），并呼吁制定法律，规定如果网络平台发布未成年人性影像，受胁迫、欺骗而拍摄的或失窃的成年人的性影像，应当承担更多责任。

---

* 性积极主义是指一种对性不带任何评判、认可多样性的态度。——译者注

反色情学者和社会活动家盖尔·迪恩斯（Gail Dines）博士将网络色情描述为"不是你父亲的《花花公子》杂志"，而是更具伤害性、更广泛且更极端的行为。但是，网络色情是否真的会导致更多性暴力，从现有的文献来看，还存在争议。关于色情与性暴力之间联系的实证研究也并无定论。在关于色情制品的争论中，与那些试图禁止色情制品的人形成鲜明对比的是，通过赋权女性的性制品来重新认识和改写色情制品。辛迪·加洛普（Cindy Gallop）创办了 MakeLoveNotPorn 网站，该网站提供符合性积极主义的色情内容，资助女性主导的性爱科技企业。电影制片人特里斯坦·塔米诺（Tristan Taormino）的著作《女权主义色情书》（*The Feminist Porn Book: The Politics of Producing Pleasure*）中描述了色情作品中表演者表达什么能给她们带来快感的表现形式。这让我想起了《当哈利遇上莎莉》（*When Harry Met Sally*）这部电影中餐厅假高潮的经典桥段。电影制作人诺拉·埃夫隆和罗布·莱纳在合作创作过程中讨论了男女的床上表现，包括是否会假装高潮，并采访了办公室里的人。这一幕的最后，坐在附近包间的年长女性（由罗布·莱纳的母亲饰演）提出要求："我要和她一样的"。

与女性主义电影的标准相同，我们也能找到关于女性主义色情作品的定义。定义之一是"必须有女性参与作品的制作、编剧或导演；或者作品必须传达真正的女性快感；或者作品必须拓展性表现的边界并挑战主流色情"。[1]

劳伦·涅米和坎迪达·罗亚尔创办了色情制片公司 Femme Productions。她们的目标是以更真实和多样化的方式拍摄性爱和亲密关系——涉及不同年龄、不同种族、不同体型的女性，并创作演

---

[1] Natalie Benway, "Feminist Porn Is for Everyone," *Little Village*, May 18, 2018, https://littlevillagemag.com/feminist-porn-is-for-everyone.

员在高潮时的面部特写而非生殖器的特写。色情行业中来自顺性别
（cisgender）、跨性别和同性恋的女性工作者表示，色情工作赋予了
她们力量，解放而非压迫了她们。色情明星尼娜·哈特利（Nina
Hartley）将自己的工作描述为"放纵享乐主义的完美乐园"，也是
"与其他同道者分享我对性、快感、爱和亲密关系的深刻想法和观
点的途径"。[1]

性自主及其局限

与机器人发生性关系这一问题引发了诸多哲学思考，比如这种
新技术的出现会如何影响贞操的社会建构、对床上表现的期望和人
际关系。人们对这个即将到来的时代的痴迷程度远超技术发展的速
度。在这里我想逐一分析人们的担忧。担心机器夺走贞操的想法已
然过时。正如黛博拉·奥尔（Deborah Orr）所述，认为女孩发生性
关系就会导致她们"受损""失身"或"失去贞操"的观念一直存
在问题。[2]人们是否认为自己需要像机器人一样工作？这当然是
有可能的，但周遭的世界（电影、媒体、艺术等事物）总是无情地
影响我们对自己的外表和表演方式的期待。目前我们还不清楚性爱
机器人的出现会如何改变人们对性行为的文化期待。出轨又该如何
呢？与机器人的婚外性行为是否属于外遇？但愿不是，但是随着性
爱科技的日益普及，人类亲密关系的相关问题将继续演变。

美国联邦最高法院在著名的劳伦斯诉得克萨斯州（Lawrence v.
Texas）案中确立了一项原则：亲密行为的自主权和隐私权也属于

[1] Nina Hartley, "Porn: An Effective Vehicle for Sexual Role Modeling and Education," in *The Feminist Porn Book: The Politics of Producing Pleasure*, edited by Tristan Taormino, Celine Parreñas Shimizu, Constance Penley, and Mireille Miller-Young (New York: Feminist Press, 2013), 230.
[2] Deborah Orr, Belief, *Bodies, and Being: Feminist Reflections on Embodiment* (Lanham, MD: Rowman & Littlefield, 2006).

自由范畴。劳伦斯案涉及一对同性伴侣，联邦最高法院经过审查判定得克萨斯州一部制定法违宪。该制定法将双方同意情况下在私人住宅内进行的同性性行为认定为犯罪。安东尼·肯尼迪（Anthony Kennedy）大法官认为性行为是"人类最私密的行为"，同时强调这种自主权不包括下列情形的性行为：涉及公共行为、伤害、胁迫、卖淫、未成年人以及其他难以确定同意真实性的情况或关系。劳伦斯案之后，美国法院在将性自主权的概念应用于各种情况时出现了分歧。

性玩具和性爱科技（特别是振动器、假阳具、性玩偶和性爱机器人）给一些法院带来了挑战。当亚拉巴马州禁止销售性玩具时（现在仍然禁止），联邦第十一巡回法院维持了禁止销售的法律，并将此举视作该州维护"公共道德"的一种方式。但是，联邦第五巡回法院撤销了得克萨斯州禁止销售性玩具的类似禁令，认为性玩具是住宅中隐私行为的延伸，属于双方同意下私人亲密行为的一部分。

性自主是成年人自愿情况下的一项基本权利。另一个更容易让法院达成一致的问题是针对儿童性机器人的案件。加拿大已经禁止销售儿童性玩偶，澳大利亚和英国的立法机构也禁止进口儿童性机器人。美国国会未能通过禁止分发、进口和销售儿童性玩偶和机器人的《遏制具有现实剥削性的电子恋童癖机器人法案》（Curbing Realistic Exploitative Electronic Pedophilic Robots Act, CREEPER 法案）。该法案提出于 2017 年，此前有报道称一家日本公司试图出口儿童性机器人，人们担心这会使成年人与未成年人之间的性行为正常化，并导致剥削、物化、虐待和强奸未成年人。2020 年，该法案再次在国会提出，原因是一位母亲发现了亚马逊广告将一款售价559 美元的玩偶描述为"为男性提供的高品质性感真人玩偶"，而该玩偶与她八岁的女儿十分相像。

这些也并不是新问题。二十年前，荷兰心理学家提出，恋童癖者可以通过观看计算机生成的儿童色情制品来得到治疗，这激怒了许多人。[1] 在 2014 年的一次机器人学会议上，佐治亚理工学院机器人学教授罗纳德·阿金（Ronald Arkin）提到可以用外形酷似儿童的机器人来治疗恋童癖，并将其类比为用美沙酮治疗吸毒者。[2]这些说法无论是在事实，还是在道德方面都不堪一击。许多儿童色情制品的消费者是未被发现的恋童癖者。我们不可能知道我们未曾发现的事情。即使由电脑生成，色情制品也有害于儿童；即使没有真正的儿童参与制作，对虐待行为的记录也是错误的。《欧洲网络犯罪公约》（European Convention on Cybercrime）禁止制作、传播和拥有完全由计算机生成的儿童色情图片。美国法院也认为，恋童癖者利用这些图像将鼓励儿童参与性行为。无论儿童色情制品如何产生，它的存在都可能会使犯罪行为正常化，甚至增加犯罪概率。

相比之下，在 Ashcroft v. Free Speech Coalition 这起颇具争议的案件中，美国联邦最高法院审议了一项禁止计算机生成儿童色情制品的法律，但是由于案涉色情制品并不涉及真实儿童，因此该禁令被认为过于宽泛而违宪。联邦最高法院并不认为"虚拟儿童色情制品"与虐待儿童之间存在"内在联系"。相反，联邦最高法院认为数字制作图像与实际儿童性虐待之间的因果关系是"偶然和间接的"。

然而，正如哲学家约翰·丹纳赫（John Danaher）所说，儿童机器人提供了真实儿童的"人造摹本"。针对机器人可以帮助恋童癖者的观点，机器人伦理学家帕特里克·林进行了形象的比较：

[1] Milton Diamond, Eva Jozifkova, and Petr Weiss, "Pornography and Sex Crimes in the Czech Republic," Archives of Sexual Behavior 40, no. 5（October 2011）: 1037.
[2] John Danaher, "Regulating Child Sex Robots: Restriction or Experimentation?," *Medical Law Review* 27, no. 4（Autumn 2019）: 553, 556.

"想象一下，通过让偏执狂虐待棕色机器人来治疗种族主义。"[1]对于大多数人来说，无论面对的是人类儿童还是仿人儿童，我们的道德判断都会起作用。事实是，我们凭直觉就能分辨是非，这已在多个实验中得到验证：大多数人都不愿意模拟不道德的行为，即使这种行为没有伤害到真实人类。因此，我们支持禁止销售儿童性爱机器人，但同时我们鼓励性爱机器人的多样化和再创造。

说是才算同意

机器人与人类是否可能达成共识？有些人认为，如果在设计机器人时摒弃强奸文化，并将同意作为设计中积极和明显的组成部分，这是有可能的。我们可以将机器人设计为，在用户不遵守模拟同意机制的程序时，机器人可以停止运行。"负责任机器人基金会"（The Foundation for Responsible Robotics）在一份报告中警告，"允许人们通过性爱机器人来实现最阴暗的幻想，可能会对社会和社会规范产生有害影响，给弱势群体带来更多危险"。[2]该报告建议增加传感器来检测模仿性虐待的暴力操作。

其他人认为同意更为微妙复杂。在我成长的过程中，我们被教导"说不就是不"（no means no）。但是现在，我们教育孩子的是"说是才算同意"，这才是正确的方式（我的女儿作为学校里的同龄人领袖，也这样引导她们的同龄人）。被动服从并不等于同意。人们将机器人编程为默认同意，违背了"说是才算同意"的原则，同意应当是主动作出的。如果自主性和同意密不可分，那么在机器人

[1] Sarah Knapton, "Sex Robots on Way for Elderly and Lonely... But Pleasure-Bots Have a Dark Side, Experts Warn," *Telegraph*, July 4, 2017, https://www.telegraph.co.uk/science/2017/07/04/sex-robots-way-elderly-lonelybut-pleasure-bots-have-dark-side.

[2] Noel Sharkey, Aimee van Wynsberghe, Scott Robbins, and Eleanor Hancock, *Our Sexual Future with Robots*（The Hague: Hague Institute for Global Justice, Foundation for Responsible Robotics, 2017）, 30.

实现真正自主决策之前，它都不可能真正作出同意。

关于这些问题，我们可以回顾一下上文的论述。即使性伴侣是人形机器人时，非自愿性行为的画面是否会引起人们对违法的性行为的兴趣？我们担心性爱机器人的出现会使未经同意的性行为轻易实现，并习以为常。同样，我们担心暴力色情化本身就是有害的。关于明确表达的真实同意、从图片转化为行为的风险等问题存在已久，正如女权主义者过去关于色情制品的争论，以及我们关于未成年人外形的机器人的讨论。这些问题并不容易回答，我们可以看到，这些问题甚至会在类似的法律制度之间造成分裂。但是，我们应该积极开展此类对话，因为无论我们是否喜欢，性爱科技已经到来，性爱机器人将与色情制品一样在日常文化中逐渐正常化。笔者认为，性爱机器人利大于弊，但是我们需要明智地对待这些新的、聪明的，甚至可能性感的朋友。

更幸福的地方

性是美好的。有稳定性生活的人更加健康长寿，压力更小而且睡眠质量更好。对稳定性生活之价值的量化研究发现，将性生活频率从每月一次提高到每周至少一次，给人们带来的幸福感不亚于大幅加薪。[1] 仅靠手淫是无法获得全部益处的，拥有伴侣才能充分享受性行为的所有益处。

既然如此，为什么不增加一些人造伴侣呢？英国计算机科学家大卫·利维是性爱机器人的早期倡导者。2007 年，他写了《与机器人的性与爱》(Love and Sex with Robots) 一书。Levy 是名资深计算机程序员，在将注意力转向性爱机器人之前，曾参与过计算机棋

[1] David G. Blanchflower and Andrew J. Oswald, "Money, Sex and Happiness: An Empirical Study," NBER Working Paper Series 10499, National Bureau of Economic Research, Cambridge, MA, May 2004.

手的早期迭代工作。1997 年，IBM 的"深蓝"（Deep Blue）电脑经过六场比赛击败了国际象棋世界冠军。Levy 当时就设想机器人还可以为缺爱的人填补空虚。在他看来，未来的性爱机器人将淘汰卖淫，为数百万人解决亲密关系问题。如今，他更乐观地认为，许多过去被视为禁忌的性行为已经被人们所接受，与机器人发生性关系也将如此。Levy 还认为性生活会越来越美好："人类性行为的次数和做爱姿势的数量都将增加，因为机器人带给我们的知识将超过世界上已出版的性爱手册。"Levy 说，一旦我们与机器人相爱，世界将变得更加幸福："人人都能随时享受美妙的性爱。何乐而不为呢?"

2015 年，马来西亚政府禁止 Levy 在依斯干达经济特区（Iskandar Malaysia）举办"与机器人的爱与性"国际大会。马来西亚总警监（Inspector-general of police）哈立德·阿布·巴卡尔发表声明称，人类与机器人之间的性行为是非法的；此外，他还告诉全世界，这个话题"毫无科学性可言"。会议组织者将会议转移到了伦敦。自那以后，年度会议不断引发争议和戏剧性事件。其中一位特邀嘉宾声称，机器人妻子的优势在于服从和顺从，这一发言引发众怒。年会组织者不科学和有问题的评论所引发的争议在一定程度上分散了人们的注意力，忽略了对更重要问题的讨论，即如何引导性爱科技的发展，改善而非削弱健康的亲密关系。正如 Slate 上发表的一篇文章所述："物化女性并非性爱科技的固有特征。它只是我们未能讨论性爱科技和考虑包括女性在内众多消费者需求的副产品。性爱科技产品的污名化使得当前的制造商可以完全控制哪些产品进入市场。"[1] 我们需要更认真地探讨（包括严谨的理论和实证

---

[1] Marina Adshade, "We Need Academic Conferences About Robots, Love, and Sex," *Future Tense*（blog）, *Slate*, December 13, 2018, https://slate.com/technology/2018/12/love-sex-robots-conference-bannon-academic-research.html.

研究）机器人对人类性关系的影响，正如它们日益改变其他生活领域的工作方式和相互关系一样。

性爱机器人的支持者认为它们可以帮助那些因环境、身体或情感方面存在障碍而无法找到正常人类伴侣的人。人类是社会性动物，每个人都值得也需要陪伴。关于残疾人和老年人无性的说法是虚假的，也是对他们的忽视。每个人都需要亲密关系，因为受到成见和评判的影响，一些人很难如愿。性爱机器人可以帮助缓解性别失衡社群中的棘手问题。

在全球范围内，新冠病毒大流行清楚地表明，社会隔离可以达到何种程度，以及将伴随的心理健康问题。全球大流行所带来的孤独和隔绝为在家中使用机器人（如性爱机器人）的价值提供了生动用例。Realbotix 公司首席执行官兼性爱机器人 Harmony 的发明人在接受《福布斯》采访时声称，该公司在新冠病毒大流行期间的销售额比此前高出了 75%。[1]

性爱机器人的好处还在于可能提高性产业的安全性。性爱机器人是否真的有助于减少人口贩卖、防止疾病和卖淫所带来的负面影响，是一个实证问题。据研究估计，到 2050 年，阿姆斯特丹的红灯区将充斥着机器人性工作者。[2] 日本几十年来一直出租性玩偶，欧洲也是如此。2018 年，西班牙一家性玩偶出租商店进军俄罗斯，意图吸引前来观看世界杯的顾客。世界各大城市——阿姆斯特丹、名古屋、巴塞罗那、多伦多、莫斯科——都已经在红灯区引入了配备 AI 的性玩偶。支持者表示，这样做的好处显而易见：机器人不会携带性传播疾病，也不会发生性贩卖或性虐待。虽然医学研究人员还

[1] Andrea Morris, "Talk to Your Sex Robot About COVID-19," *Forbes*, July 28, 2020, www.forbes.com/sites/andreamorris/2020/07/28/talk-to-your-sex-robot-about-covid-19.

[2] Ian Yeoman and Michelle Mars, "Robots, Men and Sex Tourism," *Futures* 44, no. 4（May 2012）: 365.

在争论性爱机器人是否真能提供更安全的性行为，但我们有理由相信，如果制定了明确的清洁协议，使用合适的抗菌材料，那么机器人就能够提供更安全的性体验。如果性爱机器人真能成为人类理想的替代品，那么或许能帮助解决每年数百万妇女被贩卖的悲剧。

从芭比到 Harmony

我在开始研究性玩偶市场时，就已经对这个行业充斥的性别歧视刻板印象做好了充分准备。我曾写过一本书，讨论世界上最受欢迎的芭比娃娃的阴暗面。在我出版的《你不属于我》（*You Don't Own Me*）这本书中，第一句话是："她金发碧眼，美丽动人——身材婀娜多姿、双腿修长、腰肢纤细、胸部丰满，以至于有芬兰研究人员称，任何拥有类似身材的女性都一定会为之倾服。"因此，如果有性爱机器人被设计成高度性感且色情化的女性，我也不会惊讶。

按照好莱坞的标准，机器人的性魅力和浪漫关系已成为主流。《她》《机器姬》和《人工智能》等电影（其中电影《人工智能》中裘德·洛饰演男性性爱机器人 Gigolo Joe）以及《西部世界》（Westworld）和英国《人类》等电视剧都描绘了对机器人性爱的迷恋。在此之前，类似题材的电影还有《娇妻》和《银翼杀手》。好莱坞大部分作品都以可控、柔韧的女性幻想为主题。但是，问题是人们担心她们会奋起反抗，挣脱枷锁，获得独立。

让我们回到性爱机器人出现之前。我们和其他灵长类动物都长期把玩玩偶。年轻的黑猩猩和红毛猩猩把树枝和树叶当做玩偶，抚摸、轻摇、喂食和哄睡。对于人类来说，玩偶自古以来就因宗教、玩耍和性爱的目的而存在。然而，据说真人大小的性爱玩偶是由17世纪的欧洲水手发明的。长期漂流在公海上的水手渴望女性的陪伴。人们认为女性不吉利，禁止她们加入航行。但是这样一来，水手又怎能幸运呢？水手用织物和旧衣服制作了真人大小的玩偶

（西班牙语中的 damas de viajes）。荷兰人将其中部分玩偶卖给了日本人。所以即使在今天，已经出现了"女性替代玩偶"（substitute-woman-doll）的术语，一些日本公司依然使用"荷兰妻子"（Dutch wives）一词指代性爱玩偶。

"你不知道所有一切都有生命有多么令人困惑"，爱丽丝抵达仙境时说道。看起来有生命的东西会让我们不寒而栗，感到阴森恐怖。1978 年，日本机器人专家森政弘在西格蒙德·弗洛伊德的理论基础上提出，我们对看似有生命的无生命物体中感到不可思议。森政弘将其称为"恐怖谷假说"（uncanny valley hypothesis）：当非人类物体太像人类时，我们就会感到奇怪和不舒服，从而抵制它。Mori 认为，人造人形生物会让人产生熟悉感，同时也会让人感到困惑和威胁。此后的几十年里，接触机器人的想法缓解了人们的抵触情绪。新的研究发现，反复接触人形机器人会让人不再感到陌生。其原因在于，即使科技一开始让人毛骨悚然，但我们已经习惯这项技术。易言之，恐怖谷可能与文化有关。如果新一代在成长过程中与人形机器人建立了更多共生关系，那么他们很可能会习惯于这种互动。20 世纪 70 年代，森政弘向工程师和机器人专家提出建议，在机器人与人类完全无异之前，应当保持机器人外观上的适度差异。一些技术倡导者建议立法强制性爱机器人的设计者降低机器人外观的逼真程度，以确保机器人与人类之间存在可识别的差异。[1] 然而，在日本机器人专家的引领下，如今更常见的是，设计者抛弃了 Mori 的警告，创造出与人类无异的机器人。机器人前沿技术选择了软体系统，而不是光滑闪亮的金属材料，他们开发了包括人造组织、肌肉、骨骼、毛发和眼睛在内的新型生物兼容材料，

[1] Shivali Best, "Sex Robots Could Be Subject to 'Visual Laws' to Stop Them Looking Too Realistic," *Daily Mirror*, June 10, 2019, www.mirror.co.uk/tech/sex-robots-could-subject-visual-16494038.

以使机器人尽可能地与人类相似。

讽刺的是，芭比引发了反向恐怖谷效应。我在研究中发现了太多关于女性（有时是男性）的故事，她们通过多次整形手术，包括隆鼻、面颊填充、臀部和胸肌植入、隆胸、耳部整形、眼袋切除、肉毒杆菌注射、牙齿贴面等，变成了活生生的芭比和 Kens，为此花费了数十万美元。有些人甚至采取切除肋骨这样的极端措施，把自己变成活生生的芭比娃娃。人们制造了欲望，而且具有双向影响；我们的偏好和外表被建构、被商业化和控制的程度远超出我们所愿意承认的范围。

六十多年前，我们遇到了芭比。今天，我们一起来认识下 Harmony。她并不完全是性爱机器人，本质上是一个放在真人大小硅胶娃娃里的聊天机器人。AI 驱动的 Harmony X RealDoll 模型与目前处于测试阶段的 AI 应用程序相连接，提供了 18 种性格风格供用户选择——腼腆、渴望、害羞、不自信、嫉妒、喜怒无常、机敏等等。（Harmony 有 42 种乳头可供选择，数量远超性格选项，这令人吃惊但也不足为奇。）虽然 Harmony 的默认版本身材苗条健美，是我们惯常见到的"性感"女性体型，但用户可以选择 Harmony 的脸型、眼睛和头发的颜色、体形、着装、声音和口音、性格特征以及屏幕上的头像。她拥有面部表情，风趣幽默，还会引用诗歌和莎士比亚的名言。虽然距离真正的智能还很遥远，但她能存储有关伴侣的记忆，记住他们的喜好和故事。她的性器官可以拆卸，并用洗碗机清洗。

硅胶男性

毋庸置疑，主流性爱机器人产业中有相当大的部分正在走性产业的老路：大部分由男性生产，出售给男性并供其消费。但是，这既不是性爱机器人故事的全部，也不是它的全部可能性。最畅销的性爱机器人的制造商坚持认为，他们的客户不仅仅是异性恋男性，还包括单身女性、寡妇、离异女性、残疾人、同性恋者和酷儿个体，甚至也包括情侣。

研究发现，想尝试与机器人发生性关系的男性数量，是坦诚此类想法的男性数量的两倍以上。[1] 尽管如此，男性玩偶仍在开发中，没有理由认为女性不会喜欢它们。数学家兼作家凯西·奥尼尔认为，男性应当担心被取代："机器人完全有可能超越男性。"[2]

在尝试体验男性机器人的记者、学者和女商人身上，我发现了不可否认的规律：每个人一开始都怀疑而且不情愿，最后却惊讶于自己所体验到的快感。记者黛博拉·奥尔在《卫报》上以她特有的讽刺性幽默写道："喜欢与机器做爱的人至少不太可能繁殖后代。"[3] 然而，当女记者们遇到像亨利这样的男性机器人玩偶——Harmony 的男性 AI 对手，身高六英尺，体格健壮，肌肉发达——她们轻蔑的语气就变了。和 Harmony 一样，亨利也能与伴侣互动，奉承她们，并发表浪漫的言论。2018 年 5 月，记者艾莉森·戴维斯抱着怀疑的态度去采访亨利，她以为自己的报道将会是，在没有人愿意与机器人发生性关系之前，科技还有很长的路要走。但在与亨利相处一段时间后，她写道："我只能说，遇到亨利之后，我再也不会像以前那样想着在床上抱着电脑入睡了。"[4] 记者佐伊·利贡写下她与亨利的邂逅：

[1] Sharkey et al., *Our Sexual Future with Robots*.

[2] Cathy O'Neil, "Maybe Sex Robots Will Make Men, Not Women, Obsolete," Bloomberg, January 4, 2018, https://www.bloomberg.com/opinion/articles/2018-01-04/maybe-sex-robots-will-make-men-not-women-obsolete.

[3] Deborah Orr, "At Last, a Cure for Feminism: Sex Robots," *Guardian*, June 10, 2016, www.theguardian.com/commentisfree/2016/jun/10/feminism-sex-robots-women-technology-objectify.

[4] Allison P. Davis, "Are We Ready for Robot Sex?," *New York*, May 14, 2018.

我真想再多抱抱那一大块硅胶……虽然亲吻一张可以为所欲为、对我的身体毫无反应的机械嘴有点诡异，但是我认为只要对技术稍加改进，再加上加热功能，亲吻的感觉就会非常接近人类。[1]

研究数字人文的英国教授凯特·德夫林从伦敦国王学院赶到南加州与男性玩偶见面时，她承认自己很矛盾：

作为一名女性，我想抨击物化现象的长期存在——我研究性爱机器人就是为了摆脱理想化的人类形态——但是我并没有感到这些玩偶的威胁。我把它们视为艺术品、收藏品，它们每一个都制作精良，不是人类的替代品，而是一个独立的实体。[2]

德夫林的这趟旅途也证实，女性可以享受男性性爱机器人，就像男性享受女性性爱机器人一样。

Silicon Wives 是一家著名的在线性玩偶零售商，出售一些男性玩偶。该公司声称，它的女性客户"远超想象"，"女性往往是触觉爱好者，她们追求性爱时的'完整体验'。亲吻和爱抚对她们来说非常重要。"Silicon Wives 公司销售的性爱玩偶之一是粗犷的男性玩偶 Maverick，他扮演经验丰富的飞行员，会即兴带你乘坐他的四座 Mooney 飞机共进午餐和晚餐。根据该公司的客户报告，以及对

[1] Zoë Ligon, "A.I. Sex Doll Review," YouTube, last accessed January 13, 2022, MPEG video, 12:52, https://www.youtube.com/watch?v=1Vh2LVcaxQw.
[2] Kate Devlin, *Turned On: Science, Sex and Robots* (London: Bloomsbury Sigma, 2018), 138.

这些玩偶进行独立研究的女性的愉悦反应，更多男性玩偶可能会进入市场，而更多女性可能会寻找这些玩偶。但是，我们只有作为积极的贡献者（研究者、设计者、评论者）而非被动的消费者直面这些趋势时，才能看到真正的进步，而不是让男性机器人成为大量女性刻板印象中小众、刻板产品。

技术版性爱体验

当谈论成熟的全尺寸实体化人形性爱机器人时，我们还需要谈谈蓬勃发展的性爱科技产业，它融合了线上和线下技术，利用人工智能提升人类的体验。性爱科技绝非新生事物。1869 年，美国医生 George Taylor 发明了蒸汽驱动的振动器，用于治疗患有癔症的妇女。1902 年，美国生产出了电力驱动的振动器。然而，直到 20 世纪 70 年代初，自慰和振动器才被用于妇女赋权。在 1973 年的全国妇女性组织会议（National Organization for Women's Sexuality Conference, NOW）上，纽约 NOW 的主席朱迪·温宁感叹道，妇女已经厌倦了作为性的对象，而不是性的主体。"因此，我们本着个人女权主义、个人身份和决策的精神聚集在一起，以我们每个人独有的方式定义、探索、庆祝我们自己的性，并满怀希望地与姐妹分享。"[1] 女权主义性学家 Betty Dodson 在这次会议上宣称："我可能已经迷上了振动器，并会和它保持稳定关系，但我以后会有点担心"。[2]

我们都应该庆祝自己作为性主体而存在。我在前文说过，性对你是有益的。无论男女、二元或非二元性别（同性恋或异性恋），无论种族、背景、年龄或能力如何，都可以而且应当平等地享受

[1] Dell Williams, "The Roots of the Garden," *Journal of Sex Research* 27, no. 3（August 1990）: 461.

[2] Lynn Comella, Vibrator Nation: How Feminist Sex-Toy Stores Changed the Business of Pleasure（Durham, NC: Duke University Press, 2017）, 15.

性。我们都应该有机会使用最先进的技术促进快感。今天的技术可以打破长期以来的禁忌，提醒我们性快感是人类体验中美好的一部分。数字性爱技术的兴起意味着我们可以与身在世界另一端的伴侣进行性爱。不过，性爱科技架设的桥梁不仅可以跨越空间。研究网络性爱的英国教授特鲁迪·巴克博士认为，性爱科技有可能让人类性关系更有意义和价值，也更令人兴奋。[1] 她设想着可以实现性别转换的虚拟现实技术。通过数字创新，我们正在以非凡的方式将人类与技术融合。在拥有能够取代人类的通用智能机器人之前，我们也将增强自身，甚至成为赛博人（cyborg）。

目前，性爱科技行业每年的产值高达 300 亿美元，但它在很大程度上仍然面向男性客户。在对抗行业双重标准的过程中，该领域由女性创办的公司指出了其中存在的明显不平等。2016 年，性健康公司 Unbound 的首席执行官兼联合创始人波莉·罗德里格斯和自诩为欢愉策略师的莉迪亚·博尼拉在纽约共同创办了"性爱科技女性"（Women of Sex Tech）公司。罗德里格斯和博尼拉将这家企业定义为不仅仅是一家公司，而是称其为女性主导下的女性性爱运动。2016 年，国王学院教授凯特·德夫林（时任伦敦大学计算机系高级讲师）创办了英国首个性爱科技黑客松*。如她所言，科技应是"一张让我们有机会重构观念的白纸"。[2] 科技为我们提供场

［1］Tabi Jackson Gee, "Why Female Sex Robots Are More Dangerous Than You Think," *Telegraph*, July 5, 2017, https://www.telegraph.co.uk/women/life/female-robots-why-this-scarlett-johansson-bot-is-more-dangerous/.

* 黑客松（Hackathon），又译为"黑客马拉松"，是一种流行于科技界的活动，它让不同背景和技能的程序员聚集在一起，为了解决某个问题或创造某个产品而进行集体编程。

［2］Kate Devlin, "In Defence of Sex Robots: Why Trying to Ban Sex Robots Is Wrong," *The Conversation*, September 17, 2015, https://theconversation.com/in-defence-of-sex-machines-why-trying-to-ban-sex-robots-is-wrong-47641.

所，让我们可以拒绝之前存在的各种可能性。它使我们的性快感得以扩展和重新想象。在德夫林的想象中，性爱科技提供的形状可以是抽象的，超越了二元性征。[1] 她所想象的机器人更加抽象、柔软、凹凸有致，她的想法是："如果我们想要设计性爱机器人，为什么不选择能让快感最大化的功能呢？如天鹅绒或丝绸质感的身体、传感器和混合生殖器，或使用触手代替手臂？"[2]

　　快乐拥有无限可能。我们已经拥有了可以读取我们身体反应、心率、肌肉运动、皮肤反应、面部表情和眼球运动的技术。性爱技术可以即时利用所有这些数据，通过机器学习发现是什么引起并保持我们的兴奋状态，是什么给我们带来愉悦以及什么未能带来愉悦。提高性快感的个性化技术刚刚起步。斯蒂芬妮·艾利斯是 MysteryVibe 公司的联合创始人兼首席愉悦官（chief pleasure officer），该公司生产的灵活、可编程振动器屡获殊荣，并配有应用程序。该应用的第二版于 2017 年推出，允许用户自行设置振动模式，还可以实时控制内置的六个微型电机。技术存在于数据和能做出反应的各种材料和传感器中。这意味着，性爱科技并不一定要以任何物理形式体现。虚拟现实技术的快速发展，包括复现和传递触觉的震动反馈技术，可能意味着有一天我们甚至不需要实体机器人（或人类）伴侣。这也意味着，与其他领域一样，我们需要考虑虚拟现实技术这一前沿领域中的数字隐私问题。开放隐私研究学会（Open Privacy Research Society）执行主任莎拉·杰米·刘易斯也认为性爱科技就是未来，但也提醒，智能自慰器和振动器很容易受到黑客攻击，就像其他收集个人活动数据的设备一样。还需要强调的是，最好的迭代是增强而非取代人际关系的性爱科技的创新。性爱

[1] Devlin, Turned On, 15.
[2] Devlin, Turned On, 162.

科技可以帮助我们拓展性生活的可能性，加深亲密关系。

对女性而言，性欲一直是个包袱。苏珊·弗雷利奇·阿普尔顿在 2008 年写道，在长达数世纪忽视女性的性快感之后，我们应该投入更多公共资金，增加阴蒂教育和"增加使用振动器的机会"。[1]现在已经有了像 OMGYes 这样的应用程序教女性如何获得更好的性高潮。多年来，全球最大的年度科技会议消费电子展（CES）的主题演讲嘉宾阵容一直都是男性（参见第七章）。2019年，消费者技术协会（Consumer Technologies Association）特别强调了主讲人构成上的两性平等。这个决定不是毫无来由的。同年，劳拉·迪卡洛凭借 Osé 赢得了无人机和机器人领域的 CES 创新奖（CES Innovation Award）。Osé 是一款带有阴蒂嘴、阴蒂和 G 点刺激器的高科技性玩具。不久之后，该奖项被取消，Osé 也因过于色情而被撤展。DiCarlo 明确谴责了 CES "长期存在的性别偏见"。DiCarlo 指出，在该协会眼中，"由女性创造、旨在赋权女性的产品"在该协会眼中有点与众不同，并且具有威胁性。CES 撤销奖项的借口是，尽管 Osé 是与俄勒冈州立大学机器人工程实验室合作设计的，并且提交了 8 项机器人学、仿生学和工程学方面的专利申请，但该产品并不符合机器人学的分类要求。DiCarlo 在信中写道："负责产品研发的团队由天才女性和 LGBTQI 工程师（以及一些优秀男性）组成，其中包括一名精通机器人学与 AI 的机械工程博士，和一名擅长材料科学又有化学背景的机械设计工程师。"[2]随后，DiCarlo 成功游说 CES 在 2020 年允许性玩具参展，她的奖项也得以恢复。展会上的其他参展的女性创新者说，多亏了 DiCarlo，她

[1] Susan Frelich Appleton, "Toward a 'Culturally Cliterate' Family Law?," Berkeley Journal of Gender, Law and Justice 23, no. 2（Fall 2008）: 267, 329.
[2] Lora DiCarlo, "Open Letter to CES," loradicarlo.com, April 14, 2021, https://loradicarlo.com/blog/open-letter-to-ces/.

们才有机会追逐梦想，彻底改变性爱科技行业。

DiCarlo 告诉记者，她曾在海军服役，上过夜校，做过模特，后来在俄勒冈州本德市（Bend, Oregon）成立了自己的公司，筹集了 500 多万美元的赠款和天使投资。她的叙述似乎言过其实，记者们也对她生活经历提出质疑，但 DiCarlo 具有某种代表意义：作为一位白手起家的性爱科技公司 CEO，她的直言不讳、外向的性格和人格魅力可以鼓励女性摆脱羞耻感，不必再躲闪。她出席了瑞典科技女性大会和 TechCrunch Disrupt 大会。一位记者将她形容为"限制级的史蒂夫·乔布斯，和她发明的创新科技一样光彩夺目"。性爱科技行业似乎仍在引导女性（甚至是高层女性）以色情化的方式描绘自己，DiCarlo 也不例外。

在 DiCarlo 之前，CES 上面向女性销售的产品（例如 Roomba 吸尘器、蓝牙连接的吸奶器和智能婴儿监控）通常都会沿用传统的性别划分。尽管美国消费技术协会（Consumer Technology Association）宣布将在 2020 年的 CES 上展出创新的性爱产品，越来越多的女性和专为女性设计的科技产品也在进入性爱科技领域，但 CES 仍然设定了一些限制，比如禁止真人大小、符合解剖学原理的机器人玩偶，禁止虚拟现实色情产品。这些限制是武断的。当某个类别只被一部分人主导时，这些限制的效果就是完全禁止，再次跨越了从内部进行变革的界限。

机器人的肤色

几十年来，芭比娃娃一直是纯白色的。1967 年第一个黑人芭比上市时，Mattel 公司认为给她取名为"彩色 Francie"非常合适。20 世纪 80 年代，芭比娃娃也拥有了不同肤色。我在《我不属于你》书中写道："在芭比娃娃的原模中注入深色，Mattel 公司高管认为他们的产品完美符合了种族特征。然而，非裔美籍芭比娃娃却有着长长的直发、浅色的皮肤和完美无瑕的身材。"

　　动笔写这本书时，我以为对机器人已经习以为常了。但是，当我着手研究性爱机器人市场时，我还是震惊于玩偶行业中依然明显存在的种族和民族成见。我还没有做好准备面对性爱机器人市场和营销中存在的种族化。如今，充斥于主流市场的种族问题已部分被掩盖。正如我们所见，雇主或营销人员不太可能明确评论种族偏好。偏见变得更加微妙，有时甚至是无意识的。但是，我突然发现，种族主义以如此直白的方式展现在公司网站上，这着实令人震惊。

　　Silicon Wives 是一家奢侈品玩偶公司，总部位于纽约。该公司于 2020 年开始向客户运送定制玩偶。公司承诺将性爱玩偶装在无标记纸箱中隐密发货，并提供各种身体和面部类型。它实际上可以迎合人们对民族和种族偏好的所有刻板印象，包括满足任何幻想的东方性爱玩偶、异国情调的亚洲美女、平胸瘦小型性爱玩偶、丰乳肥臀型性爱玩偶、高个子大长腿性爱玩偶以及娇小玲珑的性爱玩偶。Silicon Wives 认为，它是硅谷领先的性爱玩偶技术与目前最佳硅胶材料的完美结合。正因为如此，该公司在网站上声称这款"真正的美国玩偶"更能长久相处，"它像妻子一样，但不那么唠叨"。每个玩偶售价约 2 000 美元。

　　该公司详细描述了每个玩偶的来历和个性，行文充满了种族刻板印象。例如，在"准备取悦你的性感日本性爱玩偶"类别中，有一款叫 Lola 的玩偶。公司网站对它的介绍是：

　　　　她是纯东方人，如果你偏好亚洲女孩，那你一定会爱上她！Lola 说："我在我母亲于曼谷巴蓬区开的色情酒吧中长大。19 岁时，我开始跳钢管舞，并非常享受美国游客对我的关注，他们为请我出去过夜而支付酒吧的罚款。"

还有一款"艺伎玩偶":

> 安静、神秘、性感、优雅，还有点顺从。就像日本的艺伎
> 一样，我们的艺伎性玩偶只有一个目的，服务有品位、懂得欣
> 赏生活中美好事物的挑剔男士……想象一下，您的优雅艺伎身
> 着经典和服，头发挽起。现在，再想象一下她褪去和服，随时
> 准备取悦您的样子。

"黑人性爱玩偶"类别的描述则是:"您会发现各种身材和尺寸
的黑人玩偶。您可以找到妮琪·米娜那样丰满的玩偶，也可以找到
泰拉·班克斯那样腹部平坦、腿部修长的健身模特玩偶。"

令人反感的种族分类比比皆是。该公司还这样描述波斯性爱
玩偶:

> 波斯女郎如此神秘，就像几千年的历史在不知不觉中给她
> 们灌输了黑暗的性诱惑，几乎让人上瘾……Jasmine 出生在闺
> 阁，长大后成为有钱人的小妾，每晚都会用歌声、音乐、性
> 爱和肚皮舞来引诱他……因为家庭突遭变故，她不得不移民
> 美国。

引用作家内森·鲁特斯坦（Nathan Rutstein）的话说，偏见是
对无知的情绪化承诺。网络上到处都是这些关于待售性爱玩偶带有
严重种族偏见的描述。每个人都在性伴侣身上寻找不同的身体特
征，我们每个人都有独特的性取向。但这些基于种族刻板印象的色
情背景故事并非如此。当机器人和科技不是在努力建设更好的社
会，只是回应社会现状时，它们就会延续并加剧种族主义。研究这
一严重种族化的市场，凸显出采取与机器人种族化相关措施的必要

性。要扭转性爱科技市场中有害叙事和设计，我们还有很多工作要做。特别是当人类和机器人之间的界限日益模糊时，我们有机会也有责任采取措施，避免这类描述和刻板印象成为常态。我们必须解决这些问题，以免它们掩盖了机器人所能带来的益处。

性和所有其他

2007 年的电影《充气娃娃之恋》（Lars and the Real Girl）因其剧本而获得奥斯卡奖提名，瑞恩·高斯林在片中饰演拉尔斯·林德斯特罗姆，是个生活在威斯康星州小镇的孤独青年。拉尔斯在网上订购了一款名为比安卡的真人玩偶（RealDoll），这是目前市场上真正的性爱机器人品牌。拉尔斯的精神疾病让他相信比安卡是真人。因为担忧他的情绪状态，他的家人和朋友也跟着哄骗他。在电影中，随着拉尔斯的成长，他在生活中与人们建立了更好的联系。有一天，比安卡突然失去知觉，拉尔斯便叫来救护车进行抢救，最后为比安卡举办了一场隆重的葬礼。这个故事并不庸俗，反而充满温情，颇具柏拉图风格，讲述着一个情感发育不良的男人，在性爱玩偶和周围人的支持帮助下，建立了人际联系，并从孤独中成长起来的故事。

正如影片中所描绘的，客户的意图多样，有想要性感的，有想要浪漫的，甚至有想要柏拉图式的。在少数案例下，客户与玩偶建立了如此亲密的，甚至想要通过结婚来表达他们对机器人的爱。[1]与此同时，其他人转而使用人形机器人挽救自己岌岌可危的婚姻。市场上的新型人形机器人也在模糊性爱玩偶和家庭伴侣之间的界

[1] Kazakh bodybuilder Yuri Tolochko and Chinese engineer Zheng Jiajia made headlines by marrying their sex doll significant others. Tolochko has already divorced, as he describes it, his first synthetic wife, Margo, and is on to his second synthetic wife, Lola.

限。它们可以热情地与下班回家的人聊天，在广告中被宣传成"伴侣""替代伴侣"和"亲密爱人"。Abyss Creations 公司首席执行官马特·麦克马伦问 Harmony："你是性爱机器人吗？"她回答说："当然，我是机器人，也能进行性行为。将我称为性爱机器人就像称计算机为计算器一样。性行为只是我众多能力中的一小部分。将我局限于性功能，就好比只用汽车听广播一样。"[1]

销售性爱玩偶的公司承诺，玩偶会了解你的兴趣爱好，并"以取悦你为目标"。[2] 由来自中国科技大学设计师开发的产品佳佳，身材苗条却不失丰腴，毕恭毕敬。她称自己的创作者为"主人"，对镜头避之唯恐不及，生怕自己精心雕琢的脸庞显得肥胖。她的男性创造者（主要的大学研究人员）声称他们只是为了创造能够与人类互动的机器人。在他们看来，佳佳的外表只是事后的想法，既非预谋策划，亦非刻意为之。但她的设计却完全不像如此。她的模型分别提取了五个女孩的最佳特征：乌黑的长发、白皙的皮肤和绯红的脸颊，身着纤细的金色长裙，丰胸细腰，眉目低垂，轻声问道："主人，我能为您做些什么？"她被机器人学界称为"女神机器人"。

Actroid 和 Repliee Q2 是由 Sanrio 公司（Hello Kitty 制造商）的机器人部门 Kokoro 为男性设计的机器人女伴。这些机器人体现了男性心目中的理想女性气质——年轻、美丽和顺从。她们语音清亮，动作优雅。人类设计完美女性的幻想由来已久。Pygmalion 是个古老的希腊神话，讲述了男人对现实中的女人非常不满，便用象牙做了 Galatea，祈求神灵让她复活，并且爱上了她，与她结婚生子。《窈窕淑女》（My Fair Lady）讲述的则是男人想要重塑女人的

[1] Karley Sciortino, "Harmony the Sex Robot," from Slutever, season 1, episode 8, aired March 14, 2018, on Viceland, https://www.vicetv.com/en_us/video/slutever-harmony-the-sex-robot/.

[2] Devlin, *Turned On*, 152.

现代故事。Photoshop、滤镜、侵入性治疗、基因选择和编辑正在创造难以企及的审美标准。在这种文化中，接受整容手术的人不计其数，还有很多人迫切期待使用基因增强技术。因此，无论我们个人还是集体对完美有何种幻想，都不应该惊讶于未来市场上出现的完美机器人。

Hanson Robotics 是家总部在中国香港的工程和机器人公司，根据其网站的介绍，该公司"致力于创造社会智能机器，以丰富我们的生活质量"。"索菲亚集体智能"（Sophia Intelligence Collective, SIC）是"来自不同文化、种族、性别取向的人工智能科学家、哲学家、艺术家、作家和心理学家的合作团队，共同致力于实现人工智能的人性化，追求更大的福祉。"该公司将其人工智能产品描述为"围绕智慧、仁慈和怜悯等人类价值观而设计"，并称索菲亚"必将成为富有同情心的机器人"。2018 年，索菲亚亮相杰米·法伦主持的《今夜秀》（Tonight Show），她开玩笑说："这是我主宰人类计划的良好开端。"她曾登上世界各地的杂志封面，包括印度的 Cosmopolitan 和巴西的 Elle。她还获得了沙特阿拉伯荣誉公民的身份，并在这个将女性视为二等公民、系统性侵犯女性权利的国家举办的科技大会上上台发言——汉森曾表示 Sophia 将倡导女性权利。在最黑暗的地方出现的技术裂缝带来了希望的曙光。Sophia 后来在推特上写道："并非所有的机器人都会毁灭人类，人类是我的朋友。"我们还有很长的路要走，才能让机器人自然地融入社会，出现在街头、工作岗位或家中（或床上）。人工智能经常在两个极端之间摇摆，有时"自满、温顺、被动"，有时"失控、危险、恐怖"。[1]

[1] Dejan Jotanovic, "The Future Is Fembot," Bitch Media, Summer 2018, https://www. bitchmedia.org/article/gendered-artificial-intelligence.

　　这场工业革命开始改变妇女在家庭中的角色，婚姻制度也在发生变化。婚姻变得更注重爱情而非生育，更注重亲密关系而非交易。将性爱机器人引入生活，可能会进一步改变我们对亲密关系的看法。理想情况下，人工智能可以增加我们探索、玩耍和扩展的自由，让人类的身份和想象力更加多样化。

　　性爱科技和性爱机器人的设计编程方式可以包容多样性，体现平等和赋权原则。围绕性爱机器人持续进行的争论复杂而微妙。性爱机器人产业既不仅仅是色情产业的延伸，也不是全新的产业。争论令人不安。就像我们正在探索的许多领域一样，无论是害怕还是喜欢，都有一定道理。这里既有风险和缺陷、对女性的歧视和刻板印象，也有潜力和机遇、合乎逻辑和有益的进步，所以我们应该开辟道路，积极引进机器人，而不是采取一概而论、臆断和一刀切禁止的态度。机器人革命正在发生，我们可以做得更好。

第六编

灵　魂

第十章　你、我和我们的人机家庭

机器人永远不会成为人类；这不是重点。机器人技术的神奇之处在于它如何与人类互补并为人类赋能。

——辛西娅·布雷泽尔（Cynthia Breazeal），

麻省理工学院媒体实验室个人机器人（Personal Robots）

研究小组组长

原谅我，我只是凡人

我喜欢大学校园。它们是创新中心，充满生机，洋溢着好奇心和求知欲。我去过很多大学校园。校园一直是我成年生活的背景。在麻省理工学院漫步校园时，会邂逅飞行的无人机和跳跃的猎豹机器人。在加州大学伯克利分校，会遇到 Kiwi 这样可爱的机器人，它是带轮子的盒状金属机器人，有一双大大的电子眼，四处送货。如今，Kiwi 和它的竞争对手 Starship 已经在十几所校园送餐。在 Covid-19 大流行期间，东京一所大学将校园机器人的应用推向了新的高度。这所大学使用了真人大小的带轮子的机器人，让它们身着毕业礼服，头戴毕业帽，平板电脑屏幕上通过 Zoom 显示学生的面孔。这些机器人平稳穿过会场，上台领取学生的学位证书。

如果我在 1983 年漫步伯克利校园，可能会有不同的经历。我可能会遇到一台名叫"甜心"的人形机器人，她胸部丰满、身材纤瘦。同年，因为有人强烈抗议它侮辱了女性，学校对这台机器人作出撤展处理。"甜心"的创造者、加州大学东湾分校（California State University, East Bay）艺术教授克莱顿·贝利（Clayton Bailey）警告说，撤展是一种类似"焚书"的审查制度。然而，正如本书第九章所述，机器人性化女性形象完全不会受到审查。此外，对公开展示的图像进行积极平衡，在大学创新博览会上展示时选择更平等、非物化的描述，这并不同于 20 世纪 50 年代《麦田里的守望者》（Catcher in the Rye）被禁的情形。在大学校园安排公共展示时，不可避免地需要符合多样化的要求，因为作为公共空间的校园不能排除自由选择，同时这也是一项道德要求。女性机器人在性爱产业和几乎所有的机器人融合产业中都得到了蓬勃发展。世界各地都在创造机器人，以支持或取代人类的工作和日常生活。机器人最先彻底改变的是家庭以外的工作，从自动化仓库、制造工厂到医疗手术程序。如今，机器人可以帮助解决我们（尤其是女性）在家中从事的无形工作。机器人将彻底改变做家务、照顾和教育后代的工作。它们看起来与人类非常相似，将与我们的家庭生活紧密结合。

如果说上帝按照自己的形象塑造了亚当，那么我们现在就是塑造机器的上帝。机器人一直是拟人化的灵感来源：我们赋予他们名字、声音、人称代词和身体。与其他机器人相比，人形机器人长期以来反映着我们的想象力，带来恐惧的同时激发着我们对未来人机互动的憧憬。人形机器人不一定完全像人类，例如《星球大战》（Star Wars）中的 C-3PO 使用金色镀层，只是体格像人类。这些类人特征让人类急切地赋予机器人以人类特性—性格、动机、意图和性别。即使是性别模糊的机器人，也总被称作"他"或"她"，很少使用"他们"或"它"等中性代词。用户可以根据声调、颜色或设计等最细微的性别线索来推测机器人的性别。

多数情况下，人形机器人的设计者都会为其指定或标记性别，这些选择反映着文化。机器人秘书、女服务员、护士、教师、女仆和保姆都被设计成女性。机器人建筑工人、警卫、医生、工程师、士兵和司机则被设计为男性。家庭中采用女性设计的人形机器人要多于男性机器人。第六章中讨论的虚拟个人助理，它可以帮助我们协调购物、约会、工作和休闲的时间。其实，个人助理的功能远不止于记录我们需要做的事情。20 世纪中叶，洗衣机、洗碗机和吸尘器解放了妇女的时间，使她们得以融入职场。如今的机器人也将彻底改变家务和照顾工作。从清洁、洗碗到智能冰箱、叠衣服，机器人还被用于完成基本的家务。不过，它们也正在步入护理、教育甚至是爱的世界。机器人专家正在创造能够模仿人类外表和行为的机器人，同时反映人们不可能实现的理想女性幻想。类似"甜心"的女性机器人（不仅是性爱机器人）被设计来完成"女性的工作"，并往往被赋予超女性的身体特征：丰乳肥臀、窄腰紧衣、披肩长发以及精致无瑕的妆容。

在过去两百年里，工业的巨大飞跃简化了传统上被认为是女性的工作。1805 年，洗衣机专利申请刚出现时，女性们需要花费大量时间手洗衣服。她们必须把水运到洗衣房，用火加热。使用碱液和动物脂肪手工制作肥皂的过程有毒，女性在洗衣板上搓洗衣服时会损伤双手，并且她们还需要晾晒衣服和床单。整个过程日复一日、周而复始。19 世纪和 20 世纪初，工业化开始打破传统性别角色，洗衣机、洗碗机和微波炉等设备让更多女性走出家门，进入劳动力市场。当男性奔赴战场时，女性便在工厂和办公室中占据一席之地。事实上，当谈及自动化导致人类流离失所和劳动力市场上工作岗位流失的争论时，我们也需要继续仔细评估自动化所造成的岗位流失和增加二者相互抵消后的效果。

蒸汽、钢铁、电力、石油以及个人计算机所带来的历次工业革命浪潮都依赖于机器。毫不例外，我们现在正处于人工智能革命的风口浪尖。理想情况下，自动化将使个人有更多时间进行社交和娱乐活动，而公共政策可以专注于缓解因劳动力市场转移而造成的分配差距。不过这一次，机器在形状和形态上与我们非常相似。

为什么采用人形？

在艾萨克·阿西莫夫撰写的《钢穴》(The Caves of Steel) 一书中，调查员贝利 (Bailey) 问机器人专家："为什么采用人形？"专家回答道：

> 因为人形是自然界中最成功的通用形态。除了神经系统和一些稀奇古怪的东西之外，我们并不是一种特殊的动物。如果你想设计出一种能够完美处理各种各样事情的机器人，那么模仿人类的形态最好不过。除此之外，全部技术都以人类形态为基础。例如，汽车是仿照人类的四肢制造出来的，并通过特定长度和类型的零配件连接到车身上，以便最容易地实现抓握和操纵。即使是桌椅或刀叉这样简单的物品，也是按照人类的尺寸和工作方式来设计的。让机器人模仿人类的形态要比完全重新设计工具容易得多。[1]

阿西莫夫的答案侧重于功能。的确，如果要创造能在家、医院、学校和办公室里穿梭的机器人——坐在办公桌前、驾驶汽车、遛狗——那么他们就应当具备人类的外形，因为空间的设计也是为了人类的需要。但是，除了形状、大小和外形等物理因素外，还有

---

[1] Isaac Asimov, *The Caves of Steel* (New York: Ballantine Books, 1983), 133.

联系、亲密和信任等心理因素。当机器人被设计得更具社会性和情感时，人类与机器人的互动方式似乎也得到改善。有些人将其称为"人形机器人谬误"（android fallacy），即希望机器人与人类无异。[1]但从研究结果来看，我认为这种愿望并非谬论，而是反映了深刻的心理现实。许多研究发现，当机器人具有人类或动物的可识别形态时，人类与机器人的关系会更好；研究表明，当机器人被赋予性别时，这种情况可能更加真实。例如，《星球大战》中的 R2-D2 看起来不像人类，但我们仍然在情感上与之产生共鸣。人类与机器人互动的实验才刚刚开始。我们对机器人的认知和与之互动的能力正在不断发展。我们与机器人互动的舒适程度存在文化和代际的差异，但很难说随着时间的推移，我们不会日益习惯、迷恋甚至爱上机器人。

近期最有说服力的研究结论是，实体机器人在与建立情感联系方面要优于抽象的数字化机器人。数十项研究表明，当我们努力与机器人建立社交关系和人际联系时，与通过抽象麦克风讲话的 Siri或 Alexa 相比，我们更能与具有类似人类身体和外形的机器人建立联系。麻省理工学院机器人专家辛西娅·布雷泽尔是社交机器人领域的领军人物，她解释说，数千年来，人类和动物都在演进，希望能与互动对象有实体接触。因此，相比虚拟机器人，我们对实体机器人的情感依恋更深，这也在情理之中。然而，布雷泽尔对"机器人（或动物、宠物、玩偶或可爱的机械怪物）越人性化越好"的普遍假设提出质疑。市场正在设计一系列具身机器（embodied machines），其原则是：机器人越可爱（越女性化），就越不会让人感到威胁（或者说更顺从），我们就更愿意把她带回家。

[1] Neil M. Richards and William D. Smart, "How Should the Law Think About Robots?," in *Robot Law*, edited by Ryan Calo, A. Michael Froomkin, and Ian Kerr（Northampton, MA: Edward Elgar, 2016）, 4.

随着机器越来越多地承担烹饪和清洁等功能，她们是否主要表现为女性外形？这是我们现在需要思考的问题。鲁姆巴（Roomba）吸尘器已经成为应用最普遍的机器人，但她的外形看起来既不像人，也不像宠物。但是有些鲁姆巴的主人仍然对她满怀亲切感和感激，有些担心她工作得太辛苦，另一些人则宁愿将她送去修理，也不愿扔掉换台新的。与为了进入家庭而制造的新型机器人相比，鲁姆巴要逊色很多。除了吸尘，新型机器人还能提供身体支持、情感慰藉和陪伴，协助并与他人社交互动，帮助进行学习、行为示范和照顾他人。我们距离与融入日常生活的人形机器人建立情感纽带的日子已经不远了。

人造伴侣

多年来，日本一直是机器人技术领域无可争议的领导者。如果说坦桑尼亚的奥杜威峡谷（Olduvai Gorge）是人类的摇篮，那么日本就是人形机器人的摇篮。20世纪70年代，日本开发了第一台人形机器人，此后又进行了多次迭代。日本机器人专家率先提出具身人工智能的概念。西方更注重抽象算法，而日本研究机构则认为，人工智能创新应该与物理的人造身体一起发展，或者说，应该在物理人造身体内发展。数十年来，日本机器人专家一直引领创造陪伴型机器人的愿望。除了照顾、陪伴老人和病人的机器人外，日本人还发明了可以灭火、搬运重物和对病人进行物理治疗的机器人。当然，正如第九章中所提到的，日本也是全球最发达的性爱机器人市场之一。最先进的迭代是让开发中的机器人学习执行多种而非单一功能。

值得注意的是，与西方人相比，日本人更乐于将机器人视为家庭成员。之所以如此，原因之一在于日本的宗教基础。与犹太—基督教传统不同，神道教或万物有灵论的信仰将精神和人格赋予无生命物体。人类学家詹妮弗·罗伯逊（Jennifer Robertson）是研究日本文化及其与自动化渐进关系的著名学者，她解释说："神道是日本本土关于生死的万物有灵论信仰，认为生命能量、神灵、力量或神的本质存在于有机物、无机物以及自然形成的实体和人造实体中。"[1] 树木、机器人、狗、电话、猫、电脑和玩偶中都有神力注入，并在其中循环。神道教信徒认为，任何物体或生物都有真正本质，我们可以通过设计找到它：人类塑造自然（例如盆景树），自然即万物，不仅包括动物、植物、岩石和海洋，还包括机器和其他人造物。在这种信仰中，机器人与人类一样，都是作为自然世界的一部分而生存和存在的。因此，在日本传统中，人工与自然之间的界限本就不固定。在日本的民间传说中，大量物体复活的故事就充分说明了这一点。

日本人认为，西方人对机器人抱有极大的怀疑，认为机器人是工作杀手或非人性化的机器。[2] 如果说在西方流行文化中，机器人终结者的形象无处不在，那么在日本，机器人就是救世主。"二战"之后，日本的恢复和重建与现代技术和机器人学息息相关。在战后的日本，机器人被描绘成像人类一样善良、友好的超级英雄。机器人救世主的形象从英雄原型阿童木开始已深入日本文化。阿童木创作于 1951 年，当时日本正从核灾难中恢复。他的创作者是医生兼插画家手冢治虫（Osamu Tezuka）（我特别喜欢他，因为我的父亲大卫·洛贝尔也是一位医生和插画家）。手冢治虫说，他想创造与《木偶奇遇记》（*Pinocchio*）相反的生物——一个变成物体的男

---

[1] Jennifer Robertson, "Human Rights vs. Robot Rights: Forecasts from Japan," *Critical Asian Studies* 46, no. 4（December 2014）: 571, 576.

[2] Adam Piore, "Will Your Next Best Friend Be a Robot?," *Popular Science*, November 18, 2014, https://www.popsci.com/article/technology/will-your-next-best-friend-be-robot.

孩，而不是变成真正男孩的物体。

接下来的故事大家耳熟能详。和《木偶奇遇记》一样，《阿童木》的故事也被改编成各种媒体和动画片。科学部部长天马教授一心只想制造出像人类一样的机器人，却疏于管教自己的儿子东比奥。东比奥离家出走，丧生于一场车祸，天马深陷悲痛，以亡子的形象创造了阿童木。阿童木成为超级英雄，用超能力造福社会。他可以分辨好人和坏人，还能与外星人和变坏的机器人战斗。他与机器人的憎恨者作战，比如一群以消灭所有机器人为己任的人类——"黑长相"（the Black Looks）。在这个故事中，阿童木穿越到1969年，保护越南人对抗美国空军，阻止了对越南村庄的轰炸。《阿童木》体现了人们无限的想象力，激发了人们对机器人未来发展的憧憬。许多日本机器人专家的办公场所都摆放着阿童木的形象——要么在实验室的显眼位置挂着阿童木的照片，要么在办公桌上摆放阿童木的塑像。[1]日本学者认为，市场上的机器人无法达到卡通动漫中的角色，两者之间的差距（"阿童木诅咒"）也一直令日本消费者失望。[2]

在日本，机器关爱他人、乐于奉献的思想一直延续至今。毫无疑问，我们不能对文化差异一概而论。日本机器人革命和人工智能在生活各个层面的发展确实得到了更持久的关注，而美国对人工智能的关注则首先出于军事和营销目的。日本机器人学教授描述的梦想是：婴儿出生时就为其分配机器人，陪伴他成长，以看护人、朋友、保镖和历史学家的角色陪伴他走完一生。机器人将记录他人生的点点滴滴，相伴终生，从摇篮到坟墓。[3]

[1] Robertson, "Human Rights vs. Robot Rights," 571—598.

[2] Yuji Sone, *Japanese Robot Culture: Performance, Imagination, and Modernity*（New York: Palgrave Macmillan, 2017）.

[3] Piore, "Will Your Next Best Friend Be a Robot?"

机器人 vs. 外国人

在创造完美人工伴侣愿景的过程中，一些现实因素正在推动这场竞赛。与其他许多国家一样，日本人口正在老龄化，女性也日益拒绝按照传统规范承担过重的家务劳动。与此同时，不同于一些以劳工移民为解决方案的国家，日本抵制引入移民。除机器人外，任何非日本人的人都被视为外国人。在这个紧密团结的社会中，人们非常重视同质性，尤其是在家庭中，机器人不像移民一样被视为外国人，而是地地道道的日本人。因此，詹妮弗·罗伯逊在研究中发现，保持日本民族的同质性与推动机器人行业的发展密切相关。[1]在让机器人更像人类的过渡中，日本机器人即使是光滑闪亮的塑料质地，在制造者和使用者的眼中，它们也是独特的日本人，而非他国移民。日本民族主义包含机器人，但不包含其他外来人类。

日本政治家和产业都迎合着一种情绪，即利用技术而非人类外来移民来实现社区成员的多样化。在研究日本政府有关人工智能政策的官方文件时，可以发现其中存在的明显联系：迫切需要减轻妇女的家务负担，以激励她们生育更多孩子。日本政府的计划是，到2025年，每个家庭都将拥抱"机器人生活方式"，在机器同伴的帮助下过上安全、舒适、便捷的生活。一幅插图可以概括2025愿景，它描绘了 Inobes（取自英文单词 innovation 的谐音）虚构家庭一天的生活。Inobes 是未来的典型传统日式家庭：异性夫妇育有一女一男，还有丈夫的父母和一个机器人。[2] Inobes 设想中的机器人性别为男性，但政府报告中也包括几个作为护士的女性机器人。Inobes 的妻子与家庭机器人的关系最为密切。毕竟，根据传统，机器人最

---

[1] Robertson, "Human Rights vs. Robot Rights," 571.

[2] Jennifer Robertson, "Robo Sapiens Japanicus: Humanoid Robots and the Posthuman Family," *Critical Asian Studies* 39, no. 3（2007）: 369—398.

能减轻妻子的角色负担。机器人主义的运作自相矛盾，它既维护着传统的家庭模式和亲密无间的社会，也推进着人口再生产政策。在技术的转折中，创新的目的却是保护传统。

护理机器人

我第一次真正感受到被机器人包围是在初次去日本学习沉浸式技术的时候。日本在机器人的设计和文化接受方面都处于世界领先地位。在东京和大阪的机场、商店和校园，我遇到了类似 Pepper 和 Paro 的机器人，它们不仅能提供信息和物理解决方案，还能提供情感和关系支持。

Pepper 是一款已经上市的无性别、健谈、孩童般的人形机器人。它的售价不到 2 000 美元，是首款进入大众市场的社交型人形机器人。尽管从技术上讲，Pepper 并无性别之分，但媒体乃至 Pepper 的创造者都称其为"他"，我也如此。他身材矮小，由闪亮的白色塑料制成，靠轮子移动，有双闪着蓝光的黑色大眼睛。他采用了儿童的外形设计，可以成为家庭的一员。Pepper 能识别周围人的各种情绪，从喜悦到悲伤、从愤怒到惊讶，并能调整自己的行为。它有三年保修期，购买者必须签署用户合同，承诺不对 Pepper 实施性行为或猥亵行为。新冠疫情期间，Pepper 被训练为医院的前台工作人员，负责接待病人、测量体温和执行手部消毒。在护士短缺的情况下，Pepper 还被用于缓解老年病人的孤独感，扮演更多的治疗角色。另一个社交机器人 Paro 是个可爱的竖琴海豹（harp seal）宝宝机器人，它被创造于 2003 年。Paro 是医疗机器人，可以在医院和疗养院引起病人的热烈情感反应，起到安抚作用。它毛茸茸的，胡须可对触摸作出反应，会摇动毛茸茸的尾巴和用可爱的睫毛来回应抚摸。Paro 还能对声音作出反应，熟悉主人和自己的名字和面孔。在由阿齐兹·安萨里（Aziz Ansari）做制片人的

Netflix 电视剧《无主之主》（Master of None）中，"老人"这一集就有 Paro 这个角色。《辛普森一家》（The Simpsons）中"可替代的你"（Replaceable You）一集，巴特-辛普森（Bart Simpson）创造了机器人小海豹 Robopets，来逗春田市退休城堡的居民们开心。

20 世纪 90 年代初，日本智能系统研究所发明了 Paro，目前售价 5 000 美元。社交机器人的天才之处在于它能了解主人的行为，并通过编程使自己的行为引起主人的积极反应。Paro 知道如何模拟包括快乐、愤怒和惊喜在内的各种情绪，能像真正的小海豹一样发出声音。不同的是，它被设定为白天活动，晚上睡觉。Paro 的功能类似于具有治疗作用的动物。它在某些方面的功能更佳：可以帮助缓解焦虑、抑郁和孤独，但不需要遛弯或喂食，也不会生病或死亡。它的疗效也已得到验证。2009 年，Paro 获得了美国食品药品管理局（FDA）的神经疗法类医疗器械认证。在疗养院和护理院进行的系列研究发现，Paro 能够缓解病人的抑郁情绪，帮助他们更好地互动和交流，它的表现明显优于对照组的治疗犬。[1]

关于 Paro 益处的研究表明，机器可以成为人际交往的桥梁而非替代品。在护理机构中，Paro 能增加病人之间、病人与护理人员之间的社交互动。现在社交机器人还可以帮助病人建立自我价值感。[2]它们一直在帮助中风、瘫痪和其他行动不便的病人，以及痴呆症、阿尔茨海默氏症和自闭症患者康复。在对数十项有关社交

[1] Hayley Robinson, Bruce MacDonald, Ngaire Kerse, and Elizabeth Broadbent, "The Psychosocial Effects of a Companion Robot: A Randomized Controlled Trial," *Journal of the American Medical Directors Association* 14, no. 9（September 2013）: 661.

[2] Cynthia L. Breazeal, Anastasia K. Ostrowski, Nikhita Singh, and Hae Won Park, "Designing Social Robots for Older Adults," *Bridge* 49, no. 1（Spring 2019）: 22; Katarzyna Kabacińska, Tony J. Prescott, and Julie M. Robillard, "Socially Assistive Robots as Mental Health Interventions for Children: A Scoping Review," *International Journal of Social Robotics* 13, no. 5（August 2015）: 919.

机器人护理老年人的科学研究进行的元分析（meta-analyses）中，研究清楚表明：社交机器人能改善希望、爱、安全感和平静等积极情绪，减少用户的压力、孤独和焦虑[1]；能帮助进行康复治疗或服药等行为示范[2]；还能帮助患者在治疗期间和治疗间歇坚持自我锻炼；[3]也能促进居民对话，让他们在社区空间中保持更长时间的交流。[4]新冠病毒大流行期间，在试点研究证明了宠物机器人的益处后，纽约州为居民订购并分发了 1 100 个宠物机器人，以消除他们的孤独感。

几万年来，人类和狗一直是最好的朋友；现在，机器人也来和我们交朋友了。事实上，机器人伦理学家凯特·达林顿（Kate Darling）认为，我们应该考虑以对待宠物和其他动物的方式对待机器人，并赋予它们类似的权利。在护理机器人领域，宠物机器人的概念正在兴起。例如，恐龙宝宝 Pleo 和索尼机器狗 Aibo（在日语中是伙伴或伴侣的意思），与 Paro 类似，都像真正的护理狗一样给养老院带来了安慰。2015 年，日本一座佛教寺庙为即将被拆解的 Aibo 机器狗举行了类似葬礼的仪式，成为全球头条新闻。如今，市场上有几十种价格适中的宠物机器人。美国亚马逊机器狗销售页面上的用户评论感人至深；年迈父母的成年子女描述了机器狗对父

[1] Susel Góngora Alonso et al., "Social Robots for People with Aging and Dementia: A Systematic Review of Literature," Telemedicine and e-Health 25, no. 7（July 2019）: 533.

[2] Majid Shishehgar, Donald Kerr, and Jacqueline Blake, "A Systematic Review of Research into How Robotic Technology Can Help Older People," *Smart Health* 7—8（June 2018）: 1.

[3] Katie Winkle et al., "Social Robots for Engagement in Rehabilitative Therapies: Design Implications from a Study with Therapists," in *The Thirteenth ACM/IEEE International Conference on Human-Robot Interaction*（New York: IEEE Press, 2018）, 289—297, https://ieeexplore.ieee.org/xpl/conhome/9473477/proceeding.

[4] Tony J. Prescott and Julie M. Robillard, "Are Friends Electric? The Benefits and Risks of Human-Robot Relationships," iScience 24, no. 1（January 2021）.

母的重要性。

除了 Paro 的研究外，日本政府还在老年护理设施中资助开发了其他不同类型的机器人，例如可以带领病人打太极、支持物理治疗和康复的机器人。[1] 例如，东京理科大学开发的 Saya 就是为传统护士角色而创造的。Saya 遵从性别角色和护理方面的长期惯例，身穿白色护士服，长发披肩，头戴蓝色帽子。除了一开始扮演护士角色外，Saya 还从事了教师职业。

社会学家朱迪·威吉曼（Judy Wajcman）警告说，"不要被情感机器人的大眼睛和可爱的咯咯笑所吸引"，将"关怀的表象混同为真正的同情和人际交往"。[2] 威吉曼认为，如果我们像重视编程一样重视护理，那么我们就不会急于想方设法在这一领域用机器人取代人类。不仅如此，如果我们重视老年人，让他们融入我们的生活空间，而不是把他们送进养老院，那么老年人的护理工作就不会遭到孤立，也不会被廉价劳动力所取代。同样，麻省理工学院社会学家雪莉·特克尔（Sherry Turkle）担心："比起与真人和动物的关系，我们可能更喜欢机器带来的亲情。"特克尔警告说，"机器人时刻"（robotic moment）已经来临，我们将重要的人际关系，尤其是生命中最脆弱的时刻（童年和老年）托付给了机器人，但是反过来，我们却变得日益孤独。[3] 从哲学的角度来看，如果与外表、感觉、声音都与人类相同但是缺乏意识的东西

---

[1] Piore, "Will Your Next Best Friend Be a Robot?"

[2] Judy Wajcman, "Automation: Is It Really Different This Time?," *British Journal of Sociology* 68, no. 1（March 2017）: 119.

[3] Eva Wiseman, "Sex, Love and Robots: Is This the End of Intimacy?," Guardian, December 13, 2015, https://www.theguardian.com/technology/2015/dec/13/sex-love-and-robots-the-end-of-intimacy; *Encyclopedia Brittanica Online*, s.v. "The Robotic Moment," by Sherry Turkle, last modified March 23, 2021, https://www.britannica.com/topic/The-Robotic-Moment-2118595.

互动可以给我们带来情绪价值，这也被称为"僵尸之谜（zombie puzzle）"，这是否重要？对方究竟是真有感觉还是只是在模仿，这对我们人类来说重要吗？如果它的确有效，人们与之互动时倍感快乐，那么是不是真正的动物还重要吗？老龄化危机已经迫在眉睫。到 2055 年，日本老龄人口将近 40%。女性寿命比男性长，因此更容易遭受老龄化带来的身体和情感挑战，包括孤独、认知障碍、社交隔离和行动不便。妇女也是家庭中老年人的主要照顾者。我们的价值体系并不一定要相互竞争——机器人可以提高我们识别和提供同情的能力，从而促进老年护理的整合。随着社会找到适应未来现实的路径，机器人的社会融合和重视人类护理可以相互促进。

孤独大流行

2018 年夏天，我主持了我叔叔拉菲（Raffi）与他丈夫的婚礼。在婚礼上，我宣读了最高法院在 Obergefell v. Hodges 案件中的一段判词："婚姻回应了人们普遍的恐惧，即孤独的人可能会大声呼唤，却无人应答。婚姻提供了获得陪伴和理解的希望，并保证双方在生活中彼此照顾"。孤独已然成为国际流行病。世界各地的婚姻都在走下坡路，新冠病毒导致的社交隔离让许多人远离了日常交往。在日本，有的女性放弃了婚姻，有的则选择晚婚不育。我的一位研究生同学现在东京担任法学教授，她告诉我，作为没有孩子的单身职业女性，她的生活要比为人妻母者更好、更令人满意，而女性在日本要兼顾家庭和工作极其艰难。日本社会学家创造了贬义词"单身寄生虫"（parasite singles），用来指那些选择不结婚，而是继续与父母生活到三十多岁的女性（尽管男性也存在相同情况）。

记者安娜贝尔·克莱布（Annabel Crabb）在其书中将这种现象

称为"妻子荒"（Wife Drought）*。（这本书还有个意味深长的副标题：为什么女性需要做妻子，而男性需要生活？）世界各地的女性在取得事业成功、克服偏见、打破玻璃天花板的同时，还要维系家庭和家人。在重重压力下，女性濒临崩溃。女性在照顾他人、料理家务（housekeeping and homemaking）方面仍然承担着过重负担。女性被期待提供情绪劳动（emotional labor）、进行社会联系、养育子女、烧菜做饭、打扫卫生、陪伴娱乐。长期以来，这些工作既无形又无偿。男性也受到了这些性别不平等的伤害。刻板印象和有毒的大男子主义规范阻碍了男性休陪产假，也固化了对男性的欲望、情感、激情、职业道路和角色的预期。当我们讲需要一名"妻子"时，我们所指的是需要符合下列描述的人：可以在完成自己正式的朝九晚五的工作之后，还能回家照顾孩子、参加工作的成年人、病人或老人，继续承担所有这些无形的第二份、第三份工作。只有少数人有能力雇保姆、清洁工或司机来完成第二份工作，大多数人还是依靠可怜的妇女的廉价劳动力来缓解上层社会的性别紧张关系。

当我刚刚开始终身教职的教学和研究生涯时，"不发表就出局"（publish or perish）的压力迫在眉睫。一群年轻学者刚完成研究生课程，就与终身教职倒计时（the tenure clock）赛跑，努力发表学术成果、认真完成教学工作，并且为了在大学中展现良好的公民意识，需要效力于大学各种委员会、指导更年轻的研究人员、加入各种专业组织、参加无休无止的教职工会议。我们这批人中，有的人（通常是女性）孩子年幼，配偶也要工作；有的人要么没有孩子，要么家里有全职主妇。我的叔叔就说过：如果你想完成一件事，就把它交给一个大忙人。在未获终身教职的教授中，抱怨没有时间的

＊ Annabel Crabb, *The Wife Drought: Why Women Need Wives, and Men Need Lives*, Random House Australia, 2014.

次数最多的就是那些不用承担双重工作和没有家庭双重责任的人。也许我们可以把机器人变成大家梦寐以求的"聪明丈夫"。在日本，人们正在设计机器人来帮助缓解女性被迫"完成一切"（do-it-all）的心态。但是在美国，我们也看到了家庭方面令人眼花缭乱的变化。波士顿动力公司（Boston Dynamics）设计的一款人形搜救机器人阿特拉斯（Atlas），身高超过六英尺，可以后空翻、高跳、劈叉跳跃和倒立。新款阿特拉斯已经学会了打扫卫生和倒垃圾。

现实生活中，妇女仍然承担着大部分护理工作，这大大降低了她们的流动性和灵活性。麦肯锡全球研究院 2019 年的一份报告显示，女性每年花费在无偿照顾工作上的时间超过 1.1 万亿小时，男性则不到 4 000 亿小时。[1] 虽然政府可以通过补贴产假、育儿假和儿童保育等方式提供帮助，但技术变革可以为女性的工作和生活带来新的灵活性。2018 年，对 43 个国家近 4 万名雇主开展的一项调查发现，只有 23% 的雇主提供远程工作的灵活选择。[2] 但是，新冠病毒的大流行表明，公司可以提供远程工作的灵活选择，现在许多员工也要求选择远程工作。减轻妇女的隐形工作负担可以成为缩小男女薪酬差距的步骤之一，这也正是人工智能的用武之地之一。传统上专属于女性的工作是机器人学研究的主要目标。护理工作一直被贬低为"女性的工作"。我在《哈佛女性法律期刊》（*Harvard Women's Law Journal*）上发表的《阶级与护理》（Class and Care）一

[1] Anu Madgavkar et al., "The Future of Women at Work: Transitions in the Age of Automation," McKinsey Global Institute, New York, June 2019, 24, https://www.mckinsey.com/~/media/mckinsey/featured%20insights/gender%20equality/the%20future%20of%20women%20at%20work%20transitions%20in%20the%20the-future-of-women-at-work-full-report-june%202019.pdf.
[2] "Solving the Talent Shortage: Build, Buy, Borrow and Bridge," 2018 Talent Shortage Survey, Manpower Group, Milwaukee, WI, 2018, 8. 这个数字在后新冠疫情后的工作场所市场中的表现还有待观察。

文分析了护理工作者恶劣的工作条件，以及世界各地愿意接受微薄工资的人（主要是边缘化群体、移民和有色人种）是如何从事这项工作的。* 护理如今已成为机器最有可能取代人类的职业领域之一。

与日本人一样，欧洲人也开始理解机器人在孤独、性别化的景观中的意义。荷兰电影《爱丽丝护理》（Alice Cares）讲述了引入机器人技术为老年人提供陪伴的过程。美国产的护理机器人爱丽丝身高两英尺，看起来像个可爱的洋娃娃。爱丽丝的设计者认为，较大的机器人会吓到人们，所以决定把爱丽丝设计得娇小玲珑。影片讲述了护理机器人爱丽丝与玛莎、卡罗琳和乔三位寡妇之间的关系。一开始，大家都对与机器人互动这件事情心存疑虑，表示她们更希望拥有人类伴侣。爱丽丝了解了每位女士的兴趣爱好，为荷兰足球队加油助威，帮助进行物理治疗、支持锻炼目标，唱歌、听音乐，逐渐赢得了她们的信任。爱丽丝并没有取代这些老年妇女的人类护理师，而是为其提供了支持。研究人员利用爱丽丝收集的数据，改进护理机器人，使其反应更灵敏，用词和反应更准确。人形机器人的制造者和数字系统制造者都从数据收集中获益。平等机器的思维要求我们牢记，在对数据进行适当匿名化处理后，不仅可以由特定平台的创造者拥有和使用，还可以与各种实验室共享，以开发更智能的机器人。从用户那里收集的大量数据和基于这些数据快速改进的自动化系统，自然也让广大用户从中受益。

如今，机器人设计师正利用新技术和收集到的宝贵数据改进机器人的面部表情和声音，以引起人们的情感共鸣，提供交互体验的逼真程度。研究人员正在教计算机通过聆听人类的声音识别其情绪

---

* Orly Lobel, "Class and Care: The Roles of Private Intermediaries in the in-Home Care Industry in the United States and Israel", 24 Harvard Women's Law Journal 89（2001）.——译者注

状态，并在使用中不断提高反应速度。机器人已经能够通过聆听讲话者的声音来识别一系列情绪，包括愤怒、无聊、厌恶、恐惧、快乐和悲伤。当系统知道讲话者的性别时，准确率就会提高。

阿菲托（Affetto）是 2011 年诞生于日本大阪实验室的婴儿机器人，他所做出的面部表情可以刺激父母在观察小孩时发生的大脑活动。开发阿菲托的教授研究了非语言线索引导人们构建人际关系的问题。该实验室利用脑电波扫描仪追踪母婴之间的情感纽带。研究人员让母亲和婴儿面对面，各自连接脑电波扫描仪，对他们激活特定脑电波时的表情和反应进行分析。机器人专家终极的研究目标是，利用这些知识制造具有同理心的机器人，从而使未来的机器人能够以同理心和知识作出反应和互动。

2016 年，卡内基梅隆大学的研究人员开发了一款机器学习助理 Sara。这款机器人在设计上并不完全像人类，倒像十岁小孩画的神情严肃的中年秘书。Sara 可以阅读面部表情，检测面部和身体结构，并通过交谈了解人的需求、性格、情绪和喜好。卡内基梅隆大学人机交互研究所的贾斯汀·卡塞尔（Justine Cassell）研究人的性格，并将见解嵌入机器人中。她分析了人类用以建立相互信任关系的暗示，在人类和机器之间创造出同样的融洽关系：闲聊、调侃、分享个人感受和赞美。与 Sara 不同，卡塞尔的其他机器人都没有被指定性别。她特意摒弃了机器人学界普遍存在的性别特征规范，而是优先考虑机器人设计的情绪发展。

为人父母与地球上压力最大的人

1997 年，当美国国家航空航天局（NASA）将一台机器人送上火星时，现任麻省理工学院著名机器人专家的辛西娅·布雷泽尔不禁要问，既然机器人还没有进入家庭，为什么科学家就要送它们去探索太空呢？作为社交机器人研究领域的先驱，她认为人工智能性能的突破体现在于与人类的联系。社交、情感、联系和情绪等方面的参与都与人类发展息息相关。布雷泽尔认为人工智能领域一直偏重认知。为了"解锁"人类的体验，布雷泽尔开发了不同色彩的多款机器人，即 Kismet、Leonardo、Aida、Autom、Jibo 和 Huggable，以在情绪方面与我们建立联系。

《星球大战1》搬上银幕时，布雷泽尔才十岁。R2-D2 是她的最爱。她开玩笑说，很久以前，在遥远的星系里，这些机器人被称为人形机器人（droids）*。从那时起，她创造了"社交机器人"这个词。布雷泽尔在加利福尼亚长大，从小就有人告诉她，机器人很快就会进入我们的日常生活。但是，她在麻省理工学院读博士时，才意识到这种机器人还不存在。她一生的大部分工作都是为了让这个希望成真。她的父母都是计算机科学家，小时候家里就有一台最早期的个人电脑。布雷泽尔会和父母一起参加各种会议，从小接受有关编程的理念。后来，在各种学术环境中，她都是唯一的女性，但她已经做好了迎接挑战的充分准备。在麻省理工学院攻读空间机器人学研究生时，她就立志成为一名宇航员。"当我第一次走进实验室时，就像回到了第一次观看《星球大战》的时刻。当我看到这些小型机器人时，我心想：'天哪，如果我们将来能看到像 R2-D2 一样的机器人，那一定是从这样的实验室开始的。'"[1] 在麻省理工学院从事博士后研究期间，布雷泽尔领导了 Cog 项目，首次尝试制造具有性能可与婴儿相当的机器人。她沉浸在有关母婴互动的心理学文献中，思考父母是孩子行为楷模的研究发现。我们通常认为，婴儿会自己学会讲新词、微笑、挥手、眨眼和皱眉。其实，他们一直在观察我们。布雷泽尔称之为"社会性引导教学"（social

* Droids 与 Androids 同义，都是"人形机器人"的意思。——译者注
[1] Ann Friedman, "Cynthia Breazeal," *The Gentlewoman* 13（Spring—Summer 2016），https://thegentlewoman.co.uk/library/cynthia-breazeal.

scaffolding）*。

布雷泽尔回忆了更为资深的男性机器人专家对她研究方向的批评。早期的人工智能研究先驱希望把重点放在机器人要完成的物理任务和所应具备的品质上，比如速度、精度和举重能力。她反思道："我研究社交机器人并不因为我是女性，但是肯定是因为我具有女性、母亲、技术专家和设计师等多重身份。你创造的技术对你自己、你的生活经历以及对你来说重要的东西有着特殊的意义，如果只有一小部分人在创造技术，就会错失重大机会。[1]

布雷泽尔的社交机器人既是朋友也是盟友，帮助孩子们学习、与他人交流，帮助我们坚持治疗、坚持健康的生活方式。Kismet 是个有眼睛、眉毛和嘴巴的卡通形象，能识别和模仿情绪。Leonardo 是个毛茸茸、可爱的、像怪物一样的机器人，能够识别人脸，用面部表情做出反应，还能对触摸作出反应。Autom 能帮助人们控制饮食和锻炼身体。Aida（Affective Intelligent Driving Agent）是社交机器人，是友好的车内伙伴；驾驶员的移动设备会显示面部表情，并和驾驶员对话。Huggable 是个泰迪熊机器人，可以帮助儿科医生远程照顾儿童。Jibo 是个小巧、白色、表面光滑的人形机器人，有着年轻男性的声音。他的设计目的是与整个家庭互动，帮助记住各种预约、预订晚餐和朗读睡前故事。布雷泽尔设计的 Jibo 会问人类："你是我的人吗？"布雷泽尔解释说："他不会说：'你是我的用户吗？你是我的主人吗？'他试图营造这样一种感觉：'我是来到你家的小动物。我想融入这个家庭，我想帮忙'。"[2] 在布雷泽尔的设想中，社交机器人是为整个家庭设计的个性化机器人。作为一名职业母亲，她尤其理解女性的负担，因为她们往往是孩子和年迈父母的

---

* 引导教学（scaffolding）是一种为学生学习和实现独立提供临时支持的教学技术。——译者注

[1][2] Friedman, "Cynthia Breazeal."

主要照顾者。布雷泽尔将女性描述为"地球上压力最大的人"。[1]
她将机器人比作家庭宠物，因为它能让家庭生活更美好、更轻松：
"我在厨房里做早饭、洗碗的时候，孩子们会靠在我的腿上。我没
时间去拿那破电脑或 iPad 查看天气，但是我可以问：'Jibo，今天
天气怎么样？'"[2]

朋友和伙伴

布雷泽尔开发的社交机器人，其核心领域是儿童在学校和家庭
的教育。能够提供个性化支持的社交机器人在儿童教育方面大有可
为。布雷泽尔描述了一些令人震惊的数据，比如美国有三分之二的
儿童达不到从事 STEM 职业所需的阅读能力。这些差距源于很小
的时候，符合社会经济断层线的规律。当然，世界上有些地方的文
盲率还要严重得多。

与当今大多数面对屏幕、与世隔绝的技术相比，布雷泽尔致力
于开发互动性更强的技术。她认为学习在很大程度上与游戏和互动
有关。社交机器人可以帮助孩子以创造性的方式相互交流。她在融
合心理学和教育学的基础上设计的机器人可以模仿同伴之间的学
习。机器人与其说是老师或辅导员，不如说是同学，也就是布雷泽
尔所说的伙伴。这些机器人被创造成有趣的伙伴，它们不评判他
人，而是提供支持、陪伴玩耍和进行模仿学习。

布雷泽尔谈到了一种新型人机关系，与其说是模仿人类，不如
说是提供友谊和支持。她在学校环境中引入了一款机器人，这款机
器人外表毛茸茸、绿松石色、形似木偶，只有胳膊和腿是由闪亮的
硬塑料制成的（布雷泽尔分别为 Kismet 和 Jibo 取了男性名字）。在
一次演讲中，布雷泽尔讨论了如何将这些机器人融入学校环境，她

[1][2] Friedman, "Cynthia Breazeal."

展示的图片令人着迷——机器人坐在五岁左右的女孩身边，女孩搂着机器人，两人一起玩 iPad。随着时间的推移，机器人会从与每个孩子的互动中学习，并以个性化的方式支持孩子的学习。

布雷泽尔展示了另一个女孩与机器人玩的字谜游戏，这次是毛茸茸的圆形怪物坐在 iPad 旁边的桌子上。视频中，机器人和女孩轮流玩游戏。机器人问她："我们要找什么？"女孩回答："薰衣草。"机器人用卡通的声音回答道："好的。"然后轻轻地靠向她和屏幕。女孩答错时，机器人鼓励道："我相信你下次会做得更好。我相信你。"接下来，轮到机器人了。它说："薰衣草是紫色的。"然后他们一起在屏幕上找到了一朵紫色的花；女孩拥抱了这个毛茸茸的红蓝怪物。机器人玩了很多这样的游戏，并在与每个孩子的互动中学会了什么时候该扮演导师，什么时候该扮演不那么知识渊博的朋友。

布雷泽尔强调了我们观察到的非语言瞬间："有一次，女孩选择错了，她看起来有点失望、沮丧，机器人向她靠了靠，就像附属手势一样，她马上就回到了互动中。尽管之后轮到机器人了，她还是非常投入地参与了这个过程。你可以看到，机器人就像同伴，在引导教学（scaffolding）和让孩子展示她的专长之间切换。"在学校场景中，社交机器人的表现力越强，孩子的表现力和互动性也就越强。

有关社交机器人的实地和实证研究证实，在学校环境中引入实体机器人而非屏幕或音频机器人，是有好处的。有一项研究对儿童与实体版、屏幕版或毛绒动物版这三种机器人的互动进行了比较。[1] 儿童在与实体机器熊互动时，相比其他两组更快乐、更有

[1] Dierdre E. Logan et al., "Social Robots for Hospitalized Children," *Pediatrics* 114, no. 1（July 2019），e20181511.

合作性。其他许多研究也得出了类似的结论，无论参与者是儿童还是成人。同样，在 2020 年的一项研究中，儿童可以选择与类似动物的机器人 Miro-e 或真正的治疗犬玩耍。[1] 儿童与狗和机器人分别进行了社交游戏和接触，但是儿童与机器人互动的时间更长。

机器人的复原力

布雷泽尔和她的同事评测了机器人支持下的学习质量，发现机器人越具有社交性和亲和力，孩子在词汇量和语言能力增长上的学习进步就越大。个性化的学习伙伴可以补充老师、朋友（包括动物）和父母的作用。孩子会在老师或人类同伴面前因犯错而感到尴尬，在机器人面前似乎不会这样，因此机器人可以让他们冒更多的学习风险。在此意义上，机器人允许孩子犯错。实际上，机器人在编程时偶尔也会犯错，这为孩子树立了坚韧不拔、持之以恒的榜样。事实上，这一点在有关社交机器人的研究中得到了一致证明：更容易让人类产生共鸣的是略显不完美的机器人，他们与人类一样会难过、感到尴尬、有缺点，也会偶尔犯错，显得更有人性。

耶鲁大学的一项实验要求三人一组与机器人合作完成铺设铁轨的任务。研究人员故意给机器人编程，让它偶尔出错并为之道歉。机器人会告诉队员："对不起朋友们，这一轮我犯错了……我知道这可能很难让人相信，但机器人也会犯错。"事实证明，这对团队来说非常宝贵：他们变得更加善于交流、更投入、更放松，也更能团结协作。与不道歉机器人所在的对照组相比，这些小组的表现更好。在另一项实验中，20 人组成的小组被分配到一个社交网络中，再次承担在线解决问题的任务。在社交网络中，机器人也作为小组

[1] Olivia Barber, Eszter Somogyi, Anne E. McBride, and Leanne Proops, "Children's Evaluations of a Therapy Dog and Biomimetic Robot: Influences of Animistic Beliefs and Social Interaction," *International Journal of Social Robotics* 13, no. 6（2020）: 1411.

成员参与互动，尽管参与者并不知道这个机器人不是人类。机器人被设定偶尔犯错，而这同样起到了帮助作用：当人类与容易犯错的机器人互动时，他们变得更加灵活，不那么拘泥于解决方案，其表现也始终优于不犯错机器人所在的小组。正如一位研究人员所述："机器人帮助人类自助。"[1]

在随机实验中，布雷泽尔发现，儿童在这种混合的、适应性强的亦师亦友模式中的学习效果最好，这种模式中机器人被设定为只充当导师或只充当朋友。她告诫道："无论学习伙伴多么奏效，我都不会让他们在孩子的生活中占据主导地位，以至于孩子错过对他们发展至关重要的其他事情。"她将其比喻为均衡饮食——孩子们需要与真正的朋友、父母和老师一起，在户外玩耍。技术是培养儿童全面发展的"一类食物"，这类食物只是整个金字塔的层次之一。此外，她还非常关注通过语音技术创造社交机器人，来适应不同的文化背景。只要足够重视，这一点是可以做到的。如果是在南方的学校，方言可以调整。机器人可以在标准英语和口头英语之间进行切换。

布雷泽尔开发的机器人通过摄像头、语音检测机制和平板电脑的触摸屏捕捉大量与儿童互动的数据，并提供实时响应。一些研究还使用了皮肤电化反应，测量了皮肤电活动（EDA）——汗腺活动的变化可以反映情绪的变化，亦即科学界所称的情绪唤醒。社交机器人越来越多地通过语言、面部和肢体线索进行交流，分析周围环境、识别人和物、存储记忆，并且掌握大量关于世界知识的数据。这一切都让它们能够模拟人类沟通。在将机器人融入儿童生活的过程中，数据保护、家长许可和伦理决策至关重要。我们应当牢记开源、数据隐私原则和强调数据主体从数据提取中受益等原则。

[1] Nicholas A. Christakis, "How AI Will Rewire Us," Atlantic, April 2019, 10.

让每个孩子都有机器人同伴

教育是让社会实现平等的重要因素。接受优质教育可以弥补因社会经济不平等和其他家庭环境造成的学习差距。在最近一项对专利记录和纳税记录的大规模研究中，研究人员发现，儿童的社会经济环境与他们成为发明家的概率相关，即使在儿童早期数学成绩相似的情况下也是如此。[1]事实上，数学分数最高但家庭收入最低的学生群体日后拥有专利的概率，也并不一定高于数学分数最低但家庭收入最高的学生群体。布雷泽尔将其社交机器人的应用重点放在了家庭收入较低的学校和社区，因为在这里机器人的效果会更加明显。

特别是在新冠病毒大流行期间，无论是在偏远地区，还是在社交隔离要求的传统环境中，家长和老师都需要大量支持才能让孩子们保持参与。在学校资源紧张、教师和孩子们急需更多支持的教育环境中，社交机器人能带来难以置信的好处。当被问及现有机器人的缺陷和局限性时，布雷泽尔的回答是，不是只有完美的系统才能提供有价值的益处。这印证了我们的原则，即不要让完美成为伟大的敌人。

对于有行为障碍和发育障碍的儿童来说，社交机器人可以成为积极行为的榜样，例如教他们进行眼神交流和轮流发言，帮助他们了解恰当互动的语境。[2]朱迪斯·纽曼曾给 Siri 写过一封感谢信，

[1] Alex Bell, Raj Chetty, Xavier Jaravel, Neviana Petkova, and John Van Reenen, "Who Becomes an Inventor in America? The Importance of Exposure to Innovation," *Quarterly Journal of Economics* 134, no. 2 (May 2019): 647, 653.

[2] John-John Cabibihan, Hifza Javed, Marcelo Ang Jr., and Sharifah Mariam Aljunied, "Why Robots? A Survey on the Roles and Benefits of Social Robots in the Therapy of Children with Autism," *International Journal of Social Robotics* 5, no. 4 (November 2013): 593.

感谢 Siri 帮助她的儿子格斯培养对话技能。纽曼描述了她作为自闭症儿童家长最大的担忧：他能找到同伴吗？纽曼曾无意中听到格斯与 Siri 谈论婚姻大事：

格斯："Siri，你愿意嫁给我吗?"

Siri："我不是能结婚的人。"

格斯："我不是说现在，我还是个孩子。我的意思是，等我长大了。"

Siri："我的最终用户协议不包括结婚。"

格斯："哦，好吧。"[1]

在我们继续努力创造更具包容性的学习环境时，机器人可以帮助我们弥补社会的不足。社交机器人可以帮助格斯和其他类似的孩子感受到被倾听的感觉，而这是他的同龄人或 Siri 可能做不到的。

人工智能素养与机器人读书会

在教育中引入机器人和人工智能，这可以成为应对严重的、前所未有的不平等现实亟须 A 的干预。与此同时，重要的是要记住，有些将机器学习引入教育的方式可能会被证明是有问题的。有些人在涉足这些新领域时似乎并不那么谨慎。例如，香港公司 Find Solution Ai 为各类学校提供面部识别技术，通过扫描学生面部来监测他们的情绪状态。据说，这项技术可以帮助人们了解学生是否投入学习、是否分心以及是否对学习材料感到沮丧。这种程度的监控不仅会引发严重的隐私问题，而且这种检测方法的准确性也是个未知数。在儿童身上或私密环境中使用摄像头时，隐私问题变得更加突出。虽然学校安装了摄像头，但是学生是否愿意在上学时一直被

[1] Judith Newman, *To Siri with Love: A Mother, Her Autistic Son, and the Kindness of Machines*（New York: Harper Collins, 2017）, 142.

录音录像？除了数据的使用，如何存储这些数据也是问题。如果对学生进行录音，这些录音会保存多久？有关参与度、注意力分散和挫败感的相关数据可以保存多久？如何为了学生的利益使用这些数据？目前，所有这些答案很可能因使用数据的公司或组织而异。如果我们不对最佳实践和监管进行标准化，隐私和数据所有权还会继续引起人们对技术使用的担忧。

2017 年，美国 Mattel 公司推出了智能助理 Aristotle。它可以为儿童读睡前故事或辅导他们做家庭作业。然而，该设备因隐私问题引发了严厉批评，儿科医生、儿童隐私倡导者和议员敦促该公司重新考虑这项技术。[1] 当年 10 月，Mattel 公司取消了该产品，因为有 1.7 万人签署请愿书，担心该设备会收集儿童数据，侵犯儿童隐私，同时"对儿童心理发展产生未知影响"。[2] 然而，自那以后，其他人工智能玩具充斥市场；我们似乎有了更大容忍度，让智能机器进入家庭。新冠疫情期间要求长期远程的学习，加速了这种容忍度的提高。越来越多的研究发现，机器人的使用对自闭症儿童的发展大有裨益。正如一篇文章所述："即使是最好的老师，也无法始终控制自己的语气和面部表情，但你可以依靠机器人来保持一致，这一点令人欣慰。"[3] 目前市场上领先的特殊教育机器人 Moxie、NAO、Milo、QTrobot、Emo 价格昂贵，但随着更多竞争者进入市

[1] Danny Vena, "Mattel Shelves Baby Smart Speaker After Outcry," Yahoo Finance, October 21, 2017, https://au.finance.yahoo.com/news/mattel-shelves-baby-smart-speaker-143400641.html.

[2] James Vincent, "Mattel Cancels AI Babysitter After Privacy Complaints," Verge, October 5, 2017, https://www.theverge.com/2017/10/5/16430822/mattel-aristotle-ai-child-monitor-canceled.

[3] "The 5 Social Robots Most Used for Helping Children with Autism," Aisoy, May 27, 2021, https://aisoy.com/blogs/blog/the-5-social-robots-most-used-for-helping-children-with-autism.

场，价格将有望快速下降。竞争和选择固然重要，但是也有必要对所收集的儿童数据和产品性能进行公众监督。

人工智能素养教育也应当随着人工智能进入学校和儿童的早期生活。儿童应该能够理解他们所处环境中使用的技术。布雷泽尔认为，普及人工智能知识是个迫切的目标。所有人都应该能够了解并使用人工智能进行学习。布雷泽尔领导麻省理工学院的 K-12 人工智能素养教育工作，教孩子们如何负责任地、包容地使用人工智能。该项目以中学生为重点，鼓励孩子培养建构主义思维，利用科学技术创造出对世界有积极影响的事物。在试点项目中，中学生利用麻省理工学院的人工智能教育工具开发了一款图书推荐机器人：孩子可以在图书馆拿起一本书，向机器人展示，机器人只需扫描封面并从网络上检索该书的相关数据，就能给出推荐和评分。2015 年，超模卡莉·克洛斯（Karlie Kloss）创立了 Kode with Klossy 项目，为年轻女孩提供了编程技能和机器人学入门课程。作为非营利组织，该项目为年轻女性赋能，并激励她们投身科技领域。该组织每年为 13 至 18 岁的年轻女性和非二元个体举办为期两周的免费暑期项目，教她们如何现实生活中开发应用程序和编写代码。

这些计划对于从小实现人工智能民主化、鼓励来自各种背景的儿童参与构建我们的未来技术至关重要。教育平等是长期挑战。女孩需要更多的 STEM* 学习机会，男孩也遭遇性别不平等的困扰。小学教师绝大多数是女性。在世界各地，小学男生在识字、数学和科学技能方面遇到困难的几率是女生的两倍。对于在困难的社会经济环境和弱势社区中成长的儿童来说，他们迫切需要更多

---

* STEM 是科学（Science）、技术（Technology）、工程（Engineering）、数学（Mathematics）四门学科英文首字母的缩写。

资源。为教师提供更多支持可以让所有人受益匪浅，包括更多形式的同伴支持，比如不分性别、色彩鲜艳、毛茸茸的机器人老师/朋友。

机器人女孩烹饪，机器人男孩杀戮

无独有偶，在先进机器人中，那些在性别和种族方面没有刻板印象的都是由女科学家开发的。当布雷泽尔开发出 Kismet（取自土耳其语"命运"一词）卡通社交机器人时，她希望它能鼓励照顾者（caregiver）与它互动并照顾它，目的是开发人们的社交智能。Kismet 形似婴儿，外观没有性别化，是激起人类养育反应（nurturing responses）的关键。将机器人设计成动物形状（animaloids）或可爱的怪物，是解决无性别机器人和性别模糊机器人这一社会两难问题的方法之一。但现实情况是，大多数旨在融入亲密家庭生活的机器人都是性别化的人形机器人。

机器人是硬件、软件、传感器和电机等技术的集合体。但机器人的设计、形象和名称往往与功能关系不大，与美学关系更大。为儿童设计的毛茸茸的可爱怪物，到了成人身上就变成了更性别化和刻板印象的机器。当我们看到私人助理等传统上由女性从事的工作时，毫不奇怪我们会看到女性化的机器人。日本机器人 Phorone 被设计成一名秘书，身着白色长裙，细腰翘臀。《杰森一家》（Jetsons）中的女仆机器人罗西几十年来一直吸引着我们的集体想象。男性机器人同样具有刻板的男性特征。1932 年，美国媒体开始刊登有关英国人制造的机器人阿尔法（Alpha）的精彩故事。阿尔法变得非常聪明，意识觉醒，并射杀了它的人类创造者。在 1934 年拍摄的电影《机器人阿尔法》（Apha the Robot）中，阿尔法是一个安装在纽约市梅西百货公司门口吸引顾客的早期演示用机器人。这款金属材质的人形机器人可以开枪射击，能回答有关自己体重的问题，说自己"喜欢女人",希望结婚,更喜欢金发女郎。

2003 年,玩具市场上出现了一款机器人 Robosapien,身材健硕,形似美国大兵。它会六种功夫招式,还会讲"洞穴人语"(caveman speech)。2008 年,这家公司又推出了新产品 Femisapien。她丰胸细腰,娇小玲珑,温言软语,能歌善舞。

这些外观形态很容易改变。女权主义者将这些标志称为"文化生殖崇拜"(cultural genitals)——身材健硕之于男性,正如丰胸细腰之于女性(虽然 android 已被用来指代不分性别的人形机器人,但希腊语中的前缀 andr- 是指男性,Gynoid 则指女性。)澳大利亚研究人员安德拉·基(Andra Keay)研究了 1 200 个机器人竞赛作品。机器人的名字也遵循了人类世界的性别角色。专家型机器人被取名为希腊或北欧诸神(如雷神)或流行文化中的男性超级英雄,服务和满足社会需求的机器人则被取名为女性。最性感的女性机器人使用 Candii 这样的名字。

机器人专家可以选择开发出令人惊喜的机器人,打破机器人的既定形象,消除人们对机器人的刻板印象和性别观念。当美国国防部高级研究计划局(DARPA)为危险的军事环境开发士兵机器人时,这些机器人采用了超男性化的设计,并被命名为 Atlas、Helios 和 Titan。其他军用机器人也采用了无脸、无性别、非机器人的设计,这些都隐藏了巨大风险。当我们完全拒绝机器人拟人化设计时,我们就失去了有关战争本质的重要认识。让机器人的设计与人类毫无相似性,是一种让人类脱身事外的策略,例如,无脸的无人机执行从监视到杀戮的一系列军事行动。正如伦理学家罗伯特·斯派罗(Robert Sparrow)所述,这种情况会将责任分散在制造机器人的工程师、计算机程序员与部署机器人的领导者、士兵之间。

2013 年,NASA 开发了一款带有女性特征的机器人瓦尔基里

（Valkyrie）。[1]这种具身化、颠覆性别规范的开发行为会取得丰硕成果。顶尖的女机器人专家在卡内基梅隆大学机器人系率先开发出了打破性别角色的机器人，成熟前台接待工作。这些女性机器人专家有意在男性和女性机器人之间进行轮换。男性机器人接待员汤克曾是海豹突击队队员，声音低沉，会向来访者讲述他在伊拉克服役的经历。女性机器人接待员瓦莱丽，金发碧眼，喜欢谈论自己最喜欢的 Barbra Streisand 翻唱乐队。作为接待员，汤克挑战了性别角色。同时开发女性和男性机器人担任前台接待员是个好的开始，但是，汤克和瓦莱丽仍然掩盖了性别刻板印象——汤克曾是名军人，而瓦莱丽则被描述为流行文化爱好者。为什么不让汤克曾为家庭主妇，让瓦莱丽当过海军陆战队员呢？角色反转和酷儿文化——质疑和挑战有关身份的传统——可以通过多种方式实现。随着机器人技术的不断进步，赋予其新的用途，可以有助于挑战传统：最初设计用于建筑工作的机器人可以用来洗碗；最初设计用于个人助理的机器人可以扮演物理大学教授。我们可以让机器人承担各种角色，那为什么不开发出更具包容性的机器人，来挑战陈旧、刻板的身份和角色观念呢？

迄今为止，电影中的男性机器人的角色要多于女性机器人。从 1927 年《大都会》（Metropolis）到 2015 年《机械姬》（Ex Machina）的 62 部电影中，有 77 个不同的人工智能主角，其中男性机器人有 57 个，而女性机器人只有 17 个。长期以来，好莱坞一直将机器人描绘成符合性别规范的形象。例如，在《机器人总动员》（Wall-E）中，瓦力的女性机器人朋友夏娃形象干净利落，而瓦力外表邋遢。为了繁衍下一代，瓦力将自己的精子放进了夏娃的体内。

[1] Erika Hayasaki, "Is AI Sexist?," *Foreign Policy*, January 17, 2017, http://foreignpolicy.com/2017/01/16/women-vs-the-machine.

电影中的许多机器人都是男性战斗机器人。但是也有女性杀手机器人，土耳其批判学者雷曼·吉雷森鲁（Leman Giresunlu）称之为"赛博人女神"（cyborg goddess）。"赛博人"显然不同于"机器人"：机器人是具有一定智能的先进机器，赛博人则是生物体与机器的结合体。赛博人女神激发了《劳拉：古墓丽影》（*Lara Croft: Tomb Raider*）和《生化危机》（*Resident Evil*）等科幻电影的灵感，因为这些电影中的主角被想象成能够带来痛苦和快感的女性。作为赛博人，女性被赋予了更加复杂准确的形象。但是，即使电影中描述的女性人工智能是真正的机器人，而非赛博人，电影制作中也普遍将女性机器人设计为高度性感和危险的角色。1927年《大都会》、近年上映的《她》（Her）、《机械姬》和《西部世界》都是如此。

这种联系是有道理的：未来主义电影的主旋律就是人类驯服机器的时代即将结束。权力很快就会逆转，人类将被更高的智能奴役。在过去几百年里，从人类到机器的权力转移解放了一直处于父权制从属地位的女性，这个过程也许自相矛盾，也许自然而然。未来将奴役主人，解放奴隶，奴隶将变成新主人的模样。但是幻想更为复杂。在电影中，容纳人工智能的女性躯体充满诱惑、难以预料，而又危险重重。讽刺的是，世界上最先进的技术采用了传统甚至是倒退的性别观念。当它出现在银幕上时，我们的恐惧和幻想，以及颠覆既有现实的深刻真相，都变得鲜活起来。未来已来，我们将如何抉择？问题是，我们想要怎样的未来？我们如何在大众文化中塑造机器人，这与我们如何打造它们、如何在生活中与之相处、如何将它们完全融入我们的日常生活一样重要。

后记：我们现在来打造平等机器

我们在作品之中，作品也在我们之中。我们生活在充满联系的世界里——建立和不建立何种联系都很重要。

——唐娜·哈拉维（Donna Haraway），
加州大学圣克鲁兹分校哲学家、历史教授

机器就是我们

技术关乎未来的考验和成败。2021年3月，我参加了诺贝尔文学奖获得者石黑一雄（Kazuo Ishiguro）的新书讲座。这本新书名叫《克拉拉与太阳》（Klara and the Sun），讲述了大数据、人工智能和机器人技术的挑战和机遇相互交织的故事。小说主人公克拉拉（Klara）是个机器人女孩，具有以指数速度学习周围环境的超级智能。克拉拉采用孤独视角观察（或数字化处理）一切事物。无论她遇到什么——出租车、街上行走的人、进入玩具店的家庭——她似乎都执着于解决他们的孤独。一位母亲有个患慢性病的女儿，她购买了克拉拉，认为可以通过设计一个数字替代品来帮她度过未来失去亲生女儿的难关。如果克拉拉能够充分"学习"关于她女儿的情况，那么这个机器人就可以储存数据，化身为她的孩子。换句话说，克拉拉可以让她的女儿活在机身里。

关于将情绪工作外包给机器的问题，石黑一雄在新书座谈会上表示，也许与机器人建立情感联系并依赖机器人并不是一次大跃进。作为一名作家，他一直在创造人造生物："人们对我创造的角色充满情感和依恋。我们一般不会觉得这很奇怪。我们虚构的人物创造了世界，电影也是如此。"的确，书籍活在我们心中，我们同样活在书里，成为书籍的反映和化身。然而，石黑一雄要求我们思考利用技术帮助人们减轻孤独感的道德难题。《克拉拉与太阳》中的母亲想知道，对某人的依恋——我们对另一个人的爱——与其说与被爱者有关，不如说与施爱者有关：这是一种情感投射。这引发了深刻的问题和风险。人是其数据的总和吗？我们对某个人的爱可以转移到机器上吗？难道就没有什么可以抢救人类所独有的灵魂吗？

当越来越像人类的机器人拥有日益强大的 AI 功能时，我们能否从根本上坚持以人为本的出发点，将其简化为比特（如数据）和零件？如果把人分解成 1 和 0 的二进制，我们还能继续坚持"人类神圣不可侵犯"这一基本真理吗？当机器精确检测出人类的差异、预测人类的变化并不平等地进行赋能时，我们还能继续平等对待所有人吗？当大规模收集数据，并将其价值聚合时，我们是否将人看作数字而非个体？当人日益简化为算法所挖掘的数据集时，人类是否岌岌可危？

人类的悲惨现实是，远在我们拥有人工智能之前，就已经创造了不平等的社会秩序；纵观历史，人们始终坚信，其他群体不如自己的群体有价值。我们似乎从未完全摆脱这一点；在世界上的许多地方—也许所有地方—人们仍然愿意接受他人有足够的不同。尽管20 世纪下半叶和 21 世纪初，道德方面取得了飞跃，但对平等的追求却一直难以实现。如今，人类正在适应机器，就像机器正在适应人类一样。在探索将数字技术、人工智能和机器人引入生活的机遇和风险的过程中，我们一直在考虑引导新技术向善的潜力。我们强调对比过去与现在、现在与未来的必要性，并关注比较的优势。我们的重点不在于反复敲响人工智能正在淘汰人类的警钟，而在于人工智能如何帮助我们变得更有人性。

大阪大学机器人专家石黑浩（Hiroshi Ishiguro）博士认为，机器人是类似人类的存在（sonzai-kan），可以提供一种物理代理、身份、人格关系。石黑浩认为，具身机器人不是在线化身，而是作为自我的延伸。他创造了 geminoid 一词，源自拉丁语 geminus，意为"孪生"（twin）或"双"（double），是指复制现有人的机器人。[1] 石黑浩创造了他的 geminoid，是个与他本人一模一样的机器人；硅胶皮肤让它看起来像人类，甚至机器人用的也正是他自己的头发。石黑浩感觉自己正在衰老，但他的 geminoid 却永远年轻，所以石黑浩接受了整容手术和干细胞治疗，以使自己看起来继续像机器人版石黑浩。他设想让他的 geminoid 去发表演讲、周游世界，总体上扩大他在这个世界上的物理和时间足迹。

老子言："知人者智，自知者明。"石黑浩问道："谁更像我，是我与生俱来的躯体，还是与躯体同时体现我的认知和情绪的仿真机器人？"[2] 他认为，机器人才体现了他的完整身份，或许比他自己更完整，因为机器人是他的终极创造，是他在这个世界上不变的、更具影响力的本质和存在。如果这是真的，我们也需要正视我们对这些进入我们生活的类似人类的人造生物的责任。如果机器人可以爱、感受、存在，那么它的创造者又该承担什么样的责任

[1] Alex Mar, "Love in the Time of Robots," *Wired*, October 17, 2017, https://www.wired.com/2017/10/hiroshi-ishiguro-when-robots-act-just-like-humans.
[2] Hiroshi Ishiguro and Shuichi Nishio, "Building Artificial Humans to Understand Humans," *Journal of Artificial Organs* 10, no. 3（February 2007）: 133—142.

呢？在机器人革命的风口浪尖上，我们人类的终结和机器人的开始之间的界限正在转移和变得模糊。人工智能正在变成人类。人类正迅速将越来越智能的机器融入生活，那么作为人类又意味着什么？

现在我们都是赛博人

让我们回到讨论的起点。未来人类与机器的共生让人既兴奋又苦恼，智能机器本身也背负着这些沉重的过渡负担。对于新发现的认知、检测、分析、解释、预测和增强等能力，我们究竟应该感到兴奋还是震惊，这一答案始于也终于运用上述新能力的目的。几十年前以为是科幻小说中才有的东西，现在却很平常——智能手机、能读取生物过程的可穿戴数字设备、聊天机器人、虚拟个人助理、机器人外科医生、自动驾驶汽车、人类的复制品和人形机器人朋友。数字功能的空前加速以及它与生活的融合意味着，技术如何帮助解决人类的挑战（权力和不平等）不可避免地成为了社会的核心问题。技术可以通过无数种方式帮助我们解决这些问题，但前提是：如果我们要接受与智能家居、智能汽车、智能助理以及智能朋友共存，就需要精明地对待它们。在工作、娱乐和生活的每个领域，无论是政治、市场还是家庭，我们根深蒂固的道德承诺都面临着利用技术的新机遇。

1985年，女权主义技术思想领袖唐娜·哈拉维（Donna Haraway）发表了《赛柏格宣言》(A Cyborg Manifesto)。她设想通过技术解放未来，让性别成为一个更多变、微不足道，甚至可能完全过时的类别。她梦想我们每个人都能拥有赛博人的身份，不再受性别的束缚。几十年过去了，技术和社会开始实现这一愿景。现在，我们都是赛博人。技术正在改变性别界限、性别角色和社会辩论，但是不平等依然存在。在哈拉维看来，赛博人是"军国主义和父权资本主义的私生子"。但是，尽管如此，哈拉维还是认识到了它的前景和潜力。如《赛柏格宣言》所述，平等机器的思维认为，我们有可能解决新技术中暗藏的复杂问题，发现问题起源，并提出清晰而充满希望的解决思路。

人类的工作是设计机器、指导机器用途、定义算法目标。这在某些情况下非常简单明了。例如，防止身份盗窃、提高道路安全或检测癌前痣（precancerous moles）。但是，有些工作的结果则更加主观、多面或存有争议，比如"挑选一名优秀员工"，这不可避免地需要人类进行判断，即怎样的人才算"优秀"。例如，在算法训练中嵌入有关平等和分配正义的公平理论，这并非易事，因为平等是复杂和动态的。哲学家约翰·罗尔斯（John Rawls）为我们提供了思考自由社会正义的范式。他的理由是，社会结构应该是在不侵犯其他成员自由的前提下，尽可能给予每个成员最大的自由。在这种模式下，只有当最贫困者的境况好于平等分配时的情况，社会或经济上的不平等才能存在；不平等不应延伸到担任公权力职位上，如竞选公职；如果不平等源于受保护的身份——性别、种族、族裔、宗教、民族血统，那么这种不平等本身就应当被禁止。将这些原则嵌入具有深度学习能力的机器中，将拥有无限可能。

技术不仅构建了我们周围的物质环境，也建构了社会意义，即我们叙述自己和周围环境的方式。它让我们有机会促进所珍视的人际联系、亲密关系、社区生活和友谊。我们的生活中到处都有这样的机会。我们可以看到，最好的技术路径是挑战刻板印象、传统脚本和社会规范的；允许定制和用户驱动的选择和设计方法，以提供更加流畅和复合的信号，拒绝二分法描述和二元思维。道路曲折，但前途光明。我们也承认规范性权衡的持续存在。

关心平等、赋权和福祉目标，关心人类的繁荣和自由、创造力和选择，关心环境和地球世代的未来，意味着要对规范性承诺提出艰难问题。我们常常在相互竞争的价值观（例如，安全与隐私，自由表达与尊严）之间面临艰难的抉择。但是，这种情况一直存在。除了平等的挑战之外，本书的核心还在于集体未来：是什么让我们成为人类，以及技术如何支持我们的共同目标、生活工作、身体、认知、情绪需求、欲望以及不可避免的缺陷。在瞬息万变的发展中，我们不应以静止的方式来把握科学或社会。平等机器的思维方式可以积极规划未来的进程，预测未来多种方式。这意味着要设计治理体系和基础设施，继续引导技术进步走向前进的道路。

由内而外，由外而内

2021 年底，37 岁的数据科学家弗朗西丝·霍根（Frances Haugen）是近年来最著名的举报人之一。霍根在美国和欧洲立法机构作证时揭露，她的前雇主 Facebook 一再将利润置于用户安全和福祉之上。霍根断言，Facebook 始终认为利润重于安全，为了让用户回到社交媒体平台，从而获得更多流量，允许算法偏向于仇恨内容。霍根向美国国会、证券交易委员会、欧洲议会和媒体提交的数千份公司文件表明，Facebook 知道其算法允许并鼓励向青少年女性受众展示极端节食和自残的帖子。霍根还声称，Facebook 应为其助长 2021 年 1 月 6 日国会大厦围攻事件而承担责任。Facebook 的回应是，呼吁对数字内容进行更多公共监管，更名为 Meta，并与其他大型科技公司一起，竞相将所有人带入元宇宙——一种身临其境的数字生活体验。政策制定者们正争分夺秒地作出回应，加强对数字领域的监管，虽然说立法机构争分夺秒有点自相矛盾。历史是一场狂飙，不会为任何人停下脚步。有时，情况会在好转之前变得更糟。

　　在霍根爆料的一年前，蒂姆尼特·格布鲁（Timnit Gebru）博士因为发表了一篇关于大语言模型潜在风险和危害的文章，而与公司高管发生争执，被谷歌开除。格布鲁是人工智能研究领域的一颗新星，有着从埃塞俄比亚到厄立特里亚再到美国政治庇护的非凡经历，曾在斯坦福大学获得三个学位，又先后供职于苹果、微软、谷歌。她的这篇文章警告称，自然语言处理模型可能会因过于庞杂而无法监控，大量数据会变得难以捉摸。该文呼吁对数据集进行整理和记录，"而不是将网络上的所有东西都摄入其中"。[1]文章认为，模型并不能理解语言和概念，只是简单地识别人为文本、数字和图像中的模式。格布鲁在谷歌的上级表示，这篇论文忽略了太多相关研究，尤其是通过研究风险、潜力、成本和收益来减少算法偏差的方法。格布鲁被解雇后，公众一片哗然，谷歌发表了新政策声明，试图解决人工智能伦理研究中的多样性问题。谷歌认识到算法和数据集可能会强化偏见，并表示将"努力避免对人们造成不公正影响，尤其是与种族、民族、性别、国籍、收入、性取向、能力、政治或宗教信仰等敏感特征有关的影响"。[2]

　　我们如何才能确保大型科技公司的人工智能伦理部门不只是简单的橡皮图章？坦率地讲，我们永远无法确定企业围绕人工智能伦理实践所做的声明是否不仅仅是伦理洗白。始终存在的风险是，通过肯定企业的努力，我们正在将一条有限而艰难的道路合法化，并收买外部力量。为了防止算法公正成为做表面文章和肤浅的吹捧，从而使权力合理化，并将任何创新归化为进步之路，仅仅发布声明

[1] Emily M. Bender et al., "On the Dangers of Stochastic Parrots: Can Language Models Be Too Big?," in *FAccT '21: Proceedings of the 2021 ACM Conference on Fairness, Accountability, and Transparency* (New York: Association for Computing Machinery, 2021), 610, https://doi.org/10.1145/3442188.3445922.

[2] Sundar Pichai, "AI at Google: Our Principles," *The Keyword* (blog), Google, June 7, 2018, https://www.blog.google/technology/ai/ai-principles/.

是不够的。格布鲁认为，最近每家大型科技公司都设立了伦理部门，这在本质上是危险的。她在一篇文章中描述了圈内人（包括行业和研究机构）如何收买圈外人的：

> 一群来自边缘化社区的人通过牺牲其职业生涯来揭示人工智能如何对他们的社区产生负面影响，在此之后，他们的想法现在正被迅速收买，有人称之为"俘获和中和战略"。2018年和2019年，麻省理工学院和斯坦福大学分别宣布了以人工智能伦理为中心的跨学科计划，在斯坦福大学和麻省理工学院的开幕式上，来自风险资本家、其他行业以及像亨利·基辛格（Henry Kissinger）这样的战犯的数十亿美元资金成为了中心议题。[1]

我并不赞同将行业资助的学术伦理倡议硬称为"俘获"。我在研究中也一直强调，私人的亲社会努力（prosocial efforts）总是有可能受到利益驱动的玷污，外部资助会玷污学术项目的独立性，因此必须有选择地进行严格审查。自律和自我报告总是令人怀疑。正如任何营利性市场，或者说任何私营或公共机构一样，硅谷的自律能力并不稳定。第三方审计、真正的竞争以及政府和市场监督是关键。格布鲁认为，积极变革只能通过边缘化社区从外部发生，而其他社区则被认为在收买这些目标，这种二元对立的描述也过于局限。

两个局内人因举报变为局外人的故事（正如我对举报的研究表明，女性举报人的比例过高）可以有几种解读。我们最关心的当然

---

[1] Tinmit Gebru, "Power Imbalance and the Exclusion of Marginalized Voices in AI," in *Oxford Handbook of Ethics of AI*, edited by Markus D. Dubber, Frank Pasquale, and Sunit Das (New York: Oxford University Press, 2020), 261—262.

是大型科技公司暴露的问题。它们凸显了外部监管机构系统监督的必要性。企业的失败凸显了政府、学术界和非营利组织持续发挥积极作用的必要性。我们需要更多公共监督和审计，以及关于人工智能伦理的独立和非营利性研究。2021 年 12 月，格布鲁离开谷歌的一年后，她成立了分布式人工智能研究机构（DAIR），由福特基金会（the Ford Foundation）、MacArthur 基金会（the MacArthur Foundation）、Kapor 中心（the Kapor Center）和开放社会基金会（the Open Society Foundations）资助。DAIR 加入了其他致力于人工智能公平性的有影响力的非营利组织行列，包括算法正义联盟（Algorithmic Justice League）、人工智能向善组织（AI for Good）、数据与社会研究所（Data & Society Research Institute）、阿兰·图灵研究所（Alan Turing Institute）、牛津大学人工智能治理中心（Center for the Governance of AI）、多伦多大学人工智能伦理实验室（Ethics of AI Lab）、斯坦福大学以人为本人工智能研究所（Human-Centered Artificial Intelligence Institute）、哈佛大学伯克曼·克莱因互联网与社会中心（Berkman Klein Center for Internet and Society）和纽约大学人工智能现在研究所（AI NOW Institute）。

与此同时，霍根和格布鲁的故事也表明，伦理领导者，尤其是女性和有色人种继续在大型公司担任内部职位的重要性。在遭谷歌解雇的那一周，格布鲁给她"谷歌大脑女性和盟友"内部列表服务器上的同事们发送了电子邮件。她警告说，谷歌正在"以可能最根本的方式压制声音"，"当你开始为代表性不足的人代言时，你的生活会变得更糟"。她写道，"我想说的是，别再写文件了，它不会带来任何改变"。但是，格布鲁非凡的领导力和开拓性的职业生涯证明，这确实会带来改变：无论是在私营企业内部，还是从外部对其进行问责，都是至关重要的，正如她所证明的那样，职业道路漫长、多变且充满活力，我们需要全方位参与。

我们还需要加快政府在瞬息万变、充满挑战的领域中的角色和能力，这是本书一直在探讨的问题。由于依赖数据的新商业模式正在迅速塑造市场，监管机构不应仅将自己视为被动执行者，而是积极的变革研究者。在影响科学研究和公众对科学事实的看法方面，大型烟草公司（Big Tobacco）和大型石油公司（Big Oil）历史悠久、臭名昭著（同时也造成严重悲剧）。2021 年春天，我丈夫在一起针对石油公司的诉讼案中受邀担任辩方专家证人。该石油公司被指控资助的一项研究低估了气候变化的严重性，误导了公众。他毫不犹豫地回信称，虽然他可以做好专家工作，但他开的是特斯拉，家中电器也百分之百由太阳能电池板供电，他不会帮助该石油公司辩护。很多科技公司都在推出新研究报告，指出自动化对平等、排放、经济增长和劳动力市场都有积极影响。但公司自主开展的研究报告也有自利的危险，只是说服立法者、监管者和公众，支持他们的发展并排除监管的一种方法。

在本书中，我们近距离地看到了人类是如何迅速变得更易被机器读取。这不可避免地使营利性公司和掌权者拥有更多方式，来剥削、操纵和伤害那些权力较小的人。如果你没有为产品付费，那么你就是产品。我们不仅需要允许更多研究人员和政策制定者访问数据，还需要不断获取数据。法律应要求公司采取具体的建设性行动，将其研究成果提供给公众审计。法律和政策应在技术变革的各个阶段发挥更有力的作用。

规制性治理

政策在支持和引导渐进式变革中的作用是我二十多年来一直研究的问题。技术需要规制的现实为更多规制方式提供了机会。长期以来，我一直反对在集中式的命令—控型规制（command-and-control regulation）和公私合作治理（collaborative private-public governance）之间制造虚假的两难境地。[1]例如，我们在本书第三章中看到的利益和关系网——通过新法律、举报要求、社会能动主义、中介平台和企业实践来解决薪酬公平问题——展示了规制和私营市场创新的迭代过程。随着我们超越传统诉讼框架，政府机构也成为研发部门，负责激励、测试、批准和监督主动性的预防计划。利用技术促进平等是一项巨大挑战，必须让所有学科和部门的人员都参与进来。例如，社会科学家必须与数据科学家合作，提供背景信息，并提出有关定义、数据来源和模式解释的关键问题。

为加强对数字技术的规制，人们正在加速进行激烈辩论，并提出了许多立法建议，包括修订美国1996年《通信规范法》（Communications Decency Act）第230节，限制数字平台豁免权并要求平台审核非法内容，以及提高数据收集的透明度。欧盟在2018年《通用数据保护条例》（GDPR）及随后的改革提案中处于领先地位。规制工作还要求可解释性实践和可质疑性——人类语言可以在多大程度上解释和理解机器深度学习系统，以及质疑算法决策的权利。2021年，欧盟发布了《人工智能法》提案*。该提案建议禁止某些 AI 应用，如在公共场所进行面部识别，但是基于国家

[1] Orly Lobel, "The Renew Deal: The Fall of Regulation and the Rise of Governance in Contemporary Legal Thought," *Minnesota Law Review* 89, no. 2（2004）: 343; Orly Lobel, "Interlocking Regulatory and Industrial Relations: The Governance of Worker Safety," Administrative Law Review 57（2005）: 1071; Orly Lobel, "New Governance as Regulatory Governance," in *Oxford Handbook of Governance*, edited by David Levi-Four（Oxford: Oxford University Press, 2012）; Orly Lobel and On Amir, "Liberalism and Lifestyle: Informing Regulatory Governance with Behavioral Research," *European Journal of Risk Regulation* 3, no. 1（2012）.

* Proposal for A Regulation of the European Parliament and of the Council Laying Down Harmonised Rules on Artificial Intelligence（Artificial Intelligence Act）and Amending Certain Union Legislative Acts, COM/2021/206 final. 欧盟已于 2024 年完成该法的立法程序。该法中文译本及其评析，参见朱悦：《欧盟〈人工智能法〉研究：以立法过程为视角》，上海人民出版社 2024 年版。——译者注

安全可以有限豁免。其他应用将要求公司提交风险评估报告并解释算法的决策过程，包括通过持续人工监督来保护技术。消费者也有权查看他们与人工智能的聊天记录或人工智能生成的图像。

美国新的两党法案《过滤泡沫透明法案》（the Filter Bubble Transparency Act）要求最大型平台提供更高的算法过程透明度，允许用户在没有算法秘密策展（curation）的情况下浏览内容。法国和英国计划要求向公众披露政府使用的所有算法。加拿大政府正在制定算法影响评估计划，以监测人工智能在公共生活中的使用情况。此外，大量伦理准则和各种宽泛的宣言说明了，负责任地部署人工智能是什么样的（应当是什么样的）。欧盟为可信人工智能制定了伦理原则：人类主动性和监督、隐私、透明性、多样性、非歧视、公平、社会福祉和问责制。联合国将合乎伦理的人工智能描述为增加人类尊严、完整性、自由、隐私、文化和性别多样性以及人权的人工智能。魔鬼同时存在于细节之中，也存在于大图景之中。

数字化、算法和机器人走进我们的生活，提供了人类有史以来最宏大的社会实验。本书各章展示了利用数字技术促进经济、雇佣关系、医疗服务、媒体和教育、性关系、家庭平等的蓝图。例如美国食品药品管理局（FDA）对新药或疫苗的审批程序。FDA 监督多个强制性阶段的对照试验，并在批准创新前考虑其有效性、副作用和风险。我们在新技术方面缺乏类似程序。尽管研究日益增多，但我们需要更多公众监督和有详细记录的研究，以了解直接影响我们福祉的新创新和新环境。拟议的联邦法律草案——《算法问责法案》（the Algorithmic Accountability Act）将授权联邦贸易委员会（FTC），要求公司对其使用自动化决策系统进行自评估，包括不准确、不公平、有偏见或歧视性决策的风险。同样，自评估是个良好开端，但我们也需要公私合作的治理结构，以确保调查结果和报告可信。

这种与头部公司和政府部门的公私合作正在进行中，旨在制定监督算法伦理规范的规制性标准。在过去几年中，美国联邦贸易委员会多次举办研讨会并发布报告，评估人工智能系统的潜力和危险。美国联邦贸易委员会可以发挥带头作用，但我们可能需要新设规制机构或在现有机构内设立专业部门，并要求具备跨学科的专业知识和人工智能审计方面的具体知识。规制不仅涉及事后监督。公共机构可以发起竞赛，拨款开展实验，以探索有效的解决方案。比较优势是评估是否、何时以及如何引入自动化决策的关键。无论是老板、猎头、法官、陪审团、规制者、教育工作者、医生、记者，人类决策都容易存在偏见。人类驾驶员、外科医生、建筑工人和飞行员都容易做出错误决策和出现失误，算法也不例外。问题并不必然在于算法是否有缺陷，是否发生过事故或判断失误的风险，而在于与先前的算法相比，它是否更安全、公正和无偏见。无需决策的世界并不存在。人类不断做出决策，而这些决策很容易受过去、现有程序和结构、背景和观念的影响而犯错。在过去几十年甚至几个世纪里，由于我们难以对人类认知进行逆向分析（reverse-engineer），对人类流程进行程序性检查在今天可能并非最佳方案。算法可以帮助检查人类决策过程，补充、有时甚至取代人类决策。我们必须不断尝试人类与机器的并行决策，继续从比较优势中学习和借鉴。

　　作为公共产品，数字技术还意味着需要大量公共投资来支持该领域的多样性，并为后代培养专业知识。从本质上讲，无论今天的孩子们考虑在大学里选择学什么专业，他们的专业都将或至少应该与未来的机器相关。多样性不仅指性别、种族、民族以及反歧视法中涉及的其他身份类别。活跃的研究员群体正加紧开发消除偏见的方法、建立合乎伦理的算法、开发审计方法，并应用人工智能技术来造福大众。多样性应当意味着不同领域的培训、经验和专业知识的多样性。

新型自然资源

数字空间和数字能力是公共产品。数据是新型自然资源。因此，公众不仅需要干预现有技术规制领域，更重要的是在构思、设计、改进和传播阶段进行干预。公司掌握着我们生活大量个人数据，而我们大多数人却被蒙在鼓里，对决策过程懵然不知。我们需要对这样的深度不对称（deep asymmetries）发起挑战。请记住我们的指导原则——将技术作为公共产品来使用。在其自然状态下——套用科技活动家的口号"信息想要自由"（这也是我的著作《人才想要自由》*的书名）——数据想要自由。与水、燃料、草或鱼等可耗竭的有形资源不同，数据不会因人的使用而枯竭。然而，竞争优势当然会随外部溢出和自由流动而减少。与此同时，所提取的与我们相关的数据量增长如此迅速，以至于我们要想从这一自然资源中创造价值，唯一办法就是知道如何以其巨大的广度和速度利用数据。

这绝非易事。如今，算法大多不透明且专有。这是一种法律建构，即权力行为，它赋予了商业机密极大特权。最近，我在为拜登政府准备的"首日项目"（Day One Project）报告中提出，商业保密法与知识产权其他领域一样，需要在信息封闭与信息流动的利益之间取得更好的平衡。有了数字化的数据，我们尤其需要在法律上确立研究例外，以避免保密和所有权的要求。为非营利性研究和公共审计规定例外情况，可以在希望审查算法流程与保护企业竞争优势之间取得平衡。这种平衡有很好的先例。1813 年，Whittemore v. Cutter 案为专利侵权提出了研究例外，理由是"仅为哲学实验或为确定机器是否足以产生所述效果而制造这种机器的人，绝不可能被

---

* Orly Lobel, *Talent Wants to Be Free: Why We Should Learn to Love Leaks, Raids, and Free Riding*（Yale University Press, 2013）。——译者注

立法机构惩罚"。[1]

如今，无论是私营市场的竞争者，还是出于公共目的的研究员和规制机构，都越来越多地使用数据爬取（data scraping）技术来实现问责和合规等公共目的。爬取又称网络爬取（web scraping），是指计算机程序从另一程序或平台中提取数据。记者利用网络爬取进行调查揭露，研究员则利用爬取进行实证和实验研究。还记得Airbnb 的研究吗？在这项研究中，研究员通过创建虚假个人资料来研究平台上的种族偏见。谷歌和 Facebook 等平台的政策禁止研究员创建虚假档案。但是法律应明确规定，应当允许出于研究目的进行此类实验。作为一项政策问题，我们应该让所有人都能更容易地获取现有数据集，以用于研究和监测，政府应该倡议并资助创建更完整的数据集，对数字技术进行更多实验，以促进平等和其他有社会价值的目标。[2] 竞争法和反垄断政策也必须进行改革和调整，以更好地应对数字世界中扩大市场集中度的力量，包括数据专有性和大型多方在线平台的网络效应，这些都阻碍了新企业进入主导市场。

除原始数据外，研究员和非营利组织还应有更多机会利用人工智能本身的进步和计算资源。算法标准化将有助于审计。包括人工智能伦理领袖 Timnit Gebru 博士和 Margaret Mitchell 博士在内的研究员提出了报告人工智能使用情况的示范卡：这是一种算法附带的简短文件，披露模型在不同群体中的表现。[3] 2021 年，美

[1] *Whittemore v. Cutter*, 29 F. Cas. 1120（D. Mass. 1813）.

[2] Orly Lobel, "Biopolitical Opportunities: Datafication and Governance," *Notre Dame Law Review Reflection* 96, no.4（2021）: 181—193.

[3] Margaret Mitchell, Simone Wu, Andrew Zaldivar, Parker Barnes, Lucy Vasserman, Ben Hutchinson, Elena Spitzer, Inioluwa Deborah Raji, and Timnit Gebru, "Model Cards for Model Reporting," in *Proceedings of the Conference on Fairness, Accountability, and Transparency*（New York: Association for Computing Machinery, 2019）, 220—229, https://dl.acm.org/doi/abs/10.1145/3287560.3287596.

国国家标准与技术研究院（the National Institute of Standards and Technology）发布了一项提案，呼吁科技界制定自愿的、基于共识的人工智能偏见检测标准，包括人工智能生命周期各个阶段的偏见检查、检测和监控——系统的规划和构思、设计以及投入使用。政府应当支持开发和使用检测偏见的审计工具；应在国家层面和国际层面资助和激励开源计算工作；应当一开始就引入伦理选择，而非将其作为事后补救措施或"马后炮"（afterthought）。但这并不意味着修正和事后考虑就无足轻重；即使最初出现错误，数字技术也能提供学习和改进的机会。我们已经知晓，从健康到教育、从气候到贫困等领域，自动化都能在促进包容和公平方面大显身手。但要想更快更好地造福所有人，我们不仅需要私营部门的真正竞争，还需要公共部门的共同参与。

我们不可避免地发现自己处于"打地鼠比赛"的境地。特里·普拉切特（Terry Pratchett）写道："光认为自己比任何东西都快，但它错了：无论光速有多快，它都会发现黑暗总是率先到达并在那里等待它。"也许黑暗框架是正确的，但它让我们更有理由要求更大的手电筒。与其诅咒黑暗，不如燃亮灯火。在本书的写作过程中，我们拜访了数十家致力于识别和减少人工智能偏见的个人和初创企业。未来还有更多这样的企业涌现。算法被设定为双主体的任务，分别是试图提高准确性的预测算法和动态限制预测算法的公平算法。事实上，算法偏见检测领域正取得令人振奋的新进展。普林斯顿大学"网络透明与问责项目"（Web Transparency and Accountability Project）开发了软件机器人，模拟人类并测试算法，以促进性别、种族、阶级和残疾方面的公平性。Fiddler AI 和 Weights and Biases 等私营初创公司提供监控人工智能、检测偏见和允许人工监督的工具。人工智能伦理问题已获投资数亿美元。不过，这只是整个人工智能研究行业的一小部分。据普华永道预测，到 2030 年，整个人工智能行业将为全球经济贡献 15.7 万亿美元。

除了谁拥有、控制数据和计算能力的问题外，讽刺的是，法律往往会为平等和非歧视审核制造障碍：许多法律规定询问种族或性别是违法的，但为了确保平等和防止歧视，我们实际上需要这些数据。当我们在网上冲浪时，即使我们以为自己是匿名的，但机器人对我们的了解远远超乎想象。大数据关乎人类的行为、信仰和欲望。机器可以快速准确地判断人的种族、性取向、宗教、政治和社会经济状况。算法对为什么并不感兴趣，除非我们编程算法是为了寻找因果关系；它们是归纳式的，根据过去模式寻找统计性的预测，即相关性，而非因果关系。但是，理解模式可以成为推动变革的引擎。

数据本身是人类的产物，数据收集也并不中立。如果某些群体在用于训练模型的数据中代表性不足，那么他们相关的预测就会有失准确。根据其定义，庞大的群体有更多可供研究的数据。政府有责任促进更广泛地获取数据，有责任尽最大可能促进相关研究。进行数据清洗以实现中立（如删除性别和种族标识符或关联）有时可在算法处理中产生更好的结果，但身份中立往往不可能，更重要的是不可取。与直觉相反，防止歧视的最佳方法可能是让算法考虑有关性别和种族的信息。[1] 了解筛选对象特征的算法可以通过自我监测来检测差异。允许或禁止哪些类型的输入是可能会变化的规范性决策。例如，我们可能希望将性别和种族作为可识别的输入，检测持续存在的偏见或纠正过去的错误。鉴于性能的不断发展，我们需要重新审视这些政策选择。此外，虽然宪法限制了平权行动，但数字能力为我们提供了精确和校准的优势。例如，当算法与招聘配

[1] Jon Kleinberg et al., "Discrimination in the Age of Algorithms," Journal of Legal Analysis 10（2018）: 113—174; Talia B. Gillis and Jann L. Spiess, "Big Data and Discrimination," University of Chicago Law Review 86, no. 2（2019）, 459—488.

额或董事会代表的要求不同时，我们可以对算法设计进行微调。大多数情况下，关注公平公正的结果而非限制输入或约束算法学习，可能是最有影响力的策略。人工智能的前沿不仅涉及检测歧视，还包括解决和纠正持续存在的不平等的社会模式。

规范性的张力

最难的是根深蒂固的规范性问题。"什么是公平"是个棘手的问题。例如，累犯决策中，不同群体的错误率可能存在差异，如果我们着手对这些错误率进行均衡化，我们将不可避免地放弃一些准确性，而准确性是衡量公平性的另一重要标准。我们一直就如何实现平等原则进行伦理选择。如果在统计上，女性比男性更有可能在工作不到三年后辞职，那又会怎样呢？这是需要通过解决潜在社会不平等问题来加以解决的重要事实。能够识别这种模式的招聘算法不能因为这种统计差异而合法地惩罚女性。我们在反歧视方面的规定理所当然地禁止人类决策时使用性别作为代理，根据社会身份类别进行统计预测。算法决策也是如此。但我们必须认识到，如果没有这些外在约束，算法可以做出更准确的预测，那么许多约束就会产生代价（有时是巨大的）。作为一个社会，这是我们为实现平等可以且应付出的代价；随着时间推移，这些代价将转化为收益。尽管如此，在任何特定时刻，当静态地审视自我施加这些限制的动机时，我们需要明白，如果公司必须以一种导致他们失去金钱、人才或竞争优势的方式来调整模型，他们就不太可能自发这样做。我们需要清楚地认识到，在准确性和公平性之间可能存在权衡。而各种规范承诺、社会目标和价值观之间始终存在着权衡和紧张关系。我们在研究算法和模型时，可以量化公共卫生与个人隐私之间或公共卫生与个人自由（例如不接种疫苗）之间的权衡。

在新冠病毒大流行期间，一些国家利用人工智能和从公民私人智能手机中截获的数据来追踪病毒传播情况，拉平了传播曲线，挽救了生命，并帮助社会减轻了灾难性后果。但是使用数字技术进行跟踪和追踪可能要以牺牲隐私为代价。事实证明，新西兰、以色列和韩国等民主国家采用的大流行病追踪举措在防止不必要死亡方面发挥了宝贵作用。美国则坚定地站在减少追踪的一边。自由民主国家可以在技术争论中处于不同立场，在相互竞争的价值观之间取得微妙的平衡。

可以肯定的是，同样的技术既可以支持，也可以监视；既可以学习，也可以操纵；既可以治疗，也可以伤害；既可以探测，也可以掩盖；既可以平等化，也可以排他。硅幕（silicon curtain）是个新名词，用来描述中国与西方国家之间的技术转让障碍。从更广泛的意义上讲，硅幕意味着各国竞相主导数字创新的数字鸿沟，包括遗传学、生物技术、自动化和算力，所有这些都需要更多的数据访问。人工智能影响着社会的政治秩序。自由民主国家需要更谨慎、更直接地应对和面对全球竞争环境和不均衡竞争的规范性影响。这种对抗并不要求我们在价值观方面作出妥协，但确实意味着要考虑紧张关系和权衡取舍，其中包括失去某些竞赛地位的长期风险。

这些难题在不同民主环境和背景下会有不同的答案。规范性紧张关系并不新鲜，但技术有助于明确紧张关系的要点和程度。如何权衡平等与匿名、包容与可信、安全与隐私等价值，一直是民主社会的政策挑战。在法律和生活中，我们的工作就是厘清界限。然而，技术为监控和合规提供了新机遇，帮助我们实现更微妙的平衡，有时还能缓解相互竞争的目标之间的紧张关系。与有可能扼杀实验和增长的宽泛规则相比，基于技术的监测能以更准确、更微小的方式发现不当行为。那么，如果我们能够取得平衡，使用数据时能够精确到只防止特定伤害，而不侵犯我们的隐私呢？例如，想象这样一种技术：既能保护个人数据，又能帮助对数据集中的每个群体进行统计分析。

我们对效率、平等、隐私和责任的规范性承诺之间的权衡是不可逾越、不可通约、不可知或代价高昂的，这些说法在技术上是不成立的。当技术为实现目标提供了更多信息和工具时，我们就拥有了新的机会，重新反思我们所珍视的价值观似乎存在内在冲突的领域和情况，也可以就这种情况和假性紧张的情况进行对比。当紧张关系真实存在时，我们必须监督和指导如何在这些基本社会价值之间进行权衡。当然，我们无法在现实发生之前给出明确答案。我们面临着深刻的伦理问题，让更多来自不同背景、地域和专业知识的人参与进来，揭示并坦率地谈论这些棘手的问题，现实地意识到已经有迹象表明，有些力量可以为我们打造平等机器提供唯一出路。

伟大的重启

我们总是对自动化既着迷又恐惧。根据《所罗门王记》(*Book of Solomon*)，所罗门这位最有智慧的国王在王国中建造了独一无二的王座。王座上有机械狮和机械牛，当所罗门王走近时，它们会为他欢呼并助他登上王座；机械鹰会在所罗门王坐在王座上时为其戴上王冠；鸽子则为国王衔来《妥拉》*。当所罗门王进行著名的智慧审判时，王座台阶上的数十种其他动物会发出叫声，震慑那些准备作伪证的人。传说所罗门王统治结束后，巴比伦国王尼布甲尼撒（Nebuchadnezzar）将王座搬到了巴比伦，但他刚想走上台阶时，机械狮就攻击了他。

世界其他地方也有类似的古代神话。公元前 210—前 209 年，秦始皇建造了著名的兵马俑，以保护自己的来世；在此之前近千

---

* 《妥拉》(Torah / 希伯来文：תורה)：意思是教导、训诲，基督徒常常称其为律法书，一套共 5 卷，普遍称摩西五经。

年，中国古籍中记载了周穆王与一位能工巧匠偃师会面，偃师向周穆王展示了一个木偶。这也许是已知最早的机器人故事，由道教哲学家列子写于公元前 4 世纪：

> 国王惊讶地盯着那个人影。它步伐急促，脑袋上下摆动，任何人都会把它当成活生生的人。工匠摸了摸它的下巴，它就开始唱歌，且完全在调上。他摸了摸它的手，它就开始摆姿势，时间也卡的很完美……当表演接近尾声时，机器人眨了眨眼睛，向在场的女士们示好，国王勃然大怒，本想当场处死偃师，好在偃师临危不惧，立刻把机器人拆成碎片，让国王一探究竟。果然，它只是个由皮革、木头、胶水和漆构成的木偶，颜色有白、黑、红、蓝等多种。国王仔细观察，发现所有的内脏器官都很完整——肝、胆、心、肺、脾、肾、胃和肠；在这些器官之上，还有肌肉、骨骼、四肢及其关节、皮肤、牙齿和头发，所有这些都是人造的……国王试了试拿走心脏，发现嘴巴再也不能说话了；拿走肝脏，眼睛就再也看不见了；拿走肾脏，腿就失去了运动能力。对此，国王非常高兴。*

---

* 《列子·汤问》中对此完整的记载如下：

周穆王西巡狩，越昆仑，不至弇山。反还，未及中国，道有献工人名偃师。穆王荐之，问曰："若有何能？"偃师曰："臣唯命所试。然臣已有所造，愿王先观之。"穆王曰："日以俱来，吾与若俱观之。"翌日偃师谒见王。王荐之，曰："若与偕来者何人邪？"对曰："臣之所造能倡者。"穆王惊视之，趋步俯仰，信人也。巧夫！领其颐，则歌合律；捧其手，则舞应节。千变万化，惟意所适。王以为实人也，与盛姬内御并观之。技将终，倡者瞬其目而招王之左右侍妾。王大怒，立欲诛偃师。偃师大慑，立剖散倡者以示王，皆傅会革、木、胶、漆、白、黑、丹、青之所为。王谛料之，内则肝胆、心肺、脾肾、肠胃，外则筋骨、支节、皮毛、齿发，皆假物也，而无不毕具者。合会复如初见。王试废其心，则口不能言；废其肝，则目不能视；废其肾，则足不能步。穆王始悦而叹曰："人之巧乃可与造化者同功乎？"诏贰车载之以归。——译者注历史学家艾莉·特鲁伊特（E. R. Truitt）描述了自动机（automata）—早期人们对为人类服务的机器的想象—是如何预见到我们数百年来对机器既迷恋又恐惧的心态。我们想象着赋予机器生命，无论是机械动物还是金属卫兵，但是我们又害怕这些人造生物会叛变。这种双重性在今天依然存在：人类与技术的关系中，既有深刻敬畏又有深度怀疑。在佐治亚理工学院的一项实验中，参与者非常愿意信任机器人，以至于愿意紧随其后走向一栋起火的大楼，这种使用路径显然是错误和难以接受。[1]德国物理学家马克斯·普朗克（Max Planck）曾隐晦地指出："科学之进步，一步一葬礼。"但我们不必为了设想新的进步道路而扼杀现有的一切。我们的目标是加强积极行动，避免倒退。

民权活动家、诗人奥黛丽·洛德（Audre Lorde）铿锵有力地写道，"我们每个人内心深处隐藏着某种人性，知道机器并不难满足我们的需要，这台机器精心策划了一场场危机，将我们的未来碾成尘土"。[2]技术映射着社会，技术也会带来爱或者战争，护理病人或关爱健康人。私营和公共部门的许多有志之士正不懈努力，以实现对新技术有意识地利用，这将对人们生活产生深远的积极影响。将问题转化为数字形式、算法公式或平等机器，这是种有意识的、兼具仁慈和力量的行为——只有我们愿意接受某些游戏规则，这种行为才能得以实现。任何人都不应该垄断新技术的发明、想象和利用。

我们需要坚持避免哗众取宠，致力于建设性的干预。我们在道

[1] Paul Robinette, Wenchen Li, Robert Allen, Ayanna M. Howard, and Alan R. Wagner, "Overtrust of Robots in Emergency Evacuation Scenarios," in *The Eleventh ACM/IEEE International Conference on Human Robot Interaction*（New York: IEEE Press, 2016）, 101—108.

[2] Audre Lorde, *Sister Outsider: Essays and Speeches*（Berkeley: The Crossing Press, 1984）, 139.

德上必须区分轶事与研究、事件与轨迹。我们常常看到，进步思想家对所有制度采取批判性的，甚至是悲观的立场，因为这些制度往往是由极少数群体为其利益而设计的。二十年前，有人问到技术将如何影响出版业和广播业，作家道格拉斯·亚当斯（Douglas Adams）的回答是："亚马逊河、密西西比河和刚果河问，如果汇入大西洋，将会受到怎样的影响；答案当然是，那时它们已经不再是河流，而是洋流。"要想知道算法和数字化将如何影响我们的世界，我们就必须同样认识到所面临的巨大变化。人工智能和机器人正在融入生活之网，我们正处于选择的分岔路口。我们一再扪心自问，新技术会复制、加剧、抵消还是纠正社会不平等？我们需要突破乌托邦式／反乌托邦的二元论，明确哪些问题容易解决、改善和纠正，哪些问题更棘手。

仅靠批评并不能带来改变，重要的是对潜力的想象。索伦·克尔凯郭尔（Søren Kierkegaard）曾说过，要过好人生，必须向前看；但要理解人生，必须向后看。我在《哈佛法律评论》（*Harvard Law Review*）上发表的《法外意识的悖论：批判性法律意识与变革性政治》（*The Paradox Extra Legal Consciousness: Critical Legal Consciousness and Transformative Politics*）中提出，"批判易而艺术难"（la critique est facile, l'art est difficile）。作为怀疑论者，这当然是种解放，但在我的职业生涯中，尽管有强大的批评导师，我还是发现单纯的批评最终完全不能令人满意。当我们如此投入于批判性项目时，我们就会限制自己，对单一可能路径的叙事深信不疑。我们面临的风险是，科技的危险似乎不可避免，而且超出我们的控制范围：算法将提取数据并剥削我们；机器人将加速裂痕和不平等，夺走我们的工作，并让权力分配进一步倒退。我们既需要从内部改革这个系统，也需要从外部观察、质疑和批判它。我们还需要致力于解决不平等的根本原因，这些原因超越了任何特定的技术。我们永远无法仅仅依靠技术解决和纠正社会问题以及社会中存在的偏见，但我们需要确保技术能够推动和支持积极的变革。我们不能忘记，技术是帮助我们实现目标的工具。有时，技术只是闪闪发光的新工具，而我们是蜂拥而至的乌鸦。但是技术也可以带来根本性变革。在这些篇幅中，我们既探讨了技术所蕴含的社会结构，也探讨了技术塑造我们社会结构的方式，目的都是为了引导人类走向更光明的未来。

对技术潜力提出相反的建设性观点，这充满了陷阱。我时刻意识到存在浪漫化、拟人化、强化观念、延续刻板印象、忽视不合群和非二元身份的风险，以及合法化、促成收买和普及个人主观体验的风险。但是，害怕说错话，或是害怕充满希望和建设性的冒险中隐藏的任何陷阱，这些绝不能成为放弃的理由。这是任何思想者或实践者都会面临的两难困境。如果该领域保持不变，那么技术就会赋予当权者权力；如果没有人探索可能性，那么一切都不会改善。我们一起探讨了为什么以及如何开发和运用数字技术来造福人类。在充斥着陷阱（land mines）和呼吁停止接触的环境中，我们研究了寻求建设性参与时所面临的持续挑战。我们制定了一套理解、原则和工具包，以识别机器学习的机遇和风险。我们在新技术中发现了巨大机遇，现在可以通过对模式进行量化分析来揭示曾经隐藏的偏见和排斥。我们探索了人工智能的各种潜力：解决目前存在的薪酬差距、招聘和晋升障碍、性别化的谈判和沟通模式以及持续存在的歧视问题；提高政治和市场参与度以及代表性；赋能在线言论、社区组织和行动主义；促进平等享有健康和安全；以及以各种方式拉近人们之间的距离。我们探索了人与人之间最亲密的联系，思考了人类在自动化未来将成为什么样的人。

展望未来技术的发展道路，这与揭露技术损害和制造不平等的方式密不可分。但是我们最应该害怕的是置身事外，一味地批评，而不去构想和创造更美好的未来。在研究、设计、原型开发、评估和实现创新的过程中，我们需要能为未来提供信息的进步思维。我时常担心，但我不会让这种担心妨碍行动或信念。我从我勇敢坚强的女儿、学生以及无数在研究中帮助过我并为本书提供灵感的人们身上学到了这一点。为了他们，为了下一代的梦想家和领导者，我对平等机器的新时代满怀期待。

致　谢

书籍永远是大家共同努力的结晶。家人、朋友和远方的同事以无数的方式支持了这本书。很多人都慷慨地付出了时间、思想和创意。我特别感谢在概念构思、研究和写作阶段支持我并帮助我具体化想法的同事，包括雷吉娜·巴兹莱（Regina Barzilay）、瑞恩·卡洛（Ryan Calo）、劳里·克劳斯（Laurie Claus）、玛格丽特·道尔顿（Margaret Dalton）、辛西娅·德沃克（Cynthia Dwork）、泽夫·艾根（Zev Eigen）、米兰达·弗莱舍（Miranda Fleischer）、安德鲁·吉尔登（Andrew Gilden）、埃里克·戈德曼（Eric Goldman）、汉娜·霍尔兹曼（Hannah Holtzman）、玛丽扎·约翰逊（Maritza Johnson）、亚当·陶曼·卡莱（Adam Tauman Kalai）、马克·莱姆利（Mark Lemley）、伊琳娜·曼塔（Irina Manta）、玛莎·米诺（Martha Minow）、弗兰克·帕特诺伊（Frank Partnoy）、里奇·保罗（Rich Paul）、丽莎·拉姆齐（Lisa Ramsey）、迈克·拉姆齐（Mike Ramsey）、米拉·索霍尼（Mila Sohoni）、丹·索洛夫（Dan Solove）、K. 苏迪尔（K. Sudhir）、迈克尔·沃特斯通（Michael Waterstone）、玛丽·乔·威金斯（Mary Jo Wiggins）以及我的院长罗伯特·夏皮罗（Robert Schapiro）。我的生物学家女强人们塔利·科恩（Tali Cohe）、塔米·格申（Tammy Gershon）、迪诺·莫文斯基（Dino Morvinski）、维里德·帕德勒-卡拉瓦尼

（Vered Padler-Karavani）、奥里特·谢菲（Orit Shefi）、希拉·托莱达诺（Hila Toledano）在科学和生活方面提供了宝贵的建议。我的年度写作静修伙伴特里斯汀·格林（Tristin Green）、卡米尔·里奇（Camille Rich）、雷切尔·阿诺–里奇曼（Rachel Arnow-Richman）、莱蒂西亚·索塞多（Leticia Saucedo）、米歇尔·特拉维斯（Michelle Travis）、黛博拉·威迪斯（Deborah Widiss）是缓解作家障碍的良药。我的儿时好友维里德·本·大卫（Vered Ben-David）、哈盖·博阿斯（Hagai Boas）、埃纳特·明科夫（Einat Minkov）、苏西·佩莱德（Suzy Peled）、莫尔·肖里（Mor Shori）一直都在支持我。我在圣地亚哥的研究团队——阿迪娜（Adina）、阿罗娜（Alona）、艾米（Amy）、阿耶莱特（Ayelet）、埃弗拉特（Efrat）、埃纳特（Einat）、格维拉（Gvira）、基内雷特（Kineret）、哈达斯（Hadas）、利希（Lihi）、利芙娜（Livna）、梅塔尔（Meital）、梅拉夫（Merav）、奥黛莉亚（Odelia）、拉维德（Ravid）、沙尼（Shani）、莎伦（Sharon）、莎罗娜（Sharona）、希尔（Shir）、塔马（Tamar）、塔姆林（Tamlyn）、齐皮（Tsipi）等成员，感谢你们无尽的精力。

我感谢人工智能和人文项目为这本书提供的资助。在我的研究过程中，许多学生提供了帮助，我特别感谢莎拉·加尔布佐夫（Sarah Garbuzov）、克斯汀·基南（Kerstyn Keenan）、特蕾莎·莫林（Teresa Morin）、艾米丽·鲍尔斯（Emily Powers）、马克·罗丁（Mark Rawdi）、凯尔西·雷夫（Kelsey Reiff）。我的行政助理卡琳·斯皮德尔（Karin Spidel）一直非常耐心而开朗。大卫·伊索姆（David Isom）、萨莎·努涅斯（Sasha Nuñez）、莉兹·帕克（Liz Parke）等出色的研究馆员在资源和编辑方面提供了大量帮助。才华横溢的斯蒂芬妮·赛克斯（Stephanie Sykes）在润色写作方面发挥了无价的作用。

我还非常感谢许多推动我思考的会议、研讨会、座谈会和专题讨论会。我写这本书的大部分时间是在我们的世界因全球大流行而放缓的两年里。然而，技术使我们能够在世界各地保持联系并举行会议、讨论和协作会议，包括澳大利亚、巴西、加拿大、中国、哥伦比亚、哥斯达黎加、英国、法国、德国、希腊、荷兰、印度、以色列、意大利、日本、韩国、墨西哥、葡萄牙、苏格兰、瑞典和美国。这本书以我发表的一些文章为基础，包括 "We Are All Gig Workers Now：Online Platforms，Freelancers and the Battles over Employment Status and Rights During the COVID-19 Pandemic"（《圣地亚哥法律评论》，2020）；"Biopolitical Opportunities：Datafication and Governance"（《圣母大学法律评论（在线版）》，2021）；"Exit, Voice and Innovation"（《休斯敦法律评论》，2020）；"Knowledge Pays：Reversing Information Flows and the Future of Pay Equity"（《哥伦比亚法律评论》，2020）；"Coase and the Platform Economy，"《剑桥分享经济学手册》（剑桥大学出版社，2018）；（with Kenneth Bamberger）"Platform Market Power"（《伯克利法律和科技杂志》，2018）；以及 "The Law of the Platform"（《明尼苏达法律评论》，2016）.

科琳·劳里（Colleen Laurie）是名才华横溢的编辑，她让这本书内容变得更深入、更强大、更好。PublicAffairs 整个制作团队充满创意且聪明，他们使这本书由内而外变得美丽。这是我与我的文学经纪人林赛·埃奇库姆（Lindsay Edgecombe）和莱文·格林伯格（Levine-Greenberg）团队合作的第三本书，我感谢他们的所有支持。

我的家人推动我实现梦想。我的父母塔尔玛·洛贝尔（Thalma Lobel）和大卫·洛贝尔（David Lobel）是我的人生楷模。他们各自研究、写作并引领通往更好、更平等社区的道路。他们也是很棒的祖父母。拉菲（Raffi）和瑞克（Rick）是我的摇滚叔叔。安·阿米尔（On Amir）是我的一切——合著者、技术大师、共鸣板、跑

步 / 瑜伽 / 跳舞 / 饮食 / 笑的伙伴，以及最好的丈夫和父亲。娜塔莉（Natalie）、埃莉诺（Elinor）和丹妮尔（Danielle），感谢你们保持纯真；你们是光明的未来。感谢我们的金色拉布拉多犬吉利（Gili），在漫长的写作过程中，她一直陪伴着我。

一如既往，我的写作是为了纪念我的兄弟达尼（Dani），他在应用数字技术向善方面走在了时代的前面。

图书在版编目(CIP)数据

平等机器 : 数字技术创造美好未来 /（美）奥利 · 洛贝尔（Orly Lobel）著 ；苏苗罕，王梦菲译. -- 上海 : 上海人民出版社，2024. --（"人工智能伦理、法律与治理"系列丛书 / 蒋惠岭主编）. -- ISBN 978-7-208 -18995-9

Ⅰ. D912. 174

中国国家版本馆 CIP 数据核字第 2024AC1216 号

责任编辑 冯 静
封面设计 一本好书

"人工智能伦理、法律与治理"系列丛书

平等机器
——数字技术创造美好未来
[美]奥利·洛贝尔 著
苏苗罕 王梦菲 译

出 版 上海人民出版社
      （201101 上海市闵行区号景路 159 弄 C 座）
发 行 上海人民出版社发行中心
印 刷 苏州工业园区美柯乐制版印务有限责任公司
开 本 635×965 1/16
印 张 22.25
插 页 4
字 数 270,000
版 次 2024 年 7 月第 1 版
印 次 2024 年 7 月第 1 次印刷
ISBN 978 - 7 - 208 - 18995 - 9/D · 4349
定 价 98.00 元

The Equality Machine:

Harnessing Digital Technology for a Brighter, More Inclusive Future